日本文化传承的历史透视

——明治前启蒙教材研究

谭建川 著

商务印书馆
2010年·北京

图书在版编目(CIP)数据

日本文化传承的历史透视:明治前启蒙教材研究/谭建川著.—北京:商务印书馆,2010
ISBN 978-7-100-06975-5

Ⅰ.日… Ⅱ.谭… Ⅲ.①早期教育—教材—研究—日本—近代②早期教育—对比研究—中国、日本—近代 Ⅳ.G619.313.9 G619.29

中国版本图书馆 CIP 数据核字(2010)第 030994 号

所有权利保留。
未经许可,不得以任何方式使用。

本书出版受到日本三得利
文化财团(Suntory Foundation)资助

日本文化传承的历史透视
——明治前启蒙教材研究
谭建川 著

商务印书馆出版
(北京王府井大街36号 邮政编码100710)
商务印书馆发行
北京市白帆印务有限公司印刷
ISBN 978-7-100-06975-5

2010年10月第1版　　开本 880×1230　1/32
2010年10月北京第1次印刷　印张 12⅝
定价:28.00元

序

2006年，青年学者谭建川以博士论文《日本传统启蒙教材——往来物研究》获得了南开大学的博士学位。此后，作者认真而严谨地对论文进行了修改与补充。从博士论文选题开始到付梓出版，体现了作者对日本教育发展独特的审视角度及思考。

教育的近代化是一个国家近代化的重要内容。日本近代教育的发展是日本近代化过程中最值得称道的事情。1871年，新政府派遣的岩仓使节团在对欧美进行考察后，深感本国教育的落后及培养人才的重要。因此，明治政府积极引进西方资本主义教育制度，实行教育改革，借以改造本国的封建文化，建设资本主义精神文明，19世纪70年代就开始着手建立大学、中学、小学的近代学校体系。1872年9月，明治政府颁布了第一个有目的、有计划的教育改革文件——《学制》，要求国民本着"四民平等"的精神，不论身份阶级如何，所有的人都应就学受教育，做到"邑无不学之户，家无不学之人"。这样，日本从19世纪70年代兴办近代教育起，只用了40年左右的时间就普及了初等教育，并于1907年起开始实施六年制义务教育，同时，中、高等教育也有了相当的发展。

这不由得让我们联想到中国的近代教育。中国堪称教育大国，传统教育制度形成于先秦时期。从汉代起就已经确立了由官学、私学组成的学校体制，从此，儒学就在这个体制中占有重要的地位。隋朝实行的科举制经过唐宋时期的发展,一直持续存在到明清时期。如果说这种制度在形成初期还有积极性的话,那么,随着封建专制的发展,其弊端也就越来越严重。它把学校教育与选官直接相连,使学校教育变成科举的附庸,引导士人追逐功名利禄。在西方文化的冲击面前,日本涌现出大批以学习和传播西方文化为己任、锐意改革的知识分子,而中国的知识分子却埋头于八股文,全部眼界不出儒家经典。这种教育体制的落后严重阻碍了中国教育事业和社会的发展。尽管在洋务运动时期,洋务派在"中学为体,西学为用"的思想指导下兴办了一些新式学堂,在"戊戌变法"中,有识之士对科举制的批判不绝于耳,然而,腐朽的科举制度依然在清政府的保护下一直存续至清朝末年。此后清政府迫于压力,才不得不宣布废除长达1300年的科举制度,这是1906年的事情,仅仅在一年之后,日本就开始实施了六年制义务教育,这是多么大的差距!

　　说到科举,日本也曾经是"科举文化圈"的一员,在古代律令社会,日本曾经模仿唐朝实行考试选官的"贡举"制度。但与中国的科举制结束了贵族的历史截然相反的事实是,强大的贵族势力的存在致使日本缺乏实施科举的社会基础,科举制度很快就退出历史舞台。从8世纪初期确立贡举制度起的两个多世纪的时间里,经过考试考取秀才者仅有65人。进入幕府时代以后,武家秉政,独揽权力,等级制度日益强化,直到近世社会形成士、农、工、商不可逾越的身份制度。在这种社会条件下,既无通过科举公开、公正选官的必要,亦全无这种可能。在中国以外的国家中,日本先于朝鲜(958年兴,1894年废)、越南(1075年兴,1919年废)实施了科举制,也最早终结了科举制。这些被称为"科举文化圈"的国家近代以来相继沦为西方列强的殖民地或半殖民地，唯有早早终结了科举制的日本摆脱了这种命运，这是否只是一种偶然，很值得创造了科举制的中国人思考。

历史事实证明，日本人之所以较之其他东方国家最先实现教育的现代化，除了明治政府广泛吸收欧美资本主义国家的教育思想和教育制度，为建立近代日本教育制度奠定坚实基础之外，也与在近代之前业已形成良好的以实用主义为特色的启蒙教育文化传统具有重要关系。中国的科举制具有教育制度和选拔官吏的政治制度的双重属性，而且教育是按照选官的标准来规范与实施的，实际上教育和考试已经沦为科举制的附属品。在无科举制的日本，不存在通过考试改变身份和提高社会地位的预期，教育在政治方面的功利性被大大削弱。知识的实用性促进实用主义教育的发展，到江户时代，除了幕府直辖学校、藩校这种武家子弟教育机构之外，乡校、私塾、寺子屋全面开花，尤其是在平民教育机构寺子屋中完全贯穿了实用原则，教农家子弟生产及与农业相关的知识，教商人子弟能读、能写、能打算盘。即使教学内容中有很多取自儒家经典，但也只是一种对教养的期待，而不是以此为教育目的。士、农、工、商各阶层都有掌握知识的愿望与需求，使江户时代庶民教育事业迅速发展，仅寺子屋就有15000余所。可以肯定地说，如果没有前近代日本的教育基础，就不会有近代教育的快速普及。

除了具有明显的实用主义特色之外，日本明治前的教育还有许多其他方面的特色，例如"各得其所,各安其分"的思维方式、"家业至上"的教育价值观等。当然，我们不能简单地对日本的传统教育一概加以肯定，虽然有些教育思想、价值观和教学方法在当时的历史条件下是进步的、可取的，但随着时代的变化和社会的进步，可能会变成落后的、腐朽的和不可取的。例如近代日本很长一段时间利用忠君等道德教化以及神国思想来蒙蔽民众,奴役民众。这些既表明传统教育所蕴含的巨大能量,也体现出传统教育的复杂性,因此十分值得我们这些中国的日本研究者去潜心研究。

前近代的日本教育在很大程度上是通过民间的寺子屋所使用的启蒙教材这一教育内容的载体表现出来的。这些教材体现了日本文化传承的演进,反映的是以往各时各地社会上多数人的文化状况。谭建川同志以开阔的学术视野,以明治前广为世人使用的启蒙教材为着眼点,探讨日本文化传承的深层次构造、日本教育的发展历程及教育近代化成功的原因,不论在日本教育史领域,还是在日本文化史领域,都是具有开创性的研究。

本书有以下几个特色:第一,运用历史学研究的方法,将研究重点放在前近代,通过深入分析,解释近代日本教育事业迅速发展的原因与动力。作为一种历史产物,日本的启蒙教材自平安时代末期出现以来,承载了儿童启蒙教育的功能,针对士、农、工、商各个阶层,因人而异进行道德教育、知识传授、技能培养,对提高民众的知识水平发挥了重要作用。至德川幕府统治的末期,全国大约有45%的男子和15%的女子都识字,不能不说与这些教材的启蒙作用有直接关系。以往的日本教育研究多关注近代教育,而对前近代的情况研究甚少,本书的出版实实在在地填补了研究的空白。

第二,运用教育学研究的方法,探究日本传统启蒙教材在内容和编撰形式上的发展变化以及与启蒙教育各要素的互动关系,并总结出启蒙教材在整个社会系统中所发挥的主要功能。随着时代发展,传统启蒙教材逐步具备符合学生身心发展特征的形式以及符合社会发展需要的内容,所体现的教育观也由宗教性、成人化向世俗性、儿童本位发展。以这些教材为核心的启蒙教育成为普通大众所能接受的教育，与社会上多数人的文化状况息息相关，体现日本大多数人通过教育所形成的伦理观、道德观、价值观、历史观等。作者认为，作为身份制社会的教育，通过启蒙教育将社会文化和行为规范传递给新生一代，使他们获得未来社会结构中的相应角色；传统启蒙教材通过与政治、经济、文化、宗教等的相互作用，在当时的日本社会发挥了不容忽视的社会功能。这一观点论证充分，十分中肯。

第三，本书在论述日本传统启蒙教材的同时，兼与中国的传统启蒙教材进行比较。作为日本文化的一种具体表现形式，日本人编撰的启蒙教材不可避免地要受到中国文化的影响。但是，由于日本社会的特异性质以及民族传统、文化环境的不同，它们呈现出某些独有的特色，与中国蒙学教材有许多不同之处。本书设专章论述中日儿童启蒙教育与启蒙教材的比较，侧重论述了中日两国古代启蒙教育中"应试主义"与"能力主义"的不同价值取向，进而分析了其对中日两国近代教育事业乃至近代化的影响，体现了作者对教育改革的关注及思考。

第四，本书通过对传统启蒙教材的深入研究，从如何对待传统文化这一问题的角度来探讨中日两国教育现代化不同发展历程的原因。作者提出，在"传统"与"现代"互相激荡的历史阶段，对待传统文化的不同态度是造成中日两国走上不同的现代化发展道路的原因之一。作者对传统文化的作用及中日两国对传统文化的不同态度进行了理性的思考，指出作为历史遗产的传统文化决不能在现代化进程中加以抛弃，应该对那些已被漠视和忽略的传统文化进行价值重估，然后根据当前科技发展的前沿信息对其加以改造和补充，使之为现实服务；日本传统启蒙教材的发展历程体现了日本文化通过对外来文化筛选或改良,使外来文化与其固有文化相融合或和谐并存的基征。这种发展经验可以为我国如何在引进外国先进教育经验的同时,保存和利用本国传统教育特色提供了一定的借鉴作用。

第五,作者选择了若干篇影响较大的日本传统启蒙教材放在附录,并将部分作品译成中文,这是件很实际、很有意义的工作,可以让读者尤其是教育工作者比较直观地了解日本的教育内容,也为了解日本做了基础性的工作。

教育问题是大家都非常关心的问题,因为教育涉及下一代,涉及国家的未来,事关国民的素质。教育的发展与进步不仅表现在教育体制上,也表现在教育理念、教育内容上。日本历史上的儿童启蒙教材,虽然比不上中国的《三字经》、《百家姓》、《千字文》有文采、有思想内涵,但其简便的形式、实在的内容、实用的功能在前近代日本儿童启蒙教育中颇具应用价值。儿童们在识字的同时,掌握简单的生活技能,为未来进入社会打下基础,这也可以称作是一种素质教育吧。清末很多官员、学者赴日考察,他们感慨日本人教育水平高,人无分男女皆能识字,连旅馆中的勤杂工也可以通过笔谈与其交流。我的导师吴廷璆先生也谈到过他上世纪 30 年代在日本留学时最深刻的印象就是船上的女佣人闲暇无事时在那里看报纸。日本的教育有许多值得我们借鉴、反思之处。谭建川同志的这部著作在这方面做了积极的探索,相信本书会给读者,尤其是教育工作者以收获与启迪。期待作者今后在日本研究方面取得更好的成绩,为我国的教育事业作出更大的贡献。

李　卓

2009 年 10 月于南开园

目　　录

第一章　导论……………………………………………… 1
第一节　教育的历史连续性与启蒙教材……………… 1
第二节　日本传统启蒙教材的概念界定……………… 5
第三节　日本传统启蒙教材的研究概述……………… 9
第四节　日本传统启蒙教材的研究意义……………… 16

第二章　日本传统启蒙教材的历史概观………………… 22
第一节　萌发阶段——平安时代的启蒙教材………… 22
　　一、日本文字教育的出现与发展………………… 23
　　二、《明衡往来》及早期启蒙教材………………… 25
　　三、早期启蒙教材的特点………………………… 27
第二节　成长阶段——中世的启蒙教材……………… 28
　　一、中世的政治以及文化背景…………………… 28
　　二、中世启蒙教材的发展与分类………………… 30
　　三、中世的主要启蒙教材………………………… 33
第三节　繁荣阶段——近世的启蒙教材……………… 36
　　一、启蒙教材繁荣的社会基础…………………… 36
　　二、近世启蒙教材的兴盛………………………… 39
　　三、近世启蒙教材的主要特征…………………… 43
　　四、近世的主要启蒙教材………………………… 45

第四节　衰退阶段——明治时代初期的启蒙教材 ……… 47
　一、"和魂洋才"的文化价值观与启蒙教材的最后发展 ……… 48
　二、近代教育制度的建立与启蒙教材的衰退 ……… 50
　三、明治时代初期的主要启蒙教材 ……… 53

第三章　日本传统启蒙教材的编撰形式 ……… 55
第一节　书信文简集的定型与发展 ……… 56
　一、书信文简集的定型 ……… 56
　二、书信文简集的发展 ……… 57
第二节　对汉诗、韵文的模仿与借鉴 ……… 59
　一、对汉诗形式的模仿 ……… 59
　二、对三字经形式的借鉴 ……… 60
　三、对千字文形式的借鉴 ……… 62
第三节　本土特色编撰形式的出现与使用 ……… 65
　一、家训形式的使用 ……… 65
　二、式目形式的使用 ……… 68
　三、伊吕波歌形式的使用 ……… 69
　四、和歌形式的使用 ……… 70
第四节　插图、注解形式的发展 ……… 72
　一、插图形式的发展 ……… 72
　二、注解形式的发展 ……… 75

第四章　日本传统启蒙教材的教学内容 ……… 78
第一节　文字词汇知识 ……… 78
　一、集中识字 ……… 79
　二、分类学词 ……… 83
第二节　道德规范知识 ……… 89

目 录

　　一、尽孝尽忠 …………………………………………… 90
　　二、勤奋好学 …………………………………………… 95
　　三、注重礼法 …………………………………………… 98
　　四、处世哲学 …………………………………………… 100
　第三节　地理、历史知识 ………………………………… 103
　　一、地理知识 …………………………………………… 104
　　二、历史知识 …………………………………………… 108
　第四节　职业技术知识 …………………………………… 116
　　一、农业型 ……………………………………………… 116
　　二、手工业型 …………………………………………… 119
　　三、商业型 ……………………………………………… 120
　　四、综合型 ……………………………………………… 123
　第五节　自然科学知识 …………………………………… 124
　　一、数学知识 …………………………………………… 125
　　二、植物与生理知识 …………………………………… 128
　　三、天文知识 …………………………………………… 130
　　四、理学知识 …………………………………………… 133

第五章　传统启蒙教材与儿童启蒙教育 ………………… 138
　第一节　儿童启蒙教育的客观规定因素 ………………… 139
　　一、社会经济发展与启蒙教育 ………………………… 139
　　二、幕藩政治体制与启蒙教育 ………………………… 148
　第二节　儿童教育观的发展 ……………………………… 155
　　一、中世的儿童教育观 ………………………………… 155
　　二、近世的儿童教育观 ………………………………… 165
　第三节　启蒙教材的编撰者与使用者 …………………… 172

一、编撰者的身份嬗变 …………………………………… 172
　　二、使用者的变化 ………………………………………… 180
　第四节　使用启蒙教材的教育机构 …………………………… 188
　　一、寺院 …………………………………………………… 188
　　二、寺子屋 ………………………………………………… 192
　第五节　儿童启蒙教育的课程与课堂教学 …………………… 199
　　一、教育课程 ……………………………………………… 199
　　二、课堂教学 ……………………………………………… 210

第六章　传统启蒙教材的主要功能 ………………………………… 217
　第一节　启蒙教材的育人功能 ………………………………… 217
　　一、生活和生产的基本知识与技能的指导 ……………… 218
　　二、社会规范的传递 ……………………………………… 225
　　三、社会角色的培养 ……………………………………… 230
　第二节　启蒙教材的社会功能 ………………………………… 238
　　一、政治功能 ……………………………………………… 239
　　二、经济功能 ……………………………………………… 251
　　三、文化功能 ……………………………………………… 255

第七章　中日传统启蒙教材比较 …………………………………… 259
　第一节　两国启蒙教材的相似性 ……………………………… 260
　　一、日本对中国启蒙教材的引进与模仿 ………………… 260
　　二、对伦理道德培养的重视 ……………………………… 262
　　三、鲜明的世俗性特征 …………………………………… 264
　　四、多元化和专门化的发展趋向 ………………………… 266
　第二节　两国启蒙教材的差异性 ……………………………… 268
　　一、本土化的发展特征 …………………………………… 268

二、价值取向:"应试主义"与"能力主义" …………………… 270
　　三、对西学的引进:迟钝与积极 …………………………… 275
　　四、在两国教育现代化进程中的作用不同 ………………… 278
　第三节　中日传统启蒙教材的交流
　　　　——以《三字经》为例 ………………………………… 281
　　一、《三字经》在日本的流布 ………………………………… 282
　　二、《三字经》在日本的衍变 ………………………………… 285
　　三、中日文化交流的特点 …………………………………… 288

第八章　结语与思考 ………………………………………………… 292
　　一、传统启蒙教材在日本教育史上的作用与意义 ………… 292
　　二、传统启蒙教材与近代日本教育的发展 ………………… 296
　　三、传统启蒙教材与日本人的行为模式 …………………… 302
　　四、对传统启蒙教材研究的反思:传统文化的价值重估 … 311

附　录

　一　本书所用表格 …………………………………………… 317
　二　日本传统启蒙教材选 …………………………………… 318
　　《实语教》 ……………………………………………………… 318
　　《童子教》 ……………………………………………………… 320
　　《女诫插图女实语教·女童子教》 …………………………… 324
　　《本朝三字经》 ………………………………………………… 329
　　《皇朝千字文》 ………………………………………………… 332
　　《明衡往来》 …………………………………………………… 336
　　《今川状》 ……………………………………………………… 343
　　《女童专用女今川》 …………………………………………… 347

《子供早学问》…………………………………………… 350
《东海道往来》…………………………………………… 354
《万物名数往来》………………………………………… 357
《商卖往来》……………………………………………… 363
《农家手习状》…………………………………………… 367
《穷理捷径十二月帖》…………………………………… 369
参考文献……………………………………………………… 380
后　记………………………………………………………… 386

第一章 导 论

第一节 教育的历史连续性与启蒙教材

教育是培养人的一种社会活动。正如法国社会学家涂尔干（Emile Durkheim，又译为迪尔凯姆）认为的那样，"教育仅仅是社会在孩子中为它自己的存在作准备的必要条件"[①]，所有的教育现象和教育过程都是人们社会活动的表现形态和结果，都可以被看成社会对儿童施加某种影响的社会现象。因此，对教育活动——包括它们的形式和内容、它们在更大社会结构中的体现以及它们对个人和集体的结果等进行分析，可以让我们比较容易地去理解教育作为一种知识和文化的社会活动是如何"使年轻一代系统地社会化"[②]的。

迄今为止，我们对于明治维新之后的日本教育已经有了较多的认识和研究。英国历史学家威尔斯（H. G. Wells）曾经说过，日

[①] 〔法〕涂尔干：《教育与社会》。转引自谢维和：《教育活动的社会学分析——一种教育社会学的研究》，教育科学出版社2000年版，第36页。

[②] 〔法〕涂尔干："教育及其性质与作用"，张人杰编：《国外教育社会学基本文选》，华东师范大学出版社1989年版，第9页。

本"以惊人的精力和智慧,把他们的文化和组织结构提高到欧洲列强的水平。在人类全部历史中,从来没有一个民族像日本民族当年那样阔步前进"①。康有为也大为感叹:"泰西以五百年讲求者,日本以二十余年成之,盖地球所未有也。"②不少学者在慨叹日本自明治维新以来教育近代化取得巨大成就的同时,都认为其原因在于明治政府制定了"文明开化"的方针大略,广泛吸收欧美资本主义国家的教育思想和教育制度,努力进行教育改革,为建立近代日本教育制度奠定了坚实的基础。而对于明治之前的日本教育,世人研究甚少。很多学者包括一部分日本学者都曾经认为明治维新前后的日本教育"不具有任何的文化的和事实的连续性","现代日本的教育大部分都是欧美教育的输入模仿。我们没有继承江户时代的学制,甚至大宝律令也并非今日学校法规的渊源。寺子屋并没有直接和今日的小学校产生连续的关系。维新前教育家的努力和今日教育家的努力不是同一个系统的"。③

针对上面的观点,笔者产生了这样的疑问:教育作为培养人的社会活动,它对于人以及社会的影响是可以随着时代的变迁而消失的吗?如果明治时代之前的各个时代(特别是江户时代)的教育真的是与近代日本教育毫无"连续性"的话,那些创造了被称为"世界奇迹"的明治维新运动的人又是从何而来呢?制度可以全盘引进,思想成果也能够悉数导入,然而一个民族的成员却是不可能更换的,而且也难以在短时期内完全改变,他们必然会通过教育活动

---

① 〔英〕威尔斯:《世界史纲》(1931年版),第991页。转引自王桂编著:《日本教育史》,吉林教育出版社1987年版,第95页。
② 康有为:《日本变政考·序》。
③ 高桥俊乘:「日本教育史」,教育研究会1929年版,7ページ。

第一章 导论

获得社会生活经验并接受文化环境对其产生的影响。应该说,教育对人、对社会的影响是不会随朝代的交替而停滞的。正是在各个时代的社会基础上进行的教育活动所造就的"人",才推动了日本历史向前发展,最终使日本走上了快速发展的道路,成为唯一以平等的姿态跻身并分享西方建立的殖民世界利益的非西方国家。

因此,随着对于教育活动历史认识的深入,我们可以清楚地看到,伴随社会政治经济的发展,整个教育系统在教育近代化的低级形态到高级形态的过程中不断生成、变化和更新,这一过程是不可能产生"断绝"现象的。那种将明治维新之前的日本教育与建立完整近代教育体系的日本教育截然分开、否定江户时代以及江户时代之前教育的观点开始受到质疑。著名教育史学家石川谦就认为日本近代教育并非是前辈学者所说的"西洋的输入模仿","明治教育的理念和设施在其之前的时代中便产生胚胎并养育成形,时代与时代之间呈连续性的发展姿态"。[1] 而一部分西方学者在研究江户时代教育状况之后也开始认为:"日本的近代教育制度并不是从一张白纸的状态开始的,从学校教育的概念而言,教育制度在前近代末期的日本已经成为其文化传统的一部分。"[2]

法国社会学家涂尔干认为:"教育有它们的过去,过去是培养它们的土壤,赋予它们现在的意义,脱开过去对它们进行考察,势必会出现大量简单化的理解甚至曲解。……要想真正地理解任何一项教育主题,都必须把它放在结构发展的背景当中,放到一个演进的过程当中,它属于这个过程中的一部分,但只是当前时代的、

---

[1] 石川謙:『日本庶民教育史』,東京玉川大学出版部 1998 年版,「自序」10 ページ。
[2] ハーバート・パッシン:『日本近代化と教育』,国弘正雄訳,サイマル出版会 1965 年版,14 ページ。

暂时的结果。"①可见,要想理解近代日本的教育状况,我们必须追溯到江户时代以及更早的年代。任何国家的教育都是传统和时代的产物,而教育作为社会系统的一部分总是受制于整个社会文化传统的。因此,如果我们在研究日本教育的时候,仅仅关注现实而忽视它的历史底蕴,不去了解过去的社会状况和文化传统,就很难真正理解日本的教育。

但是,教育本身又是一个复杂的系统,它包括教育制度、教育思想、教育内容、教育机构、教师、受教育者等多方面的因素。因此,对于一个国家数百年教育活动的分析,本身就是一个难度极大的课题,必须找到一个合适的切入点进行合理的分析和研究,才能够最终深入理解整个社会在长时间内形成的教育系统的特色与本质。在教育活动这一复杂的系统中,教材是一个不错的研究对象。教材作为教育内容的具体表现是构成教育活动的基本要素,是教育者和受教育者在教育、教学活动中进行交往、沟通的中介,是实现教育目标的根本保证。更进一步而言,教材作为经过选择的文化载体,究其实质便是对后一代施以什么样的精神影响,给予什么内容的文化的问题。

正因为教材有如此重要的作用,笔者才最终将研究的对象确定为明治时代之前广泛地使用于民间私学系统的传统启蒙教材之上。虽然日本在很早以前就模仿唐制建立了公立学校体系,也从中国引进了不少原版的汉字读物,但是,教育真正和国家的统治与文化的发展联系起来是同时借助私学进行的。在日本教育史上,

---

① 〔法〕涂尔干:《教育思想的演进》,李康译,上海人民出版社2003年版,第12—13页。

私学的兴盛甚至超过了官学系统,成为文化传播的主要场所,也成为推动教育普及的真正动力。而私学所使用的启蒙教材比起官学的儒家经典而言,无论从内容还是形式上,都更具有日本民族文化自身的特色,更能反映出日本教育独立化的发展历程。日本学者内藤湖南就认为,这些传统启蒙教材的发展实际上体现了日本这个靠外来文化发展起来的国家,在实现教育独立之前经过的历史变迁。①

马克思在一百多年前就深刻地认识到:"历史不外是各个世代的依次交替。每一代都利用以前各代遗留下来的材料、资金和生产力。""尽管这些历史遗产要被新的一代人所改变,但另一方面,它们也预先规定了新一代的某些特征。"②人类历史的时间连续性使得近代日本教育的发展与江户时代以及江户时代之前的教育文化有着割不断的历史因缘。日本明治维新之后的教育之所以能够得到很大发展并具有某些特殊的性质,其原因便在于明治时代之前就奠定了一定的教育基础。这样的教育基础从一定意义而言成为决定近代日本教育发展方向与特点的先行条件。传统启蒙教材便是这些先行条件中的重要因素之一。

第二节 日本传统启蒙教材的概念界定

在日本学界,一般将明治时代之前被私学系统用于儿童启蒙

---

① 参见〔日〕内藤湖南:《日本文化史研究》,储元熹、卞铁坚译,商务印书馆1997年版,第194—206页。
② 《马克思恩格斯选集》(第1卷),人民出版社1972年版,第43页、第51页。

教育的传统启蒙教材统称为"往来物"。由于"往来物"一词没有相应易于理解的中文翻译词,因此本书并未沿用"往来物"这一称谓。但是,从学术角度而言,仍有必要对"往来物"这一概念进行界定,从而使读者能够较好地理解本书的主要研究对象。

"往来"一词最早出现在日本平安时代贵族学者藤原明衡(989年—1066年)所著的《新猿乐记》中。藤原明衡在书中描绘了平安时代的风俗习惯,并总结出当时的学问种类和内容,其中列举的16种作文体例中便有"往来"。所谓"往来",也就是"往书"(去信)与"来书"(回信),指的是往来于贵族之间的书信。当时由于存在等级制度,不同等级的贵族之间往往要通过书信往来进行交流,所以"往书"与"来书"的书写规范成为贵族子弟必须掌握的一项技能。后来,藤原明衡将自己收集的贵族之间的书信整理成册,编成最早的往来物——《明衡往来》。由于其具有一定实用性,能够提高贵族子弟书写信件的能力,这种书信范文形式便开始固定下来,成为此后蒙学教材的编撰典范。

此后,随着时代发展,出现了大量沿用《明衡往来》这种书信集形式编撰而成的启蒙读物,例如《东山往来》、《十二月往来》等。同时,也出现了一些突破书信集这种相对单一的编撰形式并注入新内容的作品,例如《杂笔往来》、《实语教》、《富士野往来》等。特别是到了江户时代,随着经济交往的增加以及城市文化的发展,启蒙读物作为读书识字的初等教材进入发展的高峰期,出现了大量形式多样、内容丰富的作品,涵盖读、写、算等诸学科。

日本学者在研究"往来物"的时候,对于其概念基本上有"狭义"和"广义"两种界定。最早进行启蒙教材收集整理工作的白石正邦在1918年出版的《教育大辞书》中解释"往来物"时说,狭义的

第一章 导论

往来物指平安、镰仓时代编撰的,"书名必须有'往来'二字,以儿童启蒙教育为目的的文学作品"①。学者冈村金太郎也指出:"所谓往来物,就是'往书来书',即他人所来之信件及由此方所往之回信也。古时以往复信件为体,教授种种常识,故以《明衡往来》为始,其后之《庭训往来》《风月往来》等,皆以往复之文体教人以常识。……所谓狭义的'往来物',指的就是书名中必须有'往来'二字、以往返书信为范文的教材。"②可见,狭义的"往来物"指的就是平安时代之后出现的以书简文集为编撰方式、书名冠有"往来"二字的启蒙读物。

随着时代发展,镰仓、室町时代之后,启蒙教材的内容开始扩大,其文体也从最初的书信体向其他文体发展。模仿中国《千字文》《三字经》所作的《本朝千字文》《皇朝三字经》以及采用五言诗文形式写成的《实语教》《童子教》,列举幕府法令的《武家诸法度》《御成败式目》等都被作为儿童启蒙教材广泛用于寺子屋的教育之中,"往来物"的概念也随之发生变化。白石正邦认为,广义的往来物是"中世③以后在日本使用最为广泛的教材","即使书名中没有'往来'二字,但仍以儿童初等启蒙教育为目的"。④ 冈村金太郎同意这样的观点,认为:"从广义的角度看,即使书名没有'往来'

---

① 白石正邦编:『教育大辞書』,同文館 1918 年版,367ページ。
② 岡村金太郎:「德川時代庶民教育の教科書たる往来物に就きて」,石川松太郎:『往来物の成立と展開』,雄松堂 1988 年版,「付録」3ページ。
③ 日本史学界一般将镰仓时代、南北朝时代、室町时代(包括战国时代)合称为"中世",时代范围大约是 12 世纪末至 16 世纪中期。此后的安土桃山时代和江户时代合称为"近世",大约自 16 世纪中期至 19 世纪中期。由于安土桃山时代仅三十年,而江户时代达二百六十多年,所以"近世"往往也就是指江户时代。
④ 白石正邦编:『教育大辞書』,同文館 1918 年版,368ページ。

二字,但只要是用于儿童启蒙教育的读物都可叫做'往来物'。"①由此可见,从最初狭义上仅以往来书信为体的教材,到广义上不限文体、作为儿童启蒙教育使用的初等教科书都可归类为"往来物"。正如海后宗臣、仲新合著的《从教科书观近代日本教育》一书中所言:"往来物简而言之,是日本所创造的教科书,既非如四书五经等从中国渡来的典籍,也非日本的古典学术书籍、文学书籍。它作为以启蒙教育为目的的教材,是由带有明显的教科书意图而创造出来的。相对于近代的教科书,江户时代以前的传统启蒙教材都被称为'往来物'。"②

我国的《日汉大辞典》是如此解释"往来物"的:"(1)书简文集,如日本平安末期出版的《明衡往来》、《东山往来》等。(2)书简文集式的初级教科书,如《商卖往来》、《庭训往来》等。镰仓时代至明治初期,为私学馆及私塾等使用。"③值得注意的是,这里的"往来物"仅仅被解释为"书简文集式的初级教科书",忽略了在时代发展中这些教材已出现形式和内容的多样化,其中列举的《商卖往来》也并非采用书简文集式的启蒙作品。这些都值得我们中国学者再探讨。

我们研究日本传统启蒙教材的历史,不应该局限于某一个单一的时代,因此本书的研究对象是广义范畴的"往来物"。简而言之,本书研究的是日本历史上以儿童启蒙教育为目的、被广泛使用于民间私学系统的教科书。它们从11世纪末产生,一直到19世

---

① 岡村金太郎:「德川時代庶民教育の教科書たる往来物に就きて」,石川松太郎:『往来物の成立と展開』,雄松堂1988年版,「付録」3ページ。
② 海後宗臣、仲新:『教科書で見る近代日本の教育』,東書選書1979年版,19ページ。
③ 上海译文出版社编:《日汉大辞典》,上海译文出版社2002年版,第267页。

纪末,历经平安、镰仓、室町、江户、明治各时代,持续八百年之久,数量达六千种之多;由最初单纯的书信集发展为具有各种编撰体例、涉及各种学科范围的教科书系统;由最初为提高贵族、武士子弟教养而编撰的范文集发展成为广大平民子弟使用的启蒙读物。它们的发展是日本教育发展史的一个侧面,具有重要的研究价值。

第三节 日本传统启蒙教材的研究概述

尽管日本的传统启蒙教材从平安时代就开始出现,并为人们广泛使用,但日本学术界对其历史的探讨和研究迟至20世纪初期的大正时代才开始。白石正邦(?—1943年)是日本启蒙教材研究的第一人。他在东京帝国大学学习史学,后为学习院教授、东京府立第五高等女学校校长。1916年,白石正邦在《教育学术界》杂志(11卷6号)发表了题为"中世以降本邦最广为采用之教材"的论文,介绍了八种早期的启蒙作品。1918年,他在日本同文馆出版的《教育大辞书》中明确界定了"往来物"的概念,并且将这些教材分为手简类、历史类、地理类、训育类、熟语类、实业类六大类,为后来的学者提供了一个研究日本传统启蒙教材的基本视野。

另一较早研究日本启蒙教材的学者冈村金太郎(1867年—1935年)其专业本为海藻学,但他在担任日本水产学会会长之余,从事了大量收集和整理日本启蒙教材的工作。他将《千字文》、《三字经》、《实语教》,甚至明治时代的《小学读本》、《单语篇》等都纳入"往来物"的范围之内。将日本近代国民小学教材也归类为传统启蒙教材难免有些偏颇,但冈村金太郎最大的贡献在于整理出《往来物分类目录》,将其分为熟语类、书信类、训育类、历史类、地理类、实业类、合书类、理学类、杂书类九大类。1922年,他为当时的教师工会组织——"启明会"作了题为"关于德川时代庶民教育教科书之往来物"的演讲,详细阐述了日本传统启蒙教材发展的源流及其教育史上的意义,推动了研究的深化。

著名的教育史学家石川谦(1891年—1969年)是日本启蒙教材研究的集大成者。不过,石川谦最初的研究重点并非启蒙教材,而是江户时代的庶民教育。1920年,石川谦赴美留学,师从著名教育史学家卡伯莱,后又前往波士顿、纽约,并到德国莱比锡大学深造,接受了欧美先进的教育史研究理论,回国后,他出版了《近世教育史诸问题》(1926年)和《日本庶民教育史》(1929年)等著作。在《日本庶民教育史》中,石川谦对启蒙教材的主要使用场所——寺子屋[①]进行了深入探讨,着力阐明了江户时代教育机构(主要是寺子屋)具有"超封建性的倾向",从而得出在江户时代便孕育了近代教育理念和教育设施胚胎的结论。这在当时是崭新的见解,也是石川谦在后来的启蒙教材研究中一以贯之的立场。对寺子屋的研究引发了石川谦对"往来物"这样的启蒙教材的关注,他自1927年出版《往来物落穗集》一书之后,相继出版了《古往来研究》(1949年)、《我国儿童观的发达》(1949年)、《庭训往来研究:从教科书看学习方法的发展》(1950年)等著作。石川谦着重研究了启蒙教材的基本状况,对其编撰年代、普及状况、内容嬗变以及启蒙教育观的发展等进行了概括,并对一些有代表性的作品进行了重点分析。

---

① 寺子屋:又称为寺小屋、寺屋、手习所,是明治维新之前民间自发形成的儿童初等教育机构。

在这些前期研究之后，石川谦用十多年的时间编撰了共17卷的《日本教科书大系·往来编》(1967年—1977年)。该书将日本启蒙教材分为古往来、教训科、社会科、语言科、消息科、地理科、历史科、产业科、理数科、女子用十类，把每类的代表作品集中在一起，并附上较为详尽的解说，为后来的学者提供了宝贵的研究资料。值得一提的是，石川谦之子石川松太郎继承了父亲的事业，继续致力于启蒙教材研究。他于1988年出版了《往来物的成立与展开》一书，将传统启蒙教材八百年来在内容以及形式上的发展历程进行了简略介绍。进入20世纪90年代以后，石川松太郎与另一教育史研究学者小泉吉永一起实施了一个庞大工程，将此前能够发现的传统启蒙教材全部影印出版，冠名《往来物大系》。此后，仍由小泉吉永主编、石川松太郎监修的共32卷本的《稀观往来物集成》也使用影印的方式将存世量稀少的启蒙作品收录在一起。这两个系列的往来物集与石川谦的《日本教科书大系·往来编》一起，成为日本传统启蒙教材研究的基础文献。

在继承前代学者的研究成果的基础上，从20世纪90年代以来，日本传统启蒙教材的研究取得了明显进展，研究者的队伍不断扩大。天野晴子的《女子消息型往来物研究》(1997年)就江户时代女性使用的启蒙教材在形式、内容等方面的变化进行了较为详细的研究，揭示了江户时代女子教育具有的两面性：一方面，町人阶层的女性通过启蒙教育具备了较高的读写能力和文学素养；另一方面，女性使用的启蒙教材在内容上具有较大的局限性，体现出社会对女性社会角色的限定。奈良教育大学教授梅村佳代在《近世民众的手习与往来物》(2002年)一书中认为，传统启蒙教材对近世日本民众识字能力和文化素质的提高发挥了不可忽视的作用，为日本近代教育的发展提供了极为重要的内部条件。八锹友广在所著的《近世民众的教育与政治参加》(2001年)一书中论及"目安往来物"[①]时认为，目安往来物的普及体现了民众政治意识的提高，反映了江户时代教育与政治所具有的紧密联系。除上述著作之外，唐泽富五郎的《教科书的历史》(1956年)、大冈成美的《关于寺子屋的教育文化学的研究》(2003年)、三保里子的《寺院文化圈与古往来的研究》(2003年)等都从不同侧面对日本传统启蒙教材进行了一定的研究。

　　欧美学者直接针对日本传统启蒙教材的研究为数极少，但他们关于日本明治维新之前的教育状况，特别是这些教材最为兴盛的江户时代的研究成果，对于我们分析启蒙教材的历史价值具有参考意义。例如，英国伦敦大学教授多尔(R. P. Dore)在《江户时代的教育》(1965年)一书中认为，在亚洲各国面临外国侵略之时，唯有日本保持了独立并向高度发展的工业化国家迅速发展，这与德川时代的教育普及有密切的联系。寺子屋作为学校教育的代表，使日本国民文化水平得到很大提高，为明治以后近代教育的发展奠定了基础。

　　哥伦比亚大学教授帕新(H. Passin)对江户时代的教育也提出了重要见解。他在《日本现代化与教育》(1965年)一书中认为，"日本的近代教育制度并不是从一张白纸的状态开始的，从学校教育的概念而言，教育制度在前近代末期的日本已经成为其文化传统的一部分"，"日本的近代教育制度决不是西方教育直接引进的

[①] 目安往来物：所谓"目安"，原指为便于阅读而分条书写的文书。在江户时代指的是农民为要求减免赋税、检举贪官酷吏所写的诉状文书。"目安往来物"即直接使用这些诉状文书编成的儿童启蒙读物。

第一章 导论

结果。新教育制度的轮廓在从古而来的传统的内部就已经成形了"。① 对于"往来物"这样的启蒙教材,帕新认为,作为寺子屋教材,它们在提高民众的识字率以及职业能力等方面起了十分重要的作用。

1975年,美国学者布莱克(C. E. Black)等人撰写了《日本和俄国的现代化》一书。该书从文化教育方面强调了江户时代教育的世俗化、实用化、普及程度以及教育观念等对后来教育发展产生的积极作用,认为在日本进入现代化的"变革时期"(19世纪60年代至20世纪40年代)之前,"在知识和教育方面已具有很有利的条件","以最小的损失改造现代以前极其牢固的基础,比俄国早一代人实行义务教育"。② 这些观点都为我们研究传统启蒙教材在历史发展过程中所发挥的重要功用提供了宝贵的启迪。

在我国,对日本明治时代以前的教育还停留在对总体概况的介绍阶段,而鲜见对日本传统启蒙教材的专门研究。但是一些关于日本教育的书籍仍然对此有所涉及。例如,由曹孚、滕大春、吴式颖、姜文闵合编的《外国古代教育史》(1981年)中,关于日本古代教育有简约精当的阐述;王桂所著《日本教育史》(1987年)中提到了"往来物",简要介绍了它们是寺子屋的教科书。进入20世纪90年代,一些教育研究者开始深入研究日本近代之前的教育。杨孔炽的《日本教育现代化的历史基础》(1998年)一书运用较丰富的历史资料,阐述了日本江户时代教育的发生发展过程,论述了江

---

① ハーバート・パッシン:『日本近代化と教育』,国弘正雄訳,サイマル出版会1965年版,14、73ページ。

② 〔美〕布莱克等:《日本和俄国的现代化》,周师铭译,商务印书馆1984年版,第281页。

户时代的教育与日本近代教育改革的密切联系。该书认为江户时代教育的相对普及、教学方式方法的进步、教育中新思想萌芽的出现等,为明治维新的成功以及明治时代大力引进西方教育、建立日本现代国家教育体制提供了有利条件。稍显遗憾的是,该书对日本传统启蒙教材仅有极为简单的介绍。

综观日本、欧美以及中国的研究历史,有几点值得我们注意。

第一,日本学术界对日本传统启蒙教材的研究取得了相当丰富的研究成果,而欧美和我国尚未出现对其专门研究的著作。究其原因,笔者认为,由于"往来物"作为19世纪之前的出版物,流传至今且保存完好的作品并不太多,而且由于这些教材大多采用当时日本人实际使用的草书或行书体书写,对于使用拼音文字的欧美学者而言十分难以辨认,成为外国研究者较难逾越的障碍。而且欧美学者大多热心于日本教育的现代化研究,注意力多集中于江户时代,发掘的是江户时代的教育与近代教育制度的历史连续性特征。虽然这些学者都认可寺子屋、私塾等私学系统在提高民众识字能力方面作出的贡献,但他们很少将研究重心放到寺子屋这一教育设施之内所使用的教科书本身上来。除此之外,在中国教育史上,私学系统总是依附于官学体系,在教育体制中呈现的是附属地位,这与日本寺子屋教育独立于官学体系并呈现高度发达的教育状况截然不同。缺乏对日本教育史特点的认识与了解,或许也是我国学界极少有人注意到日本传统启蒙教材的原因之一。

第二,尽管日本学术界在传统启蒙教材研究方面涌现了一批颇有价值的成果,但是日本学者多采用实证主义的方法进行偏重微观的研究,对于这一历时八百余年、数量达六千多部的教科书系统还缺乏整体性的、宏观的把握。诚然,白石正邦、石川谦等学者对于庞大的启蒙教材系统进行了仔细的分类和整理,并对其本身的发展过程进行了深入探讨,为后来的学者奠定了十分重要的研究基础。但是,将一小部分代表性的作品作为主要研究对象,以分类、整理作为研究目的,这样的研究方法难免忽视启蒙教材在各个时代的文化内涵,忽略在时代大背景下政治、经济、教育思想、文教政策等各种制约因素在教材发展过程中的整合作用和牵制作用。

第三,在迄今为止的日本启蒙教材研究中,日本学者多将其作为日本本土产生发展的教科书系统,因此他们在学术著作中往往忽略中国文化对这些作品的影响。其实,无论是内容还是形式,日本人所谓的"往来物"都深受中国文化的影响,特别是中国历史悠久、种类丰富的蒙学读物对其影响颇大。因此,日本启蒙教材研究不应该忽略中日两国传统文化的交流。另外,日本的"往来物"与中国的《三字经》、《百家姓》、《千字文》等蒙学读物都用于儿童启蒙教育,它们作为文化载体不可避免地受到本国特有的民族传统、文化环境、政治经济发展状况的影响,在内容及形式方面的发展都体现了自身特点,因此两国的传统启蒙教材具有可比性。但遗憾的是,无论是日本还是中国,对于中日两国启蒙教材的对比问题并未展开全面而深入的研究。

综上所述,笔者认为,日本学界对其传统启蒙教材的研究虽然很多,但是多为微观的实证性研究,提供的多为原始文献性的参考资料;欧美学者具有开阔的研究视野,对于其发展的重要阶段——江户时代的教育状况有十分精当的研究,但是对于教材本身缺乏深入的了解;在我国,从各个方面研究日本教育现代化的人很多,但是将研究的视角延伸到江户时代之前的各个时代,将研究重心转移到儿童启蒙教材上的学者少之又少。故从总体上讲,迄今为止，还很少有人对日本传统启蒙教材进行整体和全面的研究，这也成为本书将其作为研究对象的主要原因。

第四节　日本传统启蒙教材的研究意义

在某个时代，为什么而教学、教些或学些什么以及怎样教学，往往是时代特征的典型体现。例如，在平安时代，文化教育的权利只属于贵族，因此处于启蒙阶段的儿童学的是"阳春已至，是为享乐之时也。以诗酒之会，尽游览之兴"①之类表现平安贵族"优雅生活"的东西。到了中世，大量武士子弟前往寺院去学习"上须求佛道，中可报四恩。下遍及六道，共可成佛道"②等具有佛教色彩的世俗文化。到了江户时代，一方面，儒家伦理得到全社会的认同，所谓"夫孝百行源，又万善长也。忠者自孝出，孝至德要道"③也就风行起来。另一方面，随着商品经济的发达，商家子弟又必须熟背"商贸证明书、购货单、取货凭证、抵押书"等商业用语，牢记"贪图高利，欺诈他人，恐受天罚，再次光顾之客人必日见稀少"④这样的道德训诫。由此可见，在产生或流传于某个时代的启蒙教材中，往往潜藏着这个时代的文化秘密。正如史学家平泉澄所说："这些教科书的性质以及普及程度是考察当时教育状态的

---

① 『明衡往来』。本书所用日本传统启蒙教材引文，除专门注明外，均引自石川谦编：『日本教科書大系・往来編』（共17卷），講談社1967—1977年版。——作者注
② 『童子教』。
③ 『孝子教』。
④ 『商売往来』。

关键。……作为时代的产物,它们不可避免地渗透进一代人的精神世界,成为解读时代精神的关键。"①

的确,我们研究一个国家的教育与文化,应当着眼于全民族和各阶层人民文化的演进,着眼于以往各时各地社会上多数人的文化状况。当时普通人所受的教育,以及他们通过教育形成的自然观、神道观、伦理观、道德观、价值观、历史观,在广为民间使用的启蒙教材中的反映,可能要比专属文人学士的书更加鲜明。就体现日本传统文化这一点而言,比起那些"羽翼经训,垂范方来"的经典著作来,可以说民间启蒙教材并不逊色,反而更加典型,更加充分。

因此,笔者认为日本传统启蒙教材研究具有以下意义:

首先,有利于深化和拓展我们对日本教育以及日本社会的了解。我国对于日本历史的研究,在改革开放三十年来已经取得重大进展,尤其在通史方面的研究成果特别突出。在进入 21 世纪的今天,对于日本历史的研究将进一步向专题史方面深化发展。但如前所述,我国对于江户时代以及江户时代之前的日本教育以及日本社会的研究目前仍然比较薄弱,亟待进行深层次的剖析研究,以适应学科发展和国际交流的需要。传统启蒙教材作为日本历史上不容忽视的教科书类型,应该受到我们的重视。正如法国教育社会学家涂尔干所言:"无论在什么时代,教育的器官都密切联系着社会体中的其他制度、习俗和信仰,以及重大的思想运动。"②这些启蒙教材作为知识的载体,能够成为了解日本社会状况的重要途径。

其次,有利于我们了解日本传统文化的特征,也有助于我们对

---

① 平泉澄:『中世の社寺と社会の関係』,至文堂 1926 年版,262ページ。
② 〔法〕涂尔干:《教育思想的演进》,李康译,上海人民出版社 2003 年版,第 3 页。

日本民族个性的认识。启蒙教材的产生、发展、兴盛历经了日本的中世和近世,其中它的全盛期——江户时代是日本封建制度的成熟期。研究这些作品在日本历史上的作用和意义,涉及数百年来的日本传统文化与儿童启蒙教育的问题,也涉及封建时代教育对传统文化的传承与普及作用的问题。教育本身就是一个特殊的文化系统。在这个文化系统中,启蒙教材作为文化传播的媒介,其内容和形式都明显体现了日本传统文化的典型特征和具体内容。尽管传统文化的某些内容会随着时间的流逝而变得不合时宜,甚至成为时代进步的阻碍,但就总体而言,启蒙教材所蕴涵的传统文化已经在时代的发展变化中积淀为日本人普遍的民族心理和宝贵的历史财富。因此有理由说,如果要了解日本的传统文化和日本民族的性格的话,传统启蒙教材是不容忽视的重要材料。不了解它们所代表的文化,就无法了解至少是无法全面了解日本的传统文化和民族个性。

第三,有利于深化和拓展我们对日本传统的儿童教育思想的理解。在不同时代,政治经济结构、思想信仰的存在方式以及繁杂交错的社会运营生态各不相同。在这样的时代背景下,各时代也有不同的儿童教育观。迄今为止,我们对于近代之后日本儿童教育理论已经有了一定程度的研究,但是对于近代之前数百年的儿童教育观,特别是对于普通民众儿童观的发展和演变缺乏深入了解。由于启蒙教材的发展历史包括日本教育思想发展的两个重要时期——中世和近世,所以,对于这些作品的研究,可以使我们更为深入和完整地理解近代之前日本儿童教育思想的发展与变迁。

第四,有利于深化和拓展中日传统教育的比较研究。我国学者对中日教育的比较研究,虽然在学制、教育思想或某些教育问题上已经取得了一些成果，但是对民间教育活动的媒介物——蒙学教材却少有研究。很多学者由于语言上的局限，对日本的启蒙教材知之甚少，更难言及比较；也有部分学者认为日本文化本身就是中国文化的翻版，进而武断地认为日本的启蒙教材没有研究的必要。而实际上，中国和日本在同时代的蒙学教材具有不同的发展特点，它们对各自国家的教育发展也起到了不同的作用，我们不能把它们简单地看成完全相同的文化载体。从日本的启蒙教材的发展历程可以看到，它在不断对中国蒙学读物进行模仿和吸收的同时，也在不断地求新图变。尽管两国蒙学教材都有注重伦理灌输的特点，但是"往来物"与中国蒙学教材在价值取向上体现出"能力主义"和"应试主义"的差异，因此两国的教育在进入近代以后的发展有着截然不同的结果：日本大力引进西方先进科学技术，迅速普及了初等教育；而中国近代教育则一直踯躅不前，整个国家文盲充斥。对中日两国近代教育不同发展历程的原因探讨一直是学界的研究重点，也取得了不少成果，但是深入地从近代社会之前的启蒙教育中寻找原因的研究还不多见。本书力求通过对中日两国启蒙教材的比较研究，着力分析近代之前日本教育的发展进程和特点，希望能够从中找到有助于理解日本教育在进入近代以后迅速超过中国的部分原因。

第五，对启蒙教材的研究可为我国目前现代化进程中的改革提供一定的历史借鉴。在现代化建设中，如何充分利用传统文化中的精华，如何摒弃传统文化中不利因素的影响，是一个十分重要的问题。启蒙教材作为封建时代的文化产物，有先进、科学的一面，也有愚昧、守旧的一面。日本明治维新后，传统启蒙教材中科学、实用的成分被吸收到小学教科书中，对当时的文明开化起到了一定的作用。但是在1878年《教学大旨》颁布之后,保守教育思想复活,大量具有浓厚封建忠孝思想的文字重新出现在教科书中,为后来的军国主义教育体系奠定了思想基础。传统启蒙教材在日本教育中的发展过程及其特征,反映出它对近代日本的影响,反映出近代日本发展过程中对传统文化进行吸收、利用问题的经验教训,因此,研究传统启蒙教材可以为我们今天的现代化建设提供可资借鉴的历史经验教训。

鉴于上述研究的重要意义,本书力求解决以下几个问题:第一,日本启蒙教材作为儿童启蒙教育的教学媒介,是如何在时代大背景中受到政治、经济、教育思想、文教政策、文化传统等各种因素的制约下出现和发展的。第二,这些启蒙教材在教学工具属性(即编撰形式)和教学资源属性(即教学内容)这两种最主要的属性上是如何演变的。第三,传统启蒙教材作为人类文化经验结构与学生个体身心结构之间的媒介和桥梁,是如何在教育活动中接受各种因素(主要是儿童教育观、教育机构、教师与学生的身份变化等)的影响和制约的。第四,启蒙教材所具有的育人功能和社会功能如何展开,它所在的教育系统是如何与政治、经济、文化等相互协调、相互作用的。第五,中日传统启蒙教材有哪些相同与不同点,这些差异性对中日两国的教育现代化带来怎样的影响。

本书综合运用历史学、社会学、教育学、文化学等多学科的理论知识来探讨日本传统启蒙教材与其社会、教育之间的关系。本书运用历史研究法,通过对日本传统启蒙教材的发生、发展、演变过程的研究,发掘它的历史规律和作用。同时,为弥补纵向的历史研究法不易深入到研究对象内部深层的缺陷,本书还采用社会学和教育学的分析方法,对启蒙教材的形式及内容进行横向的剖析。

另外,本书还使用比较研究法对中日传统启蒙教材进行比较研究。

基于以上关于内容及研究方法论的原则,本书除序章之外,第二章将通过纵向的描述,对日本各时期(平安、镰仓、室町、江户、明治)政治、经济、文教状况与其传统启蒙教材的发展状况的互动关系进行概括。第三章和第四章将日本传统启蒙教材本身作为研究对象,选取编撰形式和教育内容作为两个横向切入点,用动态的研究方法探究它们在内容和编撰形式上的发展变化。第五章将日本传统启蒙教材与教育活动的互动关系作为第三个横向切入点,探究这些教材在具体的儿童启蒙教育活动中是如何与教育活动的各因素互相影响和互相制约的。在纵向与横向的历史探究之后,第六章进一步总结启蒙教材所具有的育人功能和社会功能。第七章进行中日两国传统蒙学读物的比较,阐述日本传统启蒙教材在外来文化的影响下如何保持日本文化的自身特色,以及在近代面临西方列强的压迫下,是如何迅速调整好文化引进的方向,为日本近代教育的发展起到重要作用的。第八章简要总结前面的研究成果,探讨日本传统启蒙教材与近代日本教育以及日本民族行为模式的关系,并得出可资借鉴的若干历史经验。附录选译了部分较为著名的启蒙教材,希望能够为后来的研究者提供一些可供借鉴的参考文献。

第二章　日本传统启蒙教材的历史概观

教育的发展，就是教育存在形式由低级向高级不断上升的发展变化，包括人类社会自古及今的一切教育现象。日本的传统启蒙教材是民间启蒙教育内容的具体表现，它也经历了一个由低级向高级不断上升的发展过程。

本章主要概括启蒙教材从萌发、成长、繁荣直到退出历史舞台的各个阶段的发展状况，以此揭示出它们作为儿童启蒙教育的教学媒介，是如何在各时代政治、经济、文教政策、文化传统等因素的制约下发展和变化的。

第一节　萌发阶段——平安时代的启蒙教材

日本的传统启蒙教材产生于平安时代末期。它的出现并非偶然，是在日本文字教育有了很大发展、贵族需要掌握书信技巧的前提下产生并发展起来的。《明衡往来》作为最早的作品，开创出书信范文集的编撰形式，为后世的启蒙读物提供了可资借鉴的范本。

一、日本文字教育的出现与发展

日本位于亚洲大陆东部边缘地带,由于地壳变动,大约在距今一万年前才最终脱离大陆,形成日本列岛。直到公元前后,农耕得到普及,人们才开始聚居生活。当时日本尚未形成文字,教育主要是在生活和生产实践中通过语言直接传授的形式进行的。日本史籍《古语拾遗》(作者斋部广成,成书于807年)卷头便有这样的字句:"上古之世,未有文字。贵贱老少,口口相传。前言往行,存而不忘。"[①]

公元前后,与日本一衣带水的中国已经进入社会生产力相当发达的两汉三国时代。当时的大和国国力虽日益增强,却没有自己的书写文字,统治者开始认识到从中国引进文字的迫切性。正因为这样,天皇命百济国"如有贤人,亦上贡"[②],于是受命贡上者名叫和迩吉师,随同此人一起贡上《论语》十卷、《千字文》一卷。和迩吉师便是王仁,其身份尚待考证,但可以肯定的是,他是一位生活在朝鲜半岛的汉族移民,或是一位汉族移民的后裔。总之,王仁成为日本皇室最早的汉学教员。《日本书纪》记载:"王仁来之,则太子菟道稚郎子师之,习诸典籍于王仁,莫不通达。所谓王仁者,是书首等之始祖也。"[③]文字的传入刺激了当时日本的皇室、贵族,他们对摄取汉学倾注了极大热情。天皇聘用来日的汉学家,命令他们在宫廷里开办学问所传授中国典籍。从此,以汉学为主要内容的宫廷教育开始兴盛起来,这也成为日本文字教育的起源。

---

① 「古語拾遺」。
② 参见「古事記」卷中,「応神天皇」条。
③ 参见「日本書紀」卷十,「応神天皇十六年」条。

奈良时代（710年—794年）是日本集中吸收中国文化的时期。日本数次派遣唐使及留学生、学问僧等前往中国，每次都多达上百人。他们在学习佛教经典、律令制度和科学技术之外，多热衷于唐代诗文，并广泛收集汉学名著，带回日本，成为中国文化的主要传播者。此时作汉诗、读汉文已被当做日本贵族必备的修养而受到重视。当时中央仿效唐朝设立大学寮，地方设国学，中央的贵族、官吏以及地方豪族的子弟在此接受当官为吏的教育。

这个时期的日本教育具有明显的贵族性。能够进入大学与国学接受教育的仅仅是一部分贵族子弟，普通百姓根本没有接受教育的权利。大学的教学内容也模仿唐制，全盘使用中国传来的儒家经典。《周易》、《尚书》、《周礼》、《仪礼》、《春秋左氏传》以及《孝经》、《论语》等都成为学生必修的教材。

奈良时代，日本全力吸收唐文化，因此形成了具有明显中国特色的"唐风文化"。但是，到了8世纪末，唐朝战乱不止，日本与中国的联系逐渐减少，对唐文化的大规模吸收亦转入消化期。日本人开始利用汉字创造自己的文字。空海（774年—835年）使用单音节的草书体汉字创造出"平假名"，吉备真备（693年—775年）用楷书汉字偏旁创造出"片假名"。如同著名历史学家井上清所说："不仅在文学史上，而且就整个日本历史来说，平安贵族社会完成的最大的贡献是让万叶假名更加飞跃地发展。"[①]随着日语的成熟，假名书写广为流传，和歌、物语等渐渐成为贵族所热衷的东西。具有本土特色的"国风文化"取代"唐风文化"，以中国汉文经典特

---

① 〔日〕井上清：《日本历史》，天津市历史研究所校译，天津人民出版社1974年版，第124页。

别是训诂性质的汉唐经学为主要学习内容的大学逐渐受到冷落。

这一时期,贵族阶层通过文书法令向下一级官吏传达命令,下级官吏也要通过公文向上级报告情况。即使在贵族之间,不同等级者也很少直接见面自由交谈,他们大多通过书信往来进行交流。而在书信交流中,在信件开头与结尾应该使用什么词语、如何表示谦逊和敬意、如何表达内容等都有十分严格的规定。为了使后代掌握与贵族身份相符的行为规范,贵族在教育活动中十分重视书信礼仪的学习。但是,当时贵族子弟使用的《尚书》、《论语》等汉学典籍几乎不涉及书信礼仪知识的传授,且日语本身的发展也使文书信件越来越"日本化"。因此,在启蒙阶段,如何在习字之后能够写出格式规整的文书信件,成为一个迫切需要解决的问题。解决这个问题的办法就是创造出一种启蒙读物,把习字与书信礼仪结合起来。所谓"往来物"的启蒙教材就是在这样的教育需求下产生的。

二、《明衡往来》及早期启蒙教材

日本最早的启蒙教材是成书于平安时代末期的《明衡往来》,编撰者是贵族学者藤原明衡(989年—1066年)。藤原明衡历任文章博士、大学头、东宫学士,位至从四位下[①],是当时学识渊博的汉学家。由于书信往来在贵族生活中占有十分重要的地位,学会如何在书信中措辞得体、合乎礼仪已成为必要。于是藤原明衡将平日收集的书信整理成书,编成《明衡往来》。

---

① 从四位下:在古代日本的律令制身份体系中,有一种称作"位阶制"的爵位制度,用以调整和规定贵族官人阶层内部的权力和利益分配关系。其中授予诸王、诸臣的位阶从最高位的"正一位"至最低位的"少初位下"共三十阶。"从四位下"属高级位阶,其拥有者为有位贵族,一般担任高级官职,其子孙有荫受位阶的特权。

《明衡往来》实际上仅仅是贵族书信的汇编。它以当时贵族之间的209封信件为主要内容,表现了平安贵族的"优雅生活"、繁忙的政务与应酬。例如第一封信是左近卫少将写给右马头的邀请函,邀请对方趁"阳春已至"来参加"诗酒之会",以尽"游览之兴"。其后也有相当一部分是邀请参加宴会、郊游、歌会等内容的书信。除了邀请信以外,也有其他内容。例如,第100封信是借用书籍的借条,第106封是租用耕牛的请求信,第181封是庆祝婴儿出生的贺信,第187封是商讨如何处置偷窃西瓜的盗贼的信函,等等。

《明衡往来》使用当时贵族之间流行的名为"和汉混淆文"[①]的文章体例,日语假名和汉语词汇混合使用,十分利于学习者在掌握假名之后进一步学习汉字读写。更重要的是,《明衡往来》除了有一般性的书信用语以外,还包括邀请函、商借函、祝贺信等各种应用文体。学习者模仿范文,稍作更改即可完成一封礼仪得当的书信。正因为《明衡往来》有这种实用性,符合教育需求,才成为启蒙教材的典范,并广为流传。

《明衡往来》之后,相继出现了一批类似的启蒙读物。较为有名的有清水寺定深法师编撰的《东山往来》。其序文有言:"爱东山有师僧,颇存才气。西洛有檀主[②],常致问讯。彼此互飞短札,内外陈长契。檀那询问不明之事,师僧每求必应。其文虽异体,其旨为世要。岂舍其迹哉。余居中间常见往来书,拾其中之精要,已成卷轴,今寄私家之小生。"[③]可见,《东山往来》以西洛檀那和东山师僧一问

[①] 和汉混淆文:平安时代后期出现的文章体例之一,既交杂使用日语的假名词汇和中国的文言文词汇,也混杂有当时的日语口语词汇,是当时贵族所使用的文体之一。

[②] 檀主:佛教用语,指对寺院布施的佛教信徒,也被称为檀那、施主。

[③] 「東山往来」序。

一答的书信形式,为"私家之小生"传授"世要"之文。此处的"私家之小生"乃贵族子弟,而"世要"之文则是"不忍舍弃"的世间当用的各种知识,包括社会风习、佛教行事、阴阳巫术、医疗养生、假名学习以及其他日用常识。除《明衡往来》、《东山往来》以外,平安时代后期还出现了《季纲往来》、《贵岭往来》、《西郊往来》等十余种启蒙教材。

三、早期启蒙教材的特点

《明衡往来》、《东山往来》等是早期启蒙教材的代表。这些作品多使用"和汉混淆文"的文体形式,将若干组往返书信作为范文,从而形成一种比较固定的教科书编撰形式。它们主要有两个特点:

第一,贵族性。早期启蒙教材的编撰者中,除少量僧侣(如《东山往来》的编撰者定深法师)外,其他都是贵族学者。例如,《明衡往来》的编撰者藤原明衡是官至从四位下的贵族;《季纲往来》的编撰者藤原季纲历任三河、越前、备前等地方国守(即地方长官),后为从四位上的大学头;《贵岭往来》的编撰者是内大臣中山忠亲。这反映了当时的文化潮流是以贵族为主导的。

第二,实用性。可以说,日本传统启蒙教材从一开始就体现了其实用性,一方面它们大都采用和汉混用的书写体例,使受教育者一开始就接触到日语书写方法,同时也提高汉字的读写能力。更重要的是,从贵族的社会教育这一角度来看,增进了儿童对书信规则、风俗习惯、社会礼仪的了解,以使子弟"开内外之悟"。这种"其文为异体,其旨为世要"的实用性成为启蒙教材兴盛八百余年的活力源泉。

当然,作为早期的启蒙读物,从编撰方式而言,它们显得过于朴素和简单,所采用的书信材料没有经过加工,数量往往过多,内容过杂。例如,《明衡往来》由209封书信组成,没有序言,在内容上也没有考虑整体的协调，仅仅是将各种不同场合的书信集中在一起，杂乱性和多样性并存。而且，作为儿童的启蒙读物，内容也显得艰涩难懂。其后的《东山往来》由 200 封书信组成，一问一答形成一个完整的教学单元，格式比较规范，但选择素材的数量也过多，不太适合低年龄儿童使用。实际上，据日本学者考证，在平安时代末期，"以实用为目标，或者说以'学习应用文'为目的，从这样的角度来进行'教养'的学习，并不只是针对儿童"①。可见使用这些启蒙教材的学习者，除了出身贵族的幼童和少年以外，也有很多成年人。这些都表明日本早期的启蒙教材还处于摸索阶段，许多地方不符合儿童的学习心理以及认知规律。

第二节　成长阶段——中世的启蒙教材

　　在日本启蒙教材的发展史上，中世是重要的成长阶段。一方面它沿袭前一阶段的发展路向，书信集仍在启蒙教材中占有很大分量；另一方面，它突破过去那种单一的发展模式，创编了一些形式和内容都十分新颖的作品，为后来启蒙教材的繁荣打下了基础。

一、中世的政治以及文化背景

　　中世近四百年是日本封建社会成立和发展的时期。由于土地私有者建立的庄园成为这一时期主要的农业生产形式，为了保卫

---

① 石川謙编：『日本教科書大系・往来編』（第 1 卷），講談社 1967 年版，52ページ。

庄园和对外扩张,逐渐形成了以武为业的武士。地方豪族将这些武士组织起来形成地方武装,并成为军事首领。进入11世纪以后,各地武士分聚于一些势力最强的豪强贵族周围,形成地区性武士集团。这时,就连皇室及朝廷也不得不依靠武士团体的势力。武士阶层作为一股强大的社会势力进入权力中心。1192年,已经在镰仓建立幕府的源赖朝被后鸟羽天皇任命为"征夷大将军",标志着日本武家政治时代的开始。

与武士占据政治权力中心几乎同时,佛教寺院成为文化传播的中心。其实早在奈良时代佛教传入日本之后,由于受到朝廷保护,佛教寺院很快便发展起来。到了中世,寺院所起的文化教育中心的作用得到进一步加强。其原因首先是由于佛教本身发生变革,教义和修行方式开始简约化、大众化,从而深得武士和平民百姓的青睐,得以渗入到日本社会各个阶层。其次是出现了一批著名的寺院,镰仓时代有著名的"镰仓五山",室町时代又有著名的"京都五山"。① 如果用现代语言来表达,这些寺院不但有储存大量佛经和儒家经典的图书馆,还有保存与陈列历史文物的博物馆,也有音乐堂和运动场。僧侣不仅饱读佛经,而且也攻研儒家典籍、诸子百家的著作和其他文学作品,所以寺院很快就成为学术权威聚集的地方。这自然吸引了大量官宦子弟以及逐渐得势的武家子弟前来学习。

当权的武士阶层经历了从戎马倥偬到治理政务的过渡,开始注意到在处理国家政务以及社会交往中具备文化修养的必要。镰

---

① 镰仓五山:镰仓时代的建长寺、圆觉寺、寿福寺、净智寺、净妙寺。京都五山:室町时代建于京都的南禅寺、天龙寺、相国寺、建仁寺、东福寺。

仓幕府初代将军源赖朝(1147年—1199年)也毫不隐讳自己"适禀武器之家,虽运军旅之功,但久住远国,未知公务"①的弱点。为了提高后代的文化修养,武士阶层十分重视在教育中对子弟基本文化素质的培养。除了当时幕府设置的学问所以外,更多的武家子弟被送到寺院接受文化教育。不仅著名的五山十刹成为学问的中心,一般的寺院也都成为武士子弟的文化殿堂。

儿童大约在10岁左右进入寺院学习,称为"登山"。在教育内容上,寺院以教授武家子弟世俗性的文化知识为重点,十分注重社会生活的实际需要。由于《明衡往来》之类的书信范文集贴近生活、知识面广,所以成为儿童读书写字的首选教材。儿童在识得一定数量的汉字之后,再进入《论语》等汉学经典以及《万叶集》等日本古典作品的学习。

可见,在日本中世,武士在其力量由小到大的发展过程中,逐渐在文化教育领域也占据一席之地。武士阶层迫使原先面向宫廷贵族和达官贵人的教育扩大范围,并使自己成为与贵族阶层共享文化教育的新兴势力。贵族的教育机构——大学已不复存在,家庭和寺院成为武士教育的主要场所,寺院僧侣成为文化教育的传播者。

二、中世启蒙教材的发展与分类

中世编撰的启蒙教材,随着时代的需要开始有类别上的不同。按照编撰体例,大体可分为四大类:书信集、语句集、书信语句合

---

① 参见「吾妻鏡」,「文治二年」条。《吾妻镜》是日本记述镰仓幕府时代的史书,共52卷,作者、成书时间不详。该书为日记编年体裁,引用幕府官方记录、诸吏手记、公卿日记等资料,编述自源赖政举兵至宗尊亲王回京都87年间(1180年—1266年)政治、经济、文化等各方面内容的记事,是最早的武家记录。

集、学科知识集。

书信集

所谓书信集,日语称为"消息文例集",即为使学习者掌握阅读和书写信件的技能,将书信作为示范文例收集而成的启蒙作品。最早的《明衡往来》《东山往来》等都属于这一类型。

中世出现的书信集中较具代表性的有《菅丞相往来》和《十二月往来》等。与前代简单、杂乱的编辑特点不同,这些启蒙教材从编撰方式到体裁等都有很大变化。其成书都是按一年12个月、每月各往返两封书信、全书共24封信件的格式,并一律以新年贺信起头以年末慰问信结尾。在内容上也都以当月与贵族生活相关的祭祀活动、礼仪往来为主题,范文更注重格式的正规和完整,力求使儿童能够尽快熟悉和掌握书信写法。

除此以外,还有《释氏往来》《垂发往来》《山密往来》《蒙求臂鹰往来》《手习觉往来》等作品。它们虽然也是书信集,但内容有所不同,不再是综合性的,而是仅限于某一个领域的知识介绍。例如《释氏往来》介绍的是寺院里的各种礼仪和佛教活动;《垂发往来》介绍的是寺院儿童的游ăn、娱乐、诗会等活动;《蒙求臂鹰往来》专门探讨如何使用山鹰狩猎等。

语句集

所谓语句集,就是单词集。它将日常生活中的百科知识以及书信中所使用的惯用语等,以单词、单句的形式集中在一起,作为集中识字的教材。语句集的出现使儿童启蒙教育分为两个阶段:首先是使用语句集学习单词或者句子,然后再阅读书信范文集并进行写作。由于编撰者注意到单词、单句的理解和文章的理解之间有不同的学习方法,因此将它们分开进行教授,最后又统合在一起,这样的编撰方式,无疑是日本教育发展的一大进步。

语句集的代表作有《消息词》、《杂笔往来》、《尺素往来》、《拾要抄》、《琐玉集》等。《消息词》是最早出现的语句集,由镰仓时代中期的贵族学者菅原为长所编撰,汇集了日常书信常用的单词、短句,例如"进上、启上、谨谨上、惶恐谨言、敬白顿首"等。另外,《琐玉集》也很有特色。它以"天一大,日月明"、"月良朗,青水清"、"佛弗人,兹心慈"这样的形式,对汉字进行分解之后编出《三字经》式的韵文,使学习单元变小,有助于字形结构的掌握。

书信语句合集

此类启蒙教材将书信集、语句集集于一身。它们继承书信集的特点,仍按照一年12个月、每月各往返两封书信的形式成书,但是在每一封信的中间部分,又将与书信内容相关的单词和短语分门别类地列举出来。《庭训往来》便是其中典范。此类作品多出现在镰仓时代末期,既注重实用词汇的集中学习,也考虑到单词学习之后直接进入书信正文的学习需要,使单词、文章的读写学习紧密衔接起来,这一点最令后世的教育学者津津乐道。

学科知识集

与上述注重传授文章习作格式、书信用语的启蒙教材不同,在室町时代,出现了以传授学科知识为重点的作品。它们使用更为自由的文体,内容也更加趋于细化。这类作品传授的知识包括宴会、历史、地理、伦理道德等各个层面,体现了日本的启蒙教材在内容上向专业化、学科化发展。例如,以介绍宴会时的室内装饰、宴会活动程序、各种品茶知识为主要内容的《吃茶往来》,以介绍武家战事为主要内容的历史教材《富士野往来》,介绍地理特征、描述城市繁荣景象的《十三凑往来》,介绍道德修养、强调勤奋学习的《实语教》、《童子教》等都属于此类。

综上所述,在镰仓时代初期,除书信集之外,开始出现语句集,将实用的单字、单词、句子集中于一册,体现了编撰者对单词、单句学习的重视。至镰仓时代末期,书信语句合集开始登上历史舞台,它们既有单词的列举,也有书信的整体呈现。进入室町时代,启蒙教材开始从传授书信作文技巧向传授知识转移。这种变化说明启蒙教材逐渐摆脱书信文简集这种单一的编撰方式,开始出现一些形式新颖的作品,而且内容也逐步由书信用语向范围更广、更为实用的知识体系发展。

三、中世的主要启蒙教材

中世出现的启蒙教材有十多种,其中有几部对后世产生了很大的影响。这里仅列举两种,以供管中窥豹。

《庭训往来》

14世纪中叶成书的《庭训往来》是日本传统启蒙教材中使用广泛、有很大影响的作品之一。直到建立近代学制的1872年,《庭训往来》在五百年内改版、重版达400多次,可以说中世之后的识字之人没有未学过《庭训往来》的。

《庭训往来》相传为玄惠法师(?—1350年)所作。如序文所言:"后醍醐天皇、将军赖经公之时,有玄惠法印之人。某时徒然之余,遂作此书。以为山内童子诵习之用。"[1]可见玄惠编撰此书的目的便是为那些进入寺院学习世俗知识的儿童阅读所用,是一部明显带有启蒙性质的书籍。

---

[1] 「庭訓往来」序。

从编撰方法上看,《庭训往来》是书信语句合集。它按照月份顺序安排往来信件(每月两封,其中八月份三封),在书信中部安排了相关的单词表。这种编撰方式既兼顾字词的学习,也考虑到文章的阅读。

从具体内容看,其特点之一在于广泛性。《庭训往来》汇集佛教、文学、教养、职业、医疗、行政、武士、法律、游艺、地方风俗等多方面内容。"涉及中世武士应该掌握之教养的所有方面——至少可以说凡是能够通过文字而学习到的方面,它都一应俱全,都有所准备"[①]。通过《庭训往来》的学习,不仅可以掌握写、读、缀[②]三方面的方法与技巧,而且可以学会很多知识,了解社会生活中的各种礼仪与规范。

《庭训往来》另一内容上的特点在于世俗性和大众性。在其涉及的内容中,所收单词最多的是衣食住方面的词汇(370个),其次是农、工、商、手工业等各职业用语(217个)和佛教词汇(179个),之后是武士兵器(75个)、教养(45个)、其他杂类(44个)。涉及贵族文化修养的内容很少,寺院宗教活动的内容也只占1/6。可见,《庭训往来》主要反映的是中下层武士和平民的生活,也包括不少工商业方面的知识,既能适应武士子弟的学习需要,也适合社会其他阶层的学习。

《实语教·童子教》

《实语教·童子教》实际上是《实语教》和《童子教》的合集。这

---

① 石川謙編:『日本教科書大系・往来編』(第3卷),講談社1968年版,134ページ。

② 缀:指的是通过日文假名将汉字的日语读法标注出来,这也是儿童在启蒙学习阶段应该掌握的方法。

两种启蒙教材的作者均未有定论。《实语教》相传为弘法大师空海于平安时代末期所著,《童子教》相传为安然和尚在镰仓时代中期所著。由于它们迎合了家庭、寺院教育的需求,而且文笔流畅、富有韵味、易于记诵,故使用范围极其广泛。至江户时代,这两种启蒙教材多合为一集,被尊为"道德教科书之王"[1],且一直沿用至明治时代初年。

《实语教》采用五言诗文的格式来表现儿童所应该接受的道德训诫。其中最为突出的一点是,《实语教》将勤学苦读作为最为重要的道德品质,大力赞美智慧、劝人学习。该文一开篇就立宗明义:"山高故不贵,以有树为贵。人肥故不贵,以有智为贵。"意在说明智慧是世界上光辉不朽的财富,人以拥有智慧为富贵。而要拥有智慧,只有通过学习。学习的价值远远高于物质财富的积累,"虽积千两金,不如一日学",因此要"除眠通夜诵,忍饥终日习"。除了劝学内容以外,《实语教》也包含了大量儒家道德修养的内容。例如,训诫儿童要遵守孝道,"人而无孝者,不异于畜生";教训儿童要"敬老如父母,爱幼如子弟";告诉子弟要与人和睦共处,遵循仪礼,"我敬他人者,他人亦敬我。已敬他人亲,人亦敬己亲"等。

《童子教》与《实语教》一样,也采用五言律诗格式。此书为"登山"进入寺院学习的"童子"所作,内容中既包含宣扬来世欣求的佛教信仰,也包括与日常生活息息相关的各种社交规范和准则。具体而言,此书内容主要分礼仪方法、慎言谨行、师徒关系、劝学向善、孝德感应五个部分。

---

[1] 石川謙編:『日本教科書大系・往来編』(第5卷),講談社1969年版,16ページ。

《童子教》的突出特点是通篇佛教色彩浓重,使用了很多佛教用语,例如破戒、持戒、佛果、观音、莲台等。其中关于勤学、劝孝等内容,也大多用佛教因果报应来进行强调,例如:"智者作罪者,大不堕地狱。愚者作罪者,小必堕地狱";"此等人者皆,父母致孝养。佛神垂怜悯,所望悉成就"等。通观全书,可以发现其宗旨便是"上须求佛道,中可报四恩,下遍及六道,共可成佛道",希望儿童通过伦理道德的修行去成就"佛道",共同追寻幸福的往生。当然,除了宣扬"苦学以求佛道"之外,《童子教》还集录了大量格言名句,其中很多都是从中国的各种典籍中摘取得来的。例如,"前车之见覆,后车之为诫。入乡而随乡,入俗而随俗。随顺善友者,如麻中蓬直",等等。很多格言迄今仍在使用,成为日本人生活的一部分。

第三节 繁荣阶段——近世的启蒙教材

日本史学界一般将安土桃山时代(1573 年—1603 年)和江户时代(1603 年—1867 年)合称为"近世"。由于安土桃山时代很短,故"近世"往往多指江户时代。古代和中世的日本历史,不仅为江户时代留下了丰富的教育文化遗产,而且也形成了江户时代教育赖以生存发展的各种前提条件。传统启蒙教材在平安时代末期产生,在镰仓、室町时代不断发展,到江户时代已经进入百花齐放的繁荣阶段。

一、启蒙教材繁荣的社会基础

17 世纪德川家康建立了由幕府和藩国共同统治的封建制度,

称为"幕藩体制",这一体制的特点是中央权力严格控制下的地方割据。幕府既是政治统治机构、军事指挥中心,也是全国经济实力的控制者,还是全国文教政策的最终决定者。幕府将江户、大阪等重要城市作为直辖领地,将其余的土地分封给各地大名、寺院、神社以及住在京都的天皇,并拥有随时没收、改封领地的权力。幕府通过颁布武家法令来控制各地大名,每个将军上任后都要将法令进行修改、重新颁发,形成"武家诸法度",成为规范和教育武士的指南和重要依据。幕府还实行"参觐交代制"[①],以控制各地大名的行动,客观上形成了从各藩至江户发达的交通网。各地大名的家眷以及家臣,再加上原本就居住在江户的幕府将军以及大量武士,使江户居住人口不断增加,城市得到很大发展。各地武士也聚居于各藩中心城镇,从而形成从中央到地方的政治、经济、文化的中心。

和平环境中的幕府专制统治,特别需要有相应的思想意识作为维护统治秩序的保证。德川幕府十分重视以朱子学为主的儒学,积极倡导儒家学说,希望儒家伦理能够为它建立的封建等级身份制度提供理论依据,以巩固封建秩序。历代将军均十分热衷奖励学问,重用儒者,并对各地设立的藩校加以资助,实行奖学制度。民间的平民教育机构——寺子屋也得到中央政权的认可和鼓励。儒家朱子学说作为治国的指导思想逐步深入社会,突破佛教在近世以前对教育的独占地位,将世俗教育从宗教的控制下解放出来,进一步促进了日本教育向前发展,从而形成一个"灿烂的文化和礼

---

① 参觐交代制:幕府规定各地大名每隔一年就要到江户城居住一段时间,并参觐将军,而他们的妻子则作为人质常年住在江户。幕府以此来控制各地大名的行动,使其无法称雄割据。

教政治的时代"①。

德川幕府的文教政策中值得注意的还有对外来文化态度的转变。在江户时代初期,幕府采取禁止基督教传播和闭关锁国的态度,原因是基督教宣扬"上帝面前人人平等"的思想,与等级森严的封建秩序格格不入,幕府因此对西方文明一概否定。但是,到了第八代将军德川吉宗(1684年—1751年)执政后,为解决幕府财政困难而发展生产和振兴工业,采取"洋书弛禁"的政策,在一定程度上放宽了对海外的禁运政策,同意输入各种西洋自然科学书籍。这种转变促使日本人开始认识西方文明,启发日本人的哲学思考和探索,为此后将西方科学知识导入教育内容打下了基础。

当然,除了文教政策会影响启蒙教材的发展之外,由于启蒙教材本身就是民间自发形成的,江户时代农、工、商的发展与教育需求的增长便成为其发展的直接动力,促使启蒙教材在这一时期达到最为繁盛的阶段。

农业作为幕藩体制的主要经济基础,得到幕府和各地大名的重视与鼓励。农民的劳动热情和改进生产技术的积极性在一定程度上获得保护,使农业在17世纪下半期有了较为显著的发展。农业的发展引发农民对教育的热情,使农民的教育需求出现了前所未有的增长。由于经济作物的增加,有关栽培和买卖交换的各种知识(如记账、写合同书等)成为必要,读、写、算成为农民必须具备的基本能力。而且,由于领主在实施征收年贡、维持治安的时候大多依靠书面法令发出指示,为了能够阅读上级公布的各种书面法令,农民也必须提高自身的识字能力。

农业的进步导致农作物、经济作物以及农村手工业产品交换的

---

① 〔日〕坂本太郎:《日本史概说》,汪向荣等译,商务印书馆1992年版,第293页。

增加。"参觐交代制"造成大量人员在江户和各地方之间往来,促进了交通的发展和城市商品经济的成长。市民阶层——町人[①]大量增加,到17世纪末,江户100万人口中便有一半为町人。随着商品经济的发展,町人阶层已逐渐成为社会经济的"主角"。正如町人学者西川如见所说:"自古町人位于农民之下,然不知何时天下变成通用金银之世以来,天下金银财宝悉归町人所握,时常出现于贵人面前,其品级似乎不知不觉已越至百姓之上。"[②]地位的提高使町人成为创造和普及文化的主力。所谓的"元禄文化"[③]就是包含了浓厚市民情趣的文化,与早期武士文化的刚健质朴有了根本不同。经济交往和城市文化发展的需要,使町人对于读书识字等基本的学力要求越来越高,以教授读、写、算为主要目的的寺子屋因此发展起来,成为民间最为广泛的初等教育机构。启蒙教材也随着这种文教状况的变动而产生强大的生命力,并迅速达到发展的巅峰。

二、近世启蒙教材的兴盛

教育需求的高涨再加上出版技术的显著提高,使得启蒙教材的种类迅速增加,近世时期达到6000多种[④]。根据教学内容,可

[①] 町人:江户时代居住在城市里的商人和手工业者。
[②] 西川如见:『町人囊』,『日本思想大系』(第59卷),岩波書店1975年版,87ページ。
[③] 元禄文化:元禄年间(1688年—1704年)以大阪、京都等大城市的町人为中心而产生的文化具有浓厚的市民情趣。歌舞伎、俳谐、浮世绘等是元禄文化的典型代表。
[④] 在历来的研究中,日本传统启蒙教材数量都包括重版和改版的作品数量。石川谦教授在《日本教科书大系·往来编》中认为数量有6000多种。但是,近年来,由于热心收集启蒙教材的学者的努力,每年都有一些以前未被发现的作品出现,所以这个数量在逐年增加。福冈教育大学教授平田宗史认为:"在江户时代之前,传统启蒙教材有40种。一进入江户时代,随着寺子屋的增加,其数量急剧增加。江户时代出现了1993种,包括重版、改版等,总的数量超过了7000种。"(平田宗史:『教科書でつづる近代日本教育制度史』,北大路書房1991年版,29ページ。)本书仍采用石川谦教授的统计数字。

以将这些种类繁多的读物大体分为以下六类：

熟语类

熟语类启蒙教材由中世的语句集发展而来，是将适合儿童早期识字学习的单字、单词、短句、短文等集中于一体而成的教材。其中又可细分为"字尽型"、"名寄型"和"千字文型"。

"字尽型"是儿童识字教育首先使用的教材。所谓"尽"，乃日语接尾词，相当于汉语中的"各种"。"字尽型"即以各种汉字为主要内容的启蒙教材类型，如《伊吕波尽》、《英学七体伊吕波》、《两假名杂字尽》、《小野篁歌字尽》、《新语往来》。"名寄型"着眼于人名、官名、动物名、衣服、食物、住居等社会生活的各特定领域，把该领域里的常用词汇收集整理成书，如《掌中历》、《尼名》、《法体名尽》、《百官名尽》、《万花名尽》、《动物名尽》等。"千字文型"是受中国《千字文》的影响，模仿其四字一句共千字的编撰方式而成的启蒙读物，如《补阕千字文》、《俚语千字文》、《书法千字文》、《尚武千字文》、《西征千字文》等。

书信类

平安时代末期出现的书信集编撰方式一直延续到江户时代。但是，根据教育需求不同，书信类作品的形式和内容也发生了分化。如出现了以专门收集书信文章中基础格式、基本用语为主的书信集，如《书札调法记》、《文林节用笔海往来》、《尺牍阶梯》等。这种启蒙教材实际上便是书信用语辞典，具有一定的实用性。另外，由于江户时代政治经济的发展，人们在日常生活中越来越频繁地接触到公式文书、契约书、商务书信等，为了方便一般民众学习这些应用文书的格式和基础用语，出现了如《当用往来》、《年中往来》、《大和往来》等专用于应用文写作的启蒙教材。

训育类

训育类是以道德训诫为中心内容的启蒙教材。中世的《实语教》、《童子教》便是其中的典范。《实语教》采用五字一句、句末押韵的编撰方式，虽易于儿童诵读记忆，但这种简短的诗歌形式对内容的表现有一定限制。到了江户时代，民间文人突破形式上的束缚，采用和歌、散文、家训等形态表现武士、庶民生活所必须掌握的道德修养。例如，《教训竹马抄》收录了一百首以和歌形式写成的儿童道德训诫歌；《儿童教训伊吕波歌》采用短歌形式按"伊吕波歌"的假名顺序将各种道德修养内容排列出来；《今川了俊制词》本为室町时期武将今川贞世的家训，也成为当时流行甚广的道德训诫读物。

另外，儒家道德教养的内容大量进入训育类启蒙读物中。幕府为教化民众，特别热衷将儒家伦理道德导入寺子屋教材中。《六谕衍义大意》、《本朝二十四孝》、《日本二十四孝子传》、《皇朝二十四孝》等都是使用较为广泛的作品。

历史类

历史类教材可追溯到中世的《富士野往来》、《应仁乱消息》等启蒙教材。江户时代出现的历史类启蒙教材根据内容可细分为"古状型"、"传记型"、"史诗型"三种。

"古状型"主要收集与历史事件相关的书信，从当事人的书信内容反映事件的发生发展过程，类似于中世的《应仁乱消息》。例如《花墨新古状揃万季藏》既收集了平安时代中期公卿菅原道真于903年写给醍醐天皇的奏折，也收集了日本战国时代织田家重臣平手政秀于1549年写给织田信长的进谏信，真实地反映了从平安初期至战国时代约七百年间的一些重要历史事件。相似体例的还有《盛衰记源平往来》、《武家往来》等。

"传记型"着重对特定人物进行描写,将人物的事迹、传说按照其出生、成长直至死亡的顺序依次表现出来。此类启蒙教材的主角多为历史上有名的武将或勇士,例如《赖朝武功往来》、《义经勇壮往来》、《勇烈新田往来》、《勇将义家往来》等。

"史诗型"采用诗歌韵文体例来记载历史故事。例如,模仿《千字文》创造而成的《本朝千字文》、《神代千字文》、《西洋千字文》等;模仿《三字经》而成的《本朝三字经》、《皇朝三字经》、《神代三字史》等。除采用中国启蒙教材体例之外,后来还出现了以日本独有的和歌形式来记述日本历史的《皇国假名史略》等。

地理类

随着"参觐交代制"的制定以及商品经济的发展,城乡交流增多,人员流动开始频繁,不仅是武士,普通民众也需要了解各地交通、地理状况,于是一些介绍各地地理、风情、交通状况的启蒙教材开始出现。其中《东海道往来》是此类教材的滥觞。它把从江户到京都一路上的53个驿站名称用七五调和歌韵文的形式表现出来,读来朗朗上口,十分方便记忆。此后又出现了《中野诣》、《日光拜览文章》、《中山道往来》、《吾妻路》等作品。

另外,随着商品交易的日益繁荣,人们也需要了解各地的特产名物,因此出现了如《东京名物往来》、《高山产物志》、《纪州名物》等以介绍各地土特产为目的的地理教材。值得注意的是,一些介绍其他国家地理特征、特产名物的地理教材也在德川幕府统治末期大量出现,较著名的有《世界产物往来》、《诸国名物往来》、《万国往来》等,这种情况反映出人们对外面世界的关注。

产业类

这是介绍各种产业知识的启蒙教材。根据涉及产业类型的不同,可细分为"农业型"、"工业型"、"商业型"、"诸职型"四种。"农业型"主要是传授农业基础技能、农产品名称以及农业经营心得等,其中以《农业往来》、《百姓往来》等较为著名;"工业型"的内容主要是涉及木匠、船匠所掌握的知识,例如《番匠作事文章》、《大工注文往来》、《番匠往来》、《船由往来》、《万船往来》、《船由来记》;"商业型"以《商卖往来》最为著名,用千余字介绍了商业活动中的必要词汇、相关常识以及商业活动心得、职业道德等;"诸职型"把农、工、商的各种职业常识、初级职业技术以及生活心得集中于一册,较为著名的有《诸职往来》、《改正诸职》、《职业往来》等。

三、近世启蒙教材的主要特征

在江户时代,启蒙教材逐步分化、演变,发展成为一个庞大的系统。比较古代、中世的启蒙教材,它们具有以下的特征:

第一,编撰形式更注重儿童学习心理,更适宜启蒙教学。这一时期出现许多韵文类的启蒙教材,或者使用三字一句、五字一句的中国诗歌形式,或者使用和歌这样的日本诗歌形式,整齐、押韵,念起来顺口,听起来悦耳,既迎合儿童的兴趣,又容易记忆。另外,随着印刷方面技术的提高,大量作品配上了插图,旁边再加上文字注解,这样的启蒙教材直观、生动,符合儿童强于直感判断、弱于抽象思维的生理特点,有助于儿童启蒙学习。

第二,内容更注重实用性。启蒙教材是向大众传播启蒙知识的媒介,这一特征使它不可能高高在上、古奥呆板,而是在内容上更为注重实践。随着经济发展和町人势力的壮大,启蒙教材所体现的现实本位思想得以加强,启蒙教育与日常生活更紧密地联系起来。《东海道往来》《东京名物往来》《商卖往来》《职业往来》等地理、产业类作品在这一点上表现得尤为突出。

第三，宣扬儒家伦理道德的启蒙教材增多。在江户时代，随着儒学思想成为统治者的精神支柱，朱子学成为幕藩政权的御用学术，通过教育来强调大义名分等儒家伦理，已成为统治集团和儒家学者的共同认识。因此，宣扬尽忠尽孝、尊敬长上、各安生理的儒家伦理道德的启蒙教材大量出现。

第四，编撰者由贵族、僧侣向平民、职业书家发展。江户时代前，启蒙教材有九成由僧侣编撰而成，体现寺院在文化教育的主体地位。进入江户时代之后，平民出身的学者显著增加，"登高能赋今是谁，海内文章落布衣"[①]，百姓町人成为创造和普及文化的主力。而且，由于印刷出版业的发达，书籍几乎全由民间书店发行，书籍成为商品，一些平民出身的学者逐渐成为职业作者，创作出不少新的启蒙读物。例如，京都著名的町人作家堀流水轩不仅创作出广为流传的《商卖往来》，而且还在1714年编撰了罗列寺子行为规范、强调勤勉学习的《寺子教训书》；又如江户民间学者十返舍一九创作了《新撰曾我往来》《勇烈木曾往来》《英将义家往来》等一系列受大众欢迎的传记类启蒙读物。

第五，使用者向广大平民子弟扩大。江户时代以前，启蒙教材的主要使用者是武士子弟，平民百姓享受不到有组织的教育。但是，到江户时代，各类教育机构大量增加，平民子弟也可进入寺子屋接受教育。正由于大量平民子弟在寺子屋中通过启蒙教材进行

[①] 梁田蜕岩之诗，参见〔日〕内藤湖南：《日本文化史研究》，储元熹、卞铁坚译，商务印书馆1997年版，第271页。

阅读、书写以及计算等方面的学习,提高了民众的文化素养,为明治维新之后日本近代教育的迅速普及奠定了坚实的基础。

四、近世的主要启蒙教材

江户时代的启蒙教材呈现出万壑竞流的景象,其中不少作品个性鲜明,极具特色,因而广为流传。

《六谕衍义大意》

"六谕"实为清世祖(1644年—1661年在位)平定天下之后,为教化民众而于1652年颁布的六条训诫,即"孝顺父母、尊敬长上、和睦乡里、教训子孙、各安生理、毋作非为",是儒家伦理道德的主干。范鋐为这六条训诫施加解说,并扩展成书,为《六谕衍义》。此书传到琉球王国,被作为民间教化读物广泛使用。在江户时代中期,琉球地方长官将此书进献给幕府将军德川吉宗。吉宗对此书大为赞叹,认为"与其书写无益的东西以教授儿童,不如学写这些材料作为儿童教导的依据"[1],遂令大学者室鸠巢施以日语注解,成《六谕衍义大意》一书。

《六谕衍义大意》的内容并不单纯是对"六谕"的日语翻译。室鸠巢按照六谕的大意,使用当时平民百姓能够理解、易于记诵的浅显文字对各项道德要求进行了详尽的解说。吉宗命令幕府大量印刷,并以低廉的价格卖给寺子屋,"于是乎此书之行益广,及荒野暇境,可以家传而户诵,其助教化所功亦非小矣"[2]。

---

[1] 海後勝雄、広岡亮蔵編:『近代教育史Ⅰ－市民社会の成立過程と教育』,誠文堂1952年版,322ページ。

[2] 石川謙編:『日本教科書大系・往来編』(第5卷),講談社1969年版,409ページ。

《东海道往来》

由于江户时代中期社会稳定,城市不断发展,街道得到修葺,道路也得到修复和拓宽。不仅是江户、大阪这样的大城市,连各藩的中心城镇以及连接城市之间的驿站也都随着经济交流的频繁而日益繁荣。武士、普通大众特别是商人不断来往于各城市之间,所以有学习地理知识的必要。具有代表性的地理类启蒙教材就是《东海道往来》。

《东海道往来》产生于江户时代中叶,编撰者不详,估计是常行走于江户和京都之间的商人。它以"都路之上啊,正有五十又三宿。时光流逝中,江户花朵已盛开"①开头,将江户到京都的东海道途中的53个驿站,用和歌的形式罗列出来,既简单易懂,又方便实用。《东海道往来》成为当时城市里的寺子屋使用十分普遍的读写教材,普及了地理知识,满足了民众对各地风情、地理常识的学习渴望。并且,此作品成为地理类启蒙教材的编撰典范,后来的《中山道往来》、《吾妻路》的编撰手法均对其有所仿效。

《商卖往来》

此书编撰者为堀流水轩。堀流水轩是京都一所寺子屋的习字教师。《商卖往来》作于1694年(元禄七年),不仅是最早的商业型启蒙教材,而且在编撰方法和内容方面也给农业型、工业型以及其他类型的启蒙教材带来了深刻的影响。"从这一点而言,此教材在教科书历史上,仅次于古代启蒙教材中的《庭训往来》,占有十分重要的地位"②。

---

① 『東海道往来』。
② 石川松太郎:『往来物の成立と展開』,雄松堂1988年版,158ページ。

《商卖往来》总共有词汇361个。其中,关于商业交易中的相关贸易文书词汇25个,各种货币名8个,各种商品词汇296个,关于商人从商心得的词汇32个。可见各种商品名称是全书的主要内容,占总词汇的82%。而且,该书涉及的商品包括食品(23种)、被服(73种)、家具杂物(70种)、药材香料(45种)、武器(38种)、动物(43种)等,都是日常生活中人们身边的普通商品。因此虽名为《商卖往来》,但由于收词广泛、贴近生活,不仅城市商家子弟,地处偏僻的农村子弟也广为使用此书,以学习日常生活词汇。

第四节 衰退阶段——明治时代初期的启蒙教材

本书之所以将明治时代作为传统启蒙教材历史的衰退阶段,原因在于明治维新之后日本很快建立了近代教育制度。1872年《学制》的颁布标志着日本的国民教育制度开始,其后明治政府又颁布《小学校令》,大部分寺子屋被改建成为小学校,此后,文部省开始实施教科书检定制度,并大力编制新制教科书。作为民间自发产生的启蒙教材,其生存空间必然大大缩小,逐步让位于新编的小学教科书。

但是,由于近代国民教育制度的建立并非一蹴而就,作为过渡性教材,传统启蒙教材仍有较长时间出现在《小学教则》所列举的教科书目中。另外,在这一期间内,一些有识之士仍不断创编一些新的启蒙教材,例如《维新布告往来》、《国史往来》、《开化农商往来》、《世界产物往来》等。可以说,传统启蒙教材的发展一直持续到教科书检定制度确定,之后才彻底退出了学校教育的舞台。

一、"和魂洋才"的文化价值观与启蒙教材的最后发展

早在江户时代,德川吉宗采取"洋书弛禁"的措施,各种西洋自然科学书籍开始从外国(主要是荷兰)输入。一些掌握荷兰语的知识分子编写了不少介绍西方的书籍,如《荷兰本草和解》(吕野元丈,1751年)、《荷兰文集》(青木昆阳,1758年)成为"兰学"[①]的开端。到江户时代末期,"兰学"进入发展时期,以医学为中心,对西方自然科学知识的学习全面展开,"兰学"已经扩展为"洋学"。但是,幕府为了维持幕藩体制,维护儒家传统伦理道德,阻止一些洋学家对西方社会、政治、思想成果的研究,尤其是"蛮社之狱"[②]事件的影响,使洋学只停留在天文学、物理学、医学、化学、博物学等对提高生产力方面直接有用的技术层面。

幕府对西方科学的取舍态度,决定了明治初期"东洋道德、西洋艺术"的文化价值观。就教育方面来看,这种价值观既要求注重加强历来的以儒学伦理为主导的道德教育,又要积极学习西方自然科学知识。即"汉土圣贤道德仁义之教为经,西洋艺术诸科之学为纬"[③],二者不可偏废,以培养"和魂洋才"[④]式的人物。

---

① 兰学:18至19世纪日本人为了掌握西方科学技术,曾经努力学习荷兰文。当时他们将通过荷兰传入的西方科学文化知识统称为"兰学"。

② 蛮社之狱:由于著名洋学家高野长英、渡边华山等结成蛮学社,不仅研究西方先进的自然科学知识,而且也研究西方的社会、政治、思想等人文科学,出现对朱子学、幕藩体制政治批判的萌芽。在1839年,幕府诬陷高野长英、渡边华山进行走私贸易,将他们逮捕并判处无期徒刑,后来二人均自杀而死。

③ 乾宏巳编:『資料大系・日本の歴史』(第5卷),大阪書籍1978年版,228ページ。

④ 和魂洋才:明治维新时期的学问观。"和魂"指大和民族的精神,"洋才"指西洋的科学技术。该学问观鼓励日本民众在保留日本传统文化的同时努力学习西方先进的自然科学知识。

第二章　日本传统启蒙教材的历史概观

　　教育上的"和魂洋才"思想，可以说直接引导了江户时代末期、明治时代初期日本的教育发展的基本走向。日本在对外国自然科学知识的了解中不断寻求或选择值得借鉴的样板，为建立自己的教育作出不懈的努力。在这样的思想变迁和观察、学习的过程中，也出现了不少介绍西方先进科学知识的启蒙教材。

　　首先，由于日本受到欧美诸国强大的军事、经济实力的压力，不仅是统治者，即使普通百姓也十分渴望了解世界其他国家的情况，因此一些介绍世界各国地理、历史知识的启蒙教材大量出现，例如《世界国尽》、《西洋往来》、《地球往来》、《万国地名往来》、《世界开辟往来》、《西洋三字经》就是这类作品的代表。

　　其次，在明治时代初期，日本与其他国家的贸易往来不断扩大，仅了解日本本土的物产已远远不够。于是一些介绍外国物产、国际商贸法律、商社贸易惯例等内容的启蒙读物开始出现。例如1873年出版的《各国产物往来》便详细介绍了世界各国物产："欧罗巴洲之内，英吉利有麻布、棉布、煤炭、铁器、玻璃；佛兰西有白糖、葡萄、酒、织物、毛毯；普鲁士有五谷、银铜、铁、瓷器……"[①]此外，《万国商法往来》详细介绍了各国的商业法律、贸易情况；《世界商卖往来》列举了主要贸易国、船舶种类、主要贸易货品、外国商人下榻的旅馆等。

　　第三，也最为重要的是，出现了不少翻译和介绍西方先进自然科学知识的启蒙教材。这一类作品被统称为"理学类"启蒙教材，可细分为天文地理、医学生理、穷理（即"物理"）三个领域。天文地理方面的有《太阳历俗解》、《天文三字经》等；医学生理方面的有

---

① 『各国産物往来』。

《身体往来》、《人身问答前编》、《幼学身体问答》、《穷理人身论》等；物理学方面的有《穷理往来》、《穷理童子教》、《穷理捷径十二月帖》、《穷理暗诵本》等。这些作品的出现表明民间启蒙教材在明治维新后"和魂洋才"的文化价值观中不断更新发展方向，以适应民众对启蒙教育的新需求。

二、近代教育制度的建立与启蒙教材的衰退

明治新政府自成立之始，就意识到建立近代教育制度的重要性。作为政府首脑之一的木户孝永就认为："取文明各国之规则，振兴全国之学校，以期一般人民之智识进步，乃今日之一大急务。"[①]1871年7月，中央政府设文部省，开始围绕近代学制的制定展开一系列实质性的调查与探讨。

在广泛调查和参考欧美近代学制的情况下，明治政府于1872年9月颁布《学制》，标志日本迈出建立近代教育制度的第一步。其中，学校制度模仿美国，建立小学、中学、大学三级学校体系；教育行政借鉴法国，实行中央集权制。学校的设置采用法国的学区制，全国分8个大学区，每个大学区下设32个中学区，每个中学区下又设210个小学区。这样，日本全国计划要设置8所大学、256所中学和5万余所小学。其中，小学又被分为下等（6岁至9岁）和上等（10岁至13岁）两个阶段，学龄儿童不论性别、出身、父母职业都必须接受教育。

1872年颁布的《学制》作为日本近代最早的教育政策，其构想

---

① 寄田啓夫、山中芳和编：『日本教育史』，ミネルヴァ書房1993年版，56ページ。

和规划是十分宏大的。但是,这种规划与当时日本社会发展的实际状况还有很大距离,实施起来十分困难。由于设立新学校需要大量资金,地方政府在财力有限的情况下,只能大量租借寺院、民房,或者改造江户时代的寺子屋。教员也多为寺子屋的先生或是失去俸禄的武士以及具有一定读写能力的僧侣和神官。

在教科书方面,文部省于1872年9月颁布的《小学教则》明确规定下等小学要设置缀字、习字、单词、会话、阅读、修身、书牍(即写信)、语法、算术、养生法、地学(即地理)、理学(即物理)、体育、唱歌14个学科;上等小学另增历史、几何、博物学、化学等学科,每个学科都推荐了一定数量的教科书。例如,缀字科的教材是《智慧之环》,习字科是《手习草纸》、《习字初步》,单词科是《童蒙必读》、《单词篇》,算术科是《笔算训蒙》、《洋算早学》,修身科是《民家童蒙解》、《童蒙教草》。在这些教科书中,有不少传统启蒙教材,比如《世界商卖往来》、《西洋衣食住》、《智慧之环》、《穷理问答》、《物理训蒙》、《日本国尽》、《十二月贴》、《万国史略》、《化学训蒙》等。

民间编撰的启蒙教材能够出现在近代小学的课堂里,原因有两点。第一,从1872年《学制》颁布一直到1886年发布《小学校令》为止,教科书检定制度尚未建立,小学使用教材可以从民间出版的书籍中自由选择,且所选教材不必经文部省审查。虽然当时文部省已经开始着手编著教材,但种类有限,因此在教科书中便自然出现了不少民间知识分子编撰的启蒙读物。原因之二在于,明治初期出现的启蒙教材中有不少翻译和介绍西方近代科学文化的作品,例如《世界商卖往来》、《穷理往来》、《化学训蒙》等,这些启蒙读物正好符合当时文明开化潮流的教育需求。

但是传统启蒙教材在近代的生命力并未持续多久。自由民权运动兴起后,思想和教育的自由主义倾向开始让保守势力倍感威胁。1878年10月,明治天皇去东山、北陆、东海等地视察教育情况,次年向内务卿伊藤博文以及文部卿寺岛宗则颁布"教学大旨",强调"仁义忠孝"的重要性。此后,文部省开始对文明开化以来日本教育全盘西化的发展路径进行调整和控制。一些反映儒教伦理的内容又重新进入小学教材。此外,文部省开始对教科书的选用和编撰进行严格的统制和管理。1881年公布了《小学校教则纲领》,统一了地方各县在小学各科的教授法、周课时以及教授内容。与此同时,开始实施"申请制度",规定地方各县在选择小学教材时必须向文部省提出申请,在得到同意后方可使用。1886年,国家教科书检定制度正式实施,各地小学使用的教科书必须通过文部省检定才可以在实际教学中使用。

根据1892年颁布的《小学校修身教科用图书检定标准》,修身科教科书的内容必须按照学年顺序依次由易到难,文章要简明易懂,符合儿童的阅读能力,而且教师用书和学生用书必须严格区分。这样的检定标准对当时教科书的选用和编撰产生很大影响。民间自发形成的启蒙教材虽然在内容和形式上有可取之处,但它们大多符合无严格学年规划、采用单独授课方式的寺子屋教学,并不适合有严格年级划分和系统教学计划的近代小学使用。因此,随着教科书检定制度的实行,这种前近代的启蒙教材被彻底排除在正规的学校教育之外。与此同时,文部省开始积极编撰各学年层次的教科书,地方编撰的教科书急速减少,教科书的出版也开始集中到中央政府所指定的几家出版社。

尽管传统启蒙教材已退出学校教育的舞台,但是它的某些内容却得以传承,成为日本国家主义教育体制中极为重要的内容。

例如关于"忠孝"等儒家伦理道德的内容就长时间存在于中小学的教科书之中,对明治中后期的日本学校教育的走向产生了十分重要的影响。

三、明治时代初期的主要启蒙教材

在文明开化的风潮中,明治初期出现的启蒙教材大多与西方的人文地理以及科学知识有关。此处简单介绍其中两部。

《世界产物往来》

此作品刊于1873年,编撰者不明。开篇即点明互市通商的重要性:"物产非一国一邑之物,乃万国共用之物。故以有换无、互市通商之法,自合天理……物产充足,则国能富也。"①

此作品篇幅不长,大体由两部分组成:其一为赞美科学对殖产兴业的好处。"若无学无术,则虽欲开辟物产,费多功少也。是以采金石、养草木、煮盐、榨油、纺丝、织布等,皆人工之上尽人智。有省费殖产之学术,谓为物理与化学二科,乃兴百工之根本。今世界万国,大开此学术,从而物产大为增加也。"物理和化学作为"百工之根本",是开辟物产的重要手段。其二为列举各国盛产物品之名称。不过,此书虽名为"世界产物",但实际上仅为"亚洲诸国产物",依次列举了中国、蒙古、朝鲜、越南、缅甸、印度、土耳其、阿拉伯等亚洲各国和地区的土特名产。

《世界产物往来》一方面体现日本人希望了解其他国家基本情况的愿望,另一方面也反映了明治政府以西方国家为榜样、努力发展资本主义、大力推动"殖产兴业"的时代背景。

---

① 「世界産物往来」。

《穷理往来》

《穷理往来》的编撰者为榧木宽则，刊于1873年，是明治时代初期启蒙教材的代表作之一。《穷理往来》由三部分组成，主要内容均为物理学科的启蒙知识，其中卷一为气学部，卷二为水学部，卷三为火学和光学部。正如书中所言："所谓穷理学，乃教人穷理之学。在天为日月星辰，在地为禽兽草木，春霞、夏雨、秋夕之露雾，冬晨之雪霜……火学电学光学力学，气学音声蒸汽气球，暑寒晴阴，风之迟速，不可计数之道理，不至穷尽之时，不可言之为全。"[1]此书涉及火、电、光、力、气、声等各种理学常识，是当时教授儿童"穷理之学"的启蒙教材之一。例如，"气学部"便有风的产生原理、空气压力原理，还有蒸汽机的工作原理、云雨雪霞的生成原因、空气和物体传导声音的原理，等等；"水学部"介绍水压、世界的水资源状况、海水压力、盐湖等；"火学和光学部"列举日常生活中的各种与火学、光学相关的原理和应用规则等。此作品被作为国民小学理学科教材使用，具有较高的知名度。

---

[1] 「穷理往来」。

第三章　日本传统启蒙教材的编撰形式

教材是人们为了从事教学活动而设计编制的文本资料,是人类文化经验结构与学生个体身心结构之间的媒介和桥梁。从教育学的角度而言,教材同时具有两种根本属性:其一为教学工具属性;其二为教学资源属性。教学工具属性,即教材应该通过编者的匠心独运,以符合学生心理规律和教学规律的编撰形式呈现出来。教学资源属性,即教科书要选择适合学生身心发展特征、符合社会发展需要的文化内容。也就是说,一本好的教材必须具有合适的"界面"以及合适的内容。

传统启蒙教材虽然存在于与现代教科书截然不同的时代,但它们作为前近代私学系统广为采用的教科书,同样具备教学工具和教学资源两种属性。本章主要就日本传统启蒙教材的编撰形式进行探讨。

众所周知,启蒙教材的读者多为十岁左右的儿童,他们有"乐嬉游而惮拘检"和多记性少悟性的特点,其学习规律、学习心理与成人有很大不同。能在民间长盛不衰的启蒙作品,在编撰形式上都具有"便读性"的特点。所谓"便读性",即教学材料的选编符合儿童学习心理,方便儿童读写训练,利于启蒙教育的进行。尽管早期启蒙教材在这方面略显不足,但随着时代发展,后来的很多作品都能以符合学生心理规律和教育教学规律的形式呈现出来。这一点即使在现在,对于我们编撰儿童初级读写教材都具有一定借鉴意义。

第一节　书信文简集的定型与发展

一、书信文简集的定型

平安时代末期,贵族学者藤原明衡编撰《明衡往来》一书,将书信作为教学材料,开"往来物"编撰之先河。由于是第一部日本人自己编撰的启蒙教材,无先例可循,因此编撰方法较为粗糙,不尽符合儿童认知规律。《明衡往来》共收集 209 封书信,且书信字数较多,如四月状"往书"(即去信)297 字,"来书"(即回信)305 字,明显超出儿童启蒙阶段的认知能力。另外,《明衡往来》仅将书信汇于一册,没有任何删减处理,甚至有些书信内容残缺。杂乱无章的编撰方法不利于对儿童进行系统的读写训练。

此后的《东山往来》在编撰方面有一定改进。此书以施主与僧侣一问一答的形式,汇集往返共 200 封信件,较《明衡往来》明显规范和完整。在镰仓时代初期,还陆续出现了《贵岭问答》、《西郊往来》等通过书信形式教导礼仪常识的启蒙教材。这种将"往书"、"来书"集于一册的编撰方式适合当时对贵族子弟进行启蒙教育的需求,也符合日本社会的生活实情,因此成为一种固定的启蒙读物编撰形式。不过,早期启蒙教材收集的书信数量过多,连数量较少的《贵岭问答》也有 129 封信件,对于儿童而言,内容过于繁杂,学习任务过重。这些早期启蒙教材实际上也间接体现了日本中世的儿童教育观。由于儿童在中世被视为"缩小版的大人",尽早学会成人世界的礼仪作法是他们的主要任务,这一时期的启蒙读物还尚未注重儿童自身的认知规律。

比起早期书信类启蒙教材,成书于镰仓时代初期的《十二月往来》这样的作品具有一定的进步,体现了新的教科书编撰观念。该书编撰者将收录的书信数量进行严格限定,以全书按12个月共24封信件为编撰标准(个别作品出现闰月,书信总数为26封)。这样,整册教材的学习内容被分为12个单元(每月两封),书信数量较早期启蒙教材大为减少。书信按照月份排列,且每月书信内容都与当月气候、风俗、社会活动等有所关联,形式和内容巧妙结合,利于儿童掌握不同季节的风俗人情和生活常识。另外,与早期启蒙教材相比,这些作品尽量选用简单易懂的书信内容,字数也大为减少。《明衡往来》平均每封信有141字,而《十二月往来》每封信为66字,《异本十二月往来》平均每信仅41字。这期间的启蒙教材不像《明衡往来》那样随意选取范文,而是选择时令性强、应用范围广的书信材料,然后进行适度删减,既保证书信礼仪的传授,又能通过书信内容促进社会知识的获取,体现了镰仓时代以来书信学习逐步公式化、简约化的发展倾向。

二、书信文简集的发展

进入室町时代,书信文简集的编撰方式出现了新的变化。这期间的启蒙教材虽然沿袭《十二月往来》一年12个月共24封书信的范式,但在每一封信的中间部分,分门别类地列举大量与书信内容相关的单词和短语。此类作品以《异制庭训往来》为最早,此后又有《新撰游觉往来》、《庭训往来》等。书信中出现大量词汇,显示出教材的教学重点开始由书信文例向实用词汇转移的倾向。到室町后期的《新撰类聚往来》、《快言抄》出现时,信件中的单词数量大幅增多，往往是起首数行寒暄礼仪之后，便马上出现几十行与季节时令或社会生活相关的单词，书信结尾仅寥寥数句，词汇成为教材的主要部分。

之所以出现这样的变化，原因在于，自室町时代以来，启蒙教材的学习者由贵族子弟越来越多地转向武家子弟。当时时局混乱，武士要经常外出作战，家庭生活很不稳定，其子弟的学习时间自然很少。为了在少量时间里学到尽可能多的知识，他们需要一种"全能型"的教科书，既保证书信文例的学习，又能学到与生活息息相关的各类词汇。一般而言，启蒙教育应先集中识字认词，然后再进入短文或书信学习。但是如《庭训往来》这样的教材同时涵盖单词和书信两个阶段的学习内容，能有效缩短学习时间，符合当时武士的教育需求，因而有一定合理性。这一阶段的儿童启蒙阶段的学习内容也开始发生变化。那些贵族之间繁文缛节的书信礼仪以及与诗歌雅兴相关的内容不再是儿童的必修项目，与武家实际生活更接近的公文书信以及实用词汇成为儿童主要的学习内容。

及至室町时代中后期，采用书信文简集形式的启蒙教材在教学重点上发生了进一步的变化，虽然还是书信形式，但大多仅附上收信人、写信人的名字以及"恐恐书之"、"惶恐谨言"、"顿首"等寥寥数语，其他与书信礼仪有关的内容大都省略，重点全放在书信正文之上。例如，《吃茶往来》用4封书信讲述茶会的室内装饰、道具、茶会的活动安排、品茶者的行为举止等各类品茶常识；又如，《十三凑往来》用书信的形式描绘了室町时代日本海沿岸的重要港口十三凑（现青森县境内）的繁盛与发达，对当时的贸易货品、交易方式以及日本中世的社会民俗等进行了详细介绍。

从启蒙教材最早的编撰方式——书信文简集的定型与发展的过程可以看到,由注重"形式"性的范文技巧转向实用性的知识"内容",从书信作文技术的传授转移到知识体系的习得,反映了时代和社会发展的必然趋势,也是日本启蒙教材顺应启蒙教育需求以及儿童认知规律的必经之路。教科书的编撰形式作为体现文化内容的表层结构,最终是为了使学习者更有效地吸收学科知识,书信文简集的发展正体现了教科书的这种教学特性。

第二节 对汉诗、韵文的模仿与借鉴

一、对汉诗形式的模仿

日本启蒙教材自平安时代末期出现以来,以书信文简集为标准的编撰模式,故被称为"往来物"。虽然这种编撰方式不断演变,但书信的固定格式在一定程度上束缚了学习内容的展示。社会在进步,教育在发展,仅使用往来书信这一固定格式来表现儿童启蒙阶段的知识是远远不够的。

在这种形势下,借鉴中国的文学表现形式——汉诗以及中国蒙学教材《三字经》、《千字文》等韵文形式来编撰启蒙教材成为日本教育史上的一个新的发展阶段。众所周知,汉诗、"三百千"[①]之类的传统教材具有明显的节奏和押韵的特点,这种合辙押韵的形式可以使信息量更为集中,提高教育内容的传递效率。有研究表

[①] "三百千":中国传统启蒙教材的代表作品《三字经》、《百家姓》、《千字文》的简称。

明,诗歌和韵文的韵律和节奏可节约记忆者90%的精力,①可见有韵律的诗文形式比无韵律的普通文章要好记得多。

最早使用汉诗形式进行编撰的启蒙教材应该是平安时代末期的《实语教》。其正文有云:"山高故不贵,以有树为贵。人肥故不贵,以有智为贵。富是一生财,身灭即共灭。智是万代财,命终即随行。玉不磨无光,无光为石瓦。人不学无智,无智为愚人。……"②虽然限于编撰者的汉学水平,个别句子的韵律掌握得不好,但它采用五言汉诗的形式,保持了一定的节奏感。《实语教》从歌颂智慧入手劝导儿童学习,全文描述简洁生动。语句工整、合辙顺口的汉诗形式与要表达的内容很好地结合起来,使其成为后世流传甚广的童蒙读物。

《实语教》之后,有许多使用五言汉诗形式的启蒙读物。较著名的有《童子教》、《明语教儿抄》、《金言童子教》等。特别是《金言童子教》,将一些脍炙人口的名言警句用五言一句的形式串联起来,内容丰富,节奏感强,很利于儿童反复诵读。比如,"良药虽苦口,用病必在利。忠言虽逆耳,行身必在德";"非礼则勿视,非礼则勿听。非礼则勿言,非礼则勿动";"温故而知新,可以为师矣。人无远虑则,必有近忧矣"③等。

二、对三字经形式的借鉴

除了汉诗形式的启蒙教材以外,《三字经》的编撰方式也为日

---

① 任丹凤:"对教科书设计的优化处理策略",《课程・教材・教法》2003年第10期。
② 「実語教」。
③ 「金言童子教」。

本人所称道。1785年(天明五年)刊行的《三字经》中,出版者南越力之光在序中如此称赞:"盖劝学于童子,有怀而训之术。……予每应其求,虑易诵之书。为三字则易,易则从,从则当其戏不厌。"①1852年(嘉永五年)的《本朝三字经》序言中也这样写道:"古诗三百篇,固不待言。若易书戴记之类,多四字韵语。盖便于学者讽诵也。王伯厚三字经,更减一字,使童稚尤易记忆,而言近旨远,简而赅。其蒙养之功,极巨矣。故盛行于后世。"②可见,启蒙教材的编写者认识到《三字经》形式整齐、言简意赅,读来颇为顺口,"童稚尤易记忆"。

不过,直接使用中国传来的《三字经》也不尽符合日本国情。正如《本朝三字经》序言所言:"其叙千古沿革之变,在彼所当然。而于我黄口,则何异于隔靴搔痒,越人闻秦人之语哉。"由于《三字经》内容为中国历代治乱及人物得失,不太符合日本儿童的启蒙需要,故日本人编撰的《三字经》教材从内容上多与日本本土历史沿革以及风土人情有关。如《本朝三字经》起始便是"我日本,一称和。地膏腴,生嘉禾。人勇敢,长干戈。衣食足,货财多。昔神武,辟疆域",很明显是以日本历史为主题的启蒙读物。由于该书巧妙运用三字韵语的形式,前后自然连贯,语意顺畅,浅显明白,"其言亲切明了,如家人父子相睦语",因此该书成为"三字经形式"启蒙教材的范例,对后世作品有较大影响。如明治初期出版的《皇国三字经》中便有"我日本,有天皇。统一系,依太阳。……地膏腴,生嘉穗。衣食足,货财多。人勇敢,长干戈"③等语句,明显模仿了

---

① 「三字経」序。
② 「本朝三字経」序。
③ 「皇国三字経」。

《本朝三字经》的部分内容。

1874年(明治七年)的《西洋三字经》也在序中写道:"本朝既有三字经以叙古迹,使童子暗诵焉,实有裨益也。至彼西洋史则未得其简便之书。于是余刀圭之暇,抄出西史之往昔,以三字经之体,以欲使二三儿辈暗诵焉。"①可见此书编者也认为《三字经》形式是一种适合儿童记忆的编撰方式,三字一句,及至最终,言简意赅,一气呵成。此书以"昔西洋,有洪水。人与物,无孑遗。诺尼者,逆知此。制大匦,似巨舰。载家族,遂免死。有三儿,为国祖。洪水前,乃太古。其以后,谓新世"开篇,用平白浅显的语言描述了从诺亚方舟开始的西洋历史。

三、对千字文形式的借鉴

当然,除《三字经》以外,日本人还广泛借鉴中国《千字文》的编撰方式。《千字文》一书,四字一句,形式整齐,全篇虽仅1000字,却语意连贯,文采盎然,颇有条理,且各句均有押韵。我国的启蒙读物研究专家张志公先生是这样评价的:"只用一千个字,基本上保持不重复,而能写出这么丰富的内容,并且大多数句子通畅可读,没有多少牵强硬凑的痕迹,这确是很不容易的。"②日本文人也对此大为赞叹:"不重复一字,句句限字,步步乘韵者乎,不亦难乎!"③由于《千字文》内容精当、结构精巧、形式精妙,日本的市井书家多仿效此书编撰启蒙教材。1717年(享保二年)刊行的《世话千字文》是其中富有代表性的作品。它以"凤历贺庆,御代泰平。

---

① 「西洋三字経」序。
② 张志公:《传统语文教材初探》,上海教育出版社1979年版,第9页。
③ 「稽古千字文」序。

何国静谧,自他幸甚。市店交易,延船运送。荷物米谷,驮赁员数。勘定算用,商卖繁昌"①开头,介绍社会生活常用的词汇,如上面的"荷物""米谷""勘定"等都是当时商家的常用词语。但是,该书如其后记所言,"多是日用俗语,不须韵楚文势,不必次而采摭,为千字唯便于幼学者也",各句之间没有押韵,内容多为俗语的堆积,远不如中国的《千字文》出色,而编撰者的汉学水平较低恐怕是其无法比拟的真正原因。

1783年(天明三年)刊行的《本朝千字文》可以说是一部较好使用"千字文形式"的启蒙教材。开头几句是:"日本开辟,谓国常立。诸册二神,夫妇之根。窟前点燎,钿女奏舞。岐蛇忽亡,八重垣就。翁授潮琼,龙产鸬茅。天七地五,为黎民祖。"②此书用一千字描述日本文化的发展历程,可见编者颇费一番苦心。

1884年(明治十七年)刊行的《自注详解日本千字文》采用"千字文形式",并在大字正文之下编排小字体的注解内容,以利于儿童读解。正如编者永田道麟在序言中所言:"幼童习字而缀此文也。专主平易,而不主佶屈聱牙。欲使幼童易读,以便背诵耳。……此小册子仅千字。虽不足以窥全国文明之万一,然亦幼童通晓,每句下加注并取其简。"③此书最大特色在于使用浅显平易的语言叙述史实并加以注解,目的都是为了适应幼童的学习心理,尽量符合儿童记忆规律。在押韵方面,此书也做得比较成功。"然其文义,分为七段,每段换韵。起章一段,用青韵说神代之事。二段用职韵,说国家组织之功。……末章七段,用陌韵杂说幼童勉学之意。故

---

① 『世話千字文』。
② 『本朝千字文』。
③ 『自注詳解日本千字文』序。

以每句韵,促句格结之。"①可以说,这部启蒙教材将形式和内容比较完美地结合起来,每段按照内容灵活替换韵脚,形式整齐,语句通畅。古人曾赞叹周兴嗣的《千字文》"于有限之字而能条理贯穿,毫无舛错,如舞霓裳于寸木,抽长绪于乱丝"②,如用以形容此书,也有异曲同工之妙。

从上述内容可知,汉诗、《三字经》、《千字文》的形式等都被广泛地应用在日本传统启蒙教材的编撰中,并涌现出不少结构和内容结合得相当精妙的作品。《实语教》、《本朝三字经》、《自注详解日本千字文》是其典型。无论是中国还是日本,之所以都采取汉诗和韵文的形式来编撰蒙学教材,原因之一在于中日两国都使用汉字,原因之二在于韵文形式符合儿童认知规律。在识字教育阶段,如果让儿童去学一个一个不直接表音的单字,枯燥乏味,不易记忆。由于汉字容易构成整齐的词组和短句,也非常容易合辙押韵,念来顺口,听来悦耳,既合乎儿童兴趣,又容易记忆。从这一点而言,日本人很好地利用了汉字的优点,并充分吸收了汉诗以及中国蒙学教材的编撰特色,从而使启蒙教材在借鉴外来文化的过程中不断演变。

汉诗、《三字经》之类的韵文形式的作品符合儿童的学习规律,故显其可取之处。但是对于编撰此类作品的人而言,却是不小的挑战。在《续皇朝三字经》序言中,当时的一位名为小林卓藏的民间文人便总结了编撰韵文作品的难度:"记事之辞,韵语难于散文,五言难于七言,三言难于四言。愈简短,而愈难矣。今者,以韵语

---

① 「自注詳解日本千字文」序。
② 褚人获:《坚瓠集》戊集,卷四。

记皇朝之事者,林氏之稽古篇,盐谷氏之大统歌,菊池氏之续歌,草场氏之皇朝历代歌,藤川氏之皇国千字文,河村氏之皇朝千字文,生田氏之古学二千文。而本朝三字经,成于大桥氏。……因其简短,而最难焉。虽长短不同,详略或异要之语,稳韵妥讽,诵易上口。儿童读史之阶梯,亦在此书也。"[1]可见,要编撰一部字数简短且合辙押韵的儿童启蒙教材是需要花费很大工夫的。

第三节 本土特色编撰形式的出现与使用

在大量采用中国蒙学读物体裁的同时,随着自身文化的发展,日本也出现了不少具有本土特色的启蒙教材。从编撰体例来讲主要有家训、式目、伊吕波歌、和歌四类。

一、家训形式的使用

日本的家训繁多,目的多为家庭教化,具有很强的教育功能。一些著名家训由于流传甚广,影响很大,被直接作为民间私学的教科书使用,因此也被归类于启蒙教材,并衍生出一系列类似的作品。其中较著名的有《今川状》以及"今川状"形式的启蒙读物。《今川状》(即《今川了俊制词》的简称)为室町前期武将今川贞世(1315年—1420年)为其弟(后变为养子)仲秋所作的家训,主要部分为今川贞世作为幕府官员在任数十年得出的23条武士"制词"。所谓"制词",即"训诫之条例",其具体内容如下:

---

[1] 「続皇朝三字経」序。

一、不知文道，武道终不能得胜。
二、戒好玩鹈鹕猎鹰，以无益杀生为乐。
三、戒处置微小过失，不能明察，致人死罪。
四、戒处置大科罪犯，有所庇护，致获减免。
五、戒横征暴敛，毁坏神社，穷奢极侈。
六、戒轻公务，重私用，不惮天道。
七、戒坏先祖山庄寺塔，装饰私宅。
八、戒不辨臣下忠奸，不正赏罚。
九、戒忘却君父重恩，有违忠孝。
十、我知臣下之侍奉，主君亦知我。
十一、戒蛊惑兴乱，以人愁为己乐。
十二、戒不量身份，或逾分或不足。
十三、戒悖情理，生贪欲，意募权望。
十四、戒恶贤臣，爱佞人，致不太平。
十五、非道而昌不可美，正路而衰不可轻。
十六、戒耽于酒筵游兴赌赛，忘家职。
十七、戒自恃聪明，嘲弄他人。
十八、戒有客来时伪称病，不肯接见。
十九、戒独享安乐，不肯施人，令其隐居。
二十、戒武具衣裳，己逾应有之分，而令臣下不足。
二十一、戒不辨贵贱因果道理，耽于现世之乐。
二十二、出家沙门，尤须尽礼尊崇。
二十三、戒于分国立诸关，烦扰往来行旅。①

---

① 『今川状』。

第三章 日本传统启蒙教材的编撰形式

从形式而言,《今川状》简洁明了,将武士训诫分条列举,且每一条都简略浅显,利于儿童理解和记忆。在其中的某些部分,前后两条采用对偶形式(如上面第 3 条、第 4 条),读起来朗朗上口。由于这样的家训文笔简单,条目清楚,所以逐步演变为启蒙教材的一种编撰形式,衍生出不少具有一定影响的作品。例如《近卫流今川》(1672 年)、《手习今川制词条》(1713 年)、《今川手习状》(1874 年)等。特别是江户中后期及至明治初年,出现了一系列书名有"今川"字样的女子用启蒙教材,如《女用躾今川》①(1728 年)、《女今川锦之子宝》(1737 年)、《女童专用女今川》(1771 年)、《明治女今川》(1880 年)等。以《女童专用女今川》为例,它列举了 23 条女孩在为人处事中要严守的戒条,其行文也大体模仿《今川状》。如前面几条:

一、常无谨慎心则不明女道。
二、戒女子往神社寺院,做无益之参拜。
三、戒小事不明,不加思虑肆意诽谤。
四、戒大事不辨,直抒己意,告知与人。
五、戒忘记父母深恩,疏于忠孝之行。②

之所以《今川状》这样的家训形式能够得以流行,原因便在于此类启蒙作品采用简洁的短文,使用条目列举,且前后条目时而采用对偶形式,与其他教训文不同,适合朗读和背诵,且内容浅显易

---

① 《女用躾今川》书名中的"躾"为日本人独创的汉字,意为"教养、管教"。
② 「女童専用女今川」。

懂,故利于儿童学习。

二、式目形式的使用

所谓"式目",即幕府颁布的法律条文,以1232年(贞永元年)镰仓幕府颁布的《御成败式目》(亦称《贞永式目》)最为著名。《御成败式目》是幕府根据源赖朝以来幕府政策以及有关审判、处罚等法令制定而成的法典。包括如"定期修缮神社,定期举行祭礼;修造寺塔,勤行佛事,盗用寺院经费者必遭降级;各地奉行应将谋反人犯等适当处置,勿犯国司、地头之职权;守护不得恣意销毁罪行证据"等51条法令,每条法令之下又有简短解释。1672年刊行的《御成败式目绘抄》除了给各条法令注上假名发音,还在正文上部增加与法令有关的插图,是一部很好的启蒙读物。

自近世以来,幕府以及各藩统治者逐渐认识到通过教育可以加强对平民大众的支配和统治,因此积极调整文教政策,鼓励平民学习法令文书。德川幕府第八代将军德川吉宗奖励寺子屋师匠吉田顺庵即为一例。1722年,吉宗出门打猎发现一位名叫吉田顺庵的寺子屋师匠以法律条文为教材教村童写字,大为赞赏,当即赏赐白银十枚,其后下旨各藩要求以武家法律文书作为儿童习字教材。此后,将法律条文作为学习内容的启蒙读物相继出现。如《武家诸法度》(1833年)、《五人组账前书》(1861年)、《町役人心得条目》(1869年)等都被改编为启蒙教材,广泛应用于寺子屋的习字教学中。此外,一些讲述寺子屋学规的启蒙教材也采用"式目"的表现形式。例如《寺子制诲之式目》(1695年)用34条法令式的文字,详细地规定了儿童在启蒙学习中需要遵守的行为准则和礼仪操守。

第三章 日本传统启蒙教材的编撰形式　　　　　69

三、伊吕波歌形式的使用

伊吕波歌起源于日语历史上最为经典的诗歌,其作者不明,多认为是平安时代中期的僧侣所作,也有人认为作者是弘法大师空海。它以"いろは"起头,将 47 个发音各不相同的假名连接在一起,成为一首具有一定意义的诗歌。由于伊吕波歌使用的假名无一重复,而且简短、通俗易懂,所以很快就成为儿童学习假名文字的首选教材。后世一些具有较高文学素养的人也利用伊吕波歌的假名排列顺序来编写汉字学习的教学材料。1577 年 12 月,战国时代武将上杉谦信为其子上杉景胜编写了《伊吕波尽》。《伊吕波尽》按照伊吕波歌的假名排列顺序,将具有相同读音的汉字集中在一起,是一部使用较广的汉字学习教材。

表 3.1　《伊吕波尽》的部分内容示例①

イ	イ	イ	イ	イ	イ	イ	イ	イ
以	伊	為	井	意	怡	違	遺	已	位
モッテ・カツ	ココロ・コレ・イマ	シテ・タル・タメ・セイヅ	ココロ	ヨロコブ	タガフ	ノコス	ステニ	クライ
ロ	ロ	ロ	ロ	ロ	ロ	ロ	ロ	ロ
呂	路	露	慮	籠	蘆	櫓	論	楼
ミチ	ツユ・アラハス	ロウリヨ・アモンバ	カルコモル・コ	アシ	フネノロ	アラソフ・ロンズル	ウテナ
ハ	ハ	ハ	ハ	ハ	ハ	ハ	ハ	ハ
波	葉	羽	破	裂	巴	縛	者	半	盤
ナミ	ヨウ	ウ	ヤブル	トモエ	シバル	モノ・ヒト・テイレバ	ナカバ	ハン

如上表所示,《伊吕波尽》的每一行都按照伊吕波歌的假名顺序,每一个假名分别列举 6 至 10 个相同读音的汉字,并在汉字下

---

① 「伊呂波尽」。

面标注该字其他读法。除《伊吕波尽》之外，后世利用伊吕波歌的假名排列顺序，编撰了许多汉字和词汇的学习材料，如《七体伊吕波》、《十体伊吕波》、《八体伊吕波》、《童子节用字尽往来》、《新童子往来万世宝鉴》等。

利用伊吕波歌形式编排启蒙教材，从儿童教育心理学的角度而言，很好地体现了学习迁移理论。所谓学习迁移，指的是一种学习对另一种学习的影响。其中，正迁移表现为一种已经获得的知识技能对新知识技能的学习起积极作用，使新的学习更加容易。《伊吕波尽》、《七体伊吕波》这样的习字材料利用伊吕波歌的形式列举汉字，实际上便使已获得的学习和新的学习之间具有相同要素，使前后的学习在认知结构上具有正迁移的可能性。从这一点而言，采用伊吕波歌形式来编撰启蒙教材，与我国很早就提出的"举一反三"、"触类旁通"有异曲同工之妙。

四、和歌形式的使用

和歌作为日本特色的诗歌形式，其韵律形式与日语本身的特点息息相关。日语发音的基本单位是用假名表示的音拍，一个汉字读音往往有好几拍。由于日语是节拍语，因此通过行或者句的整体的音拍数能够显示一定的节奏。和歌便通过统一各诗行的音拍数目来确定诗歌韵律。它多采用"五七调"的形式，按每行五音和七音交错行进产生一种独特的韵律节奏。

启蒙教材之所以大量采用和歌形式，归根结底还是因为这一形式符合日语特征，适合儿童诵读。正如1852年刊行的《新美屋古路》序言所说："大凡庶物名目，数量众多。虽有顺序，但极难记忆背诵。为了达到记忆效果，没有比和歌更好、更方便的形式了。

它是传授给私塾儿童以知识的最佳捷径。"①此书列举各条古道上的驿站名称,例如"新宫古路"的前半部分便是和歌:"鸟儿在鸣唱,吾妻路上驿站多,多如九九重,皇国名称来列数。跨过日本桥,人潮汹涌品川河,越过品川河,川崎路上不胜数。"出现于江户时代中期的《东海道往来》是另一部流传广泛的传统启蒙教材。它以"都路之上啊,正有五十又三宿。时光流逝中,江户花朵已盛开"②开头,将江户到京都的东海道途中53个驿站,用和歌形式罗列出来,简单易懂,方便实用。

到江户时代中后期,以和歌形式列举地理名称的编撰形式风行一时。模仿《东海道往来》,相继出现《中山道往来》、《奥道中歌》、《芳野往来》、《道中往来》等很多作品。这实际上也反映和歌这种"五七调"韵律的文学形式逐步大众化、平民化的发展趋势。当然,除地理类启蒙教材之外,还有很多其他作品采用这种形式。例如《孝行和赞》采用"五七调"和歌形式赞美孝行:"人一诞生,应先知孝道,致双亲不幸,无异于鸟兽,古人早置戒规。孝行之意旨,悦双亲之心,牵挂其苦劳,戒游荡徘徊……"③尽管将它们翻译为汉语时,已经无法保持日语所独有的韵律感,但我们仍然能够想象那些十来岁的孩子在寺子屋中捧着这样的启蒙教材高声诵读的情景。

启蒙教材作为日本文化的一部分,始终受到日本独有的文化传统的影响。它们采用具有日本民族文化特色的编撰形式,是适应日本民族认知特征、符合儿童启蒙阶段学习规律的具体表现,也

---

① 『新美屋古路』序。
② 『東海道往来』。
③ 『孝行和賛』。

反映出日本教育本土化的发展倾向。

第四节　插图、注解形式的发展

一、插图形式的发展

据学者研究证明，在教科书中设计插图，其功能有以下数条：插图能够吸引学习者的注意力；可以使注意力定向集中于某一对象，使学习者有选择性地阅读教科书的内容；可以增加学习者的阅读兴趣，并影响学习者的情感和态度；可以提高学习者对学习内容的理解，为学习者提供一些语言难以描述的内容；有助于学习者对信息的记忆，有利于学习者掌握学习内容。① 可见，插图对于教科书而言是十分重要的。无论中外，近代之前的传统教育都是以"知识"为核心，更重视知识体系的灌输，因此，如果在呈现知识体系的过程中没有插图，对于传统教育中的儿童而言，理解那些艰涩难懂或者从未接触到的学习内容的时候就会显得比较困难。特别是启蒙教育阶段，儿童具有强于直感判断、弱于抽象思维的生理特点，在教科书中设置一定数量的插图，有利于儿童对知识的认知。

据考证，我国图文对照的识字课本的出现不晚于13世纪，比欧洲同类教科书约早400年。② 其中，《对相四言》是较早出现的一种。所谓"对相"，即图、文对照，在单字旁边附上相关图画。例

---

① 曾天山："国外关于教科书插图研究的述评"，《外国教育研究》1999年第3期。
② 张志公：《传统语文教育初探》，上海教育出版社1979年版，第198—211页。

如"天云雷雨,日月斗星"旁边是天空、云朵、雷电交加、倾盆大雨等自然现象的图画,而"蜂蝶蛾虱,虎豹狮象"旁边则是这些动物的画像等。如清代学者王筠所言:"识'日'、'月'字,即以天上日月告之,识'上'、'下'字,即以在上在下之物告之,乃为切实。"[①]这种根据儿童启蒙阶段的学习特点编撰的启蒙读物直观、具体,十分引人入胜。《对相四言》一书很早就传到日本,成为日本儿童看图识字的重要读物。1807年(文化四年)新刊的《对相四言》序文中说道:"此册栗山先生手书,使其子弟日夜诵读。……唯憾世之汉本写图孟浪,莫如此本之佳者。今兹癸亥校而授梓,并附以国字,使童蒙易诵也。"[②]可见,栗山先生[③]书写的《对相四言》成为其门下弟子日夜诵读的教材,是当时较好的汉字插图读物,而且为了方便日本儿童诵读,还在汉字旁边添注假名读音。

《对相四言》以看图识字为目的,重点在于用插图促进儿童识别汉字。而另一些启蒙教材则充分利用绘图的优点向儿童讲解实际生活中难以看到或难以理解的事物或现象。例如《万国往来》(1871年)是讲述世界各国风土人情以及土特产品的童蒙读物。其中有若干插图,如"邮船之图"描绘的是一艘停泊在印度洋码头的大型邮船;"丁香树写真"、"咖啡写真"描绘的是阿拉伯地区的香料、咖啡等日本难得一见的特产;"埃及之石冢"一图则十分逼真地将埃及金字塔以及周边景色描绘出来。又如《穷理童子教》(1873年)是讲述物理知识的教科书,涉及空气动力学、热学、光学等各方

---

① 王筠:《教童子法》。
② 「对相四言」序。
③ 柴野栗山(1736年—1807年),江户时代后期的儒学者,著有《栗山文集》、《冠服考证》等。

面的初级物理知识。在讲述太阳光可以转换为热能的时候，正文上方画了一个人拿着凹面镜通过聚焦太阳光点燃枯木；在讲述地下蕴藏热能的时候，正文旁边描绘了一座火山热气腾腾正在爆发的情景。形象逼真的插图可以加深学童对所授知识的记忆与理解。

另外，一些启蒙教材也使用图文并茂的方式来讲故事。综合故事和图画两种形式，图画以故事作为基础，故事借图画得到表现。这实际上是受中国传统启蒙教材《二十四孝》的影响。《二十四孝》为元朝郭居敬所辑，后来的印本都配上图画，全称《二十四孝图》，使用图画表现24位孝子孝敬父母的故事。由于孝悌观念为儒家伦理道德思想的核心内容，加之历代统治者都把提倡孝道孝行作为立身教民之本，因此《二十四孝》自传入日本之始便不断得到宣扬，并出现大量改编作品。其中1776年1月刊行的《大字绘抄二十四孝》在每个孝子故事上方都绘有富有生活气息的插图，借以加强故事的视觉效果。著名的儒学者藤井懒斋根据日本本国历史上的孝行故事编撰出《本朝二十四孝》，所收日本孝子共71人，各记其事，然后由当时的名画家狩野永敬为每传作插图，惟妙惟肖，流传极广。在一些讲述著名武将故事的启蒙读物中，插图也是必不可少的组成部分。例如《义经勇壮往来》(1823年)讲述源义经英勇壮烈的生平事迹，其间插入数幅描绘义经激烈战斗的图画。又如《曾我往来》(1823年)中也有12幅描述曾我兄弟讨伐仇敌的插图。用插图表现孝子或勇将，好处在于能对故事产生很好的补充性说明，直观地表现英雄人物的行为，利于儿童通过这些具体人物理解忠孝之类的抽象概念。

二、注解形式的发展

除插图之外，增加正文注解也是一种提高学习效率、增进儿童理解的编撰形式。由于不少启蒙教材受中国传统启蒙读物的影响，尽量考虑合辙押韵、形式整齐，内容难免有一些高度概括的语句，与儿童日常使用的口语大为不同。对于初学阶段的儿童，直接理解"阴阳未判，乾坤无形。鸡子混沌，水母呤渤"（《日本千字文》）或"苏秦为学文，锥刺股不眠。俊敬为学文，绳悬颈不眠"（《童子教》）等句子显然过于困难。因此，在这些比较深奥或蕴含典故的正文下面加上平白浅显的口语注解，能降低教材难度，符合儿童在启蒙阶段的认知能力。

在日本，很早就出现添加注解内容的儿童启蒙教材，中世流行的《庭训往来》、《实语教》、《童子教》都有注解版本。而到江户时代，有注解文字的启蒙教材品种繁多。例如《商卖往来讲释》（1861年）就是江户时代使用广泛的《商卖往来》的注释本。其中一段便是：

武士用具武士统治农人、职人、商人三民，其用具繁多。**弓箭**神代以桑为弓以蓬为箭，中古以竹为弓，今日以重藤、漆笼为弓，白木矢加鹫鹰羽毛，制作方法繁多。**铁炮**享禄年中西洋商船带来我朝。今有大铳、小铳各种。**长刀、胁差**古代只有大刀和短刀。佩带大小两刀之俗从中古开始。①

明治时代初期出现的很多启蒙教材在出版伊始便具有注解部

----

① 『商売往来講釈』。

分,这体现了编者在编撰之时已充分考虑到儿童的认知能力。1874年刊行的《新千字文》讲述的是日本从上古到明治维新的历史,为了让学童理解,在一些儿童难以弄懂的语句后加上注解。例如"文明开化,爰改旧习。繁简适当,以设宪法。设立宪法的时候考虑删繁就简。教院讲道,僧俗会合。学校督课,生徒群集。在学校中督导学问教授,将学生集中。敬神爱国,诱导褊狭"[1]等。

又如《西洋千字文》(1876年)讲述的是各国史实。此处举我们熟悉的"鸦片战争"一节以观其编撰特色:

支那[2]排毒,却见扼喉。纪元千八百三十二年(清道光十三)清帝认为"英国输入鸦片,缩短我国民之寿命",故欲"禁绝其毒害",为此却生出战乱,受其大害。

则徐奉命,片烟熏港。纪元千八百三十三年,清帝视鸦片为国害,断然命令林则徐将三百万磅鸦片尽数焚烧。英国人大怒,提大兵前来,攻击清国。

火轮舰逛,广东鼎涌。当时英国发蒸汽军船,率海军前来,先攻击广东,然后侵略天津、镇江等地。清国朝野一片沸然。清军战败,割香港之地予英国。

偿银倾币,章款结好。此役清国赠偿金二千万元予英国,且开

---

[1] 『新千字文』。

[2] 支那:本词源自隋唐时印度僧侣在梵文中对中国的一种称呼,亦作"至那"、"脂那"等,一般出现在汉译佛教经典中,9世纪初通过佛教交流传入日本。日本人在江户幕府末年开始广泛使用"支那"一词来称呼中国,当时词义并无特别的政治含义。甲午战争之后,"支那"一词在日本开始带上了战胜者对于失败者的轻蔑的情感和心理,逐渐变为贬义词。本书中所涉日本启蒙教材多为明治维新之前出现,其正文中的"支那"为中性词。

五城市之贸易,签订约定书,与英国结永远和好关系。①

在上述启蒙教材中,注解文字往往比正文小很多,但并不影响儿童从整体角度诵读全篇。而且,正文之间往往有不少插图。这样,插图和注解作为对正文的补充性说明,有效地帮助儿童对知识信息的处理。江户时代末期以及明治时代初期的启蒙教材出现了不少巧妙运用插图和注解形式的作品,说明日本的儿童启蒙教材随时代发展不断进化,初步具备了近代小学教科书的部分编撰特征。这些启蒙教材能够一度成为明治时代初期国民小学的过渡教材,其本身所具有的符合儿童身心发展特征的编撰方式是其中重要原因之一。

---

① 『西洋千字文』。

第四章 日本传统启蒙教材的教学内容

一本好的教科书必须要有良好的内容。这些内容既要符合社会发展需要，体现时代和社会特征，还必须是适合学生身心发展特征的文化内容。日本传统启蒙教材在不断发展中，逐步演变成为涵盖各学科知识的教科书体系。其内容大体可分为文字词汇知识、伦理道德知识、地理历史知识、职业技术知识和自然科学知识五方面。

第一节 文字词汇知识

日本的文字教育始于汉字传入日本之后。如前所述，王仁由百济来到日本并献上《论语》、《千字文》等汉籍，开始为皇室子弟教授汉字。可见日本人开始接触并学习汉字由来已久。不过，当时能够使用汉字的却只有皇室子弟和极少数以传授汉字为业的从朝鲜而来的归化人氏族。但是，到了403年（履中天皇四年），天皇需要"记录言事以达四方之志"[①]，在各地设置"国史"一职，并通过文

[①] 参见『日本書紀』卷十二，「履中天皇四年」条。

书保持中央政府与地方官吏的联络，因此，先前以诵读中国古代典籍为目的的文字学习逐渐演变为以政务实用、文书记录为目的的文字学习。不仅是皇室子弟和归化人的子孙需要学习文字，在各地任职的中上层贵族都有学习文字的必要。这样，文字的学习就逐步从宫廷向社会扩展。

在这样的前提下，最早的启蒙教材——《明衡往来》于平安末期出现，它采用"和汉混淆文"的文体，将假名和汉字混合使用，可以作为汉字学习的教学材料。但是，由于《明衡往来》更注重的是书信礼仪的培养，直接采用了大量的书信作为学习材料，忽视儿童在文字学习初级阶段的认知规律，因此显得过于艰深难懂。正如清代学者王筠所言，"蒙养之时，识字为先，不必遽读书"[①]，儿童只有首先学会一定数量的字，才有可能进行进一步的阅读训练。因此，从室町时代起，出现了不少以集中学习语言文字知识为目的的初等启蒙教材。我们大体上可以将这些作品的教学目的分为两类：其一为"集中识字"；其二为"分类学词"。

一、集中识字

室町时代初期出现的《琐玉集》是较早的以集中识字为目的的启蒙读物。其序言中写道："小鱼只在浅溪捕食，小鸟仅在山麓觅食。对于幼小儿童，应该一点一点地教授身边之浅显汉字。"[②]此作品的目的便在于为发蒙阶段的儿童提供简单的汉字学习材料。整篇共598句，每句三字，其体例大致如下：

---

① 王筠：《教童子法》。
② 「琐玉集」序。

```
天 一 大      日 月 明
地 也 土      卉 木 桥
日 者 暑      月 良 朗
弗 人 佛      兹 心 慈
```

《琐玉集》十分注重对单字结构的解析,每句三个汉字中必有两字形成另一汉字,且整句还有一定意义,可见编者煞费苦心。但是,这种编撰方式的缺陷也十分明显:其一,为了两字一定要组成另一汉字,往往出现实际生活中较少使用的生僻汉字;其二,一些句子意义牵强附会,比较难以理解。因此,虽然《琐玉集》编排巧妙,独具特色,但由于上述缺陷,后世使用并非十分广泛。

在这期间,社会上开始出现利用伊吕波歌的假名顺序排列汉字的习字材料。前文提及的《伊吕波歌》就是当时极为突出的代表。儿童通过《伊吕波歌》掌握一定的日语假名知识,可以为此后的汉字学习打下坚实的基础。一些具有较高文学素养的人开始利用《伊吕波歌》编写汉字学习的教学材料。前面介绍过的《伊吕波尽》便是其中典范。此类习字教材在后世多有出现。1657年(明历三年)的《七体伊吕波》是使用较为广泛的作品之一。

表4.1 《七体伊吕波》的部分内容

	おもんみる・もって	かしこに・これ	かしこもる・おづ	こころ・こころざし	うるはし	ことなり・あやしむ
い	以	伊	畏	意	委	異
	これ・もちいる	ここに・いつれ	おどろく・をそる	うたがふ	かなふ・ただ・まじはる	みがく・ことに
	せぼね	みち	いろり	もる・もる	あらはるる	こもる
ろ	呂	路	爐	漏	露	籠
	りよ	おほみち	すびつ	しる・したたるい	つゆ	ろう・かご
	なみ	なかば	はねす・すむ	はし・なをし	えう	やぶる
は	波	半	羽	端	葉	破
	ひたす・つつみくづる	はん	つばさ	たん・いとぐち	せう	わる

与上杉谦信作的《伊吕波尽》相比,《七体伊吕波》将い、ろ、は等假名放在行首位置,后面直接列举具有该读音的汉字,无需在每个汉字上再标注相同的读音。另外,该书每页四行,每行七字,列举相同数量的同音汉字,与《伊吕波尽》每行六至十字数量不等的列举法相比,减少了随意性,固定了格式,利于儿童机械记忆。

以伊吕波歌的假名顺序来编排汉字,优点在于能够使儿童很快掌握同音汉字,并在此基础上学会这些汉字的其他读法。但其缺点也很显而易见:因为这些汉字意义各不相同,所以儿童无法从中了解汉字的意思。因此,一种以汉字意义为分类标准的启蒙教材应运而生。如《东南西北时》将方位、物品、动物、人体器官等相关汉字集中在一起列举,比较利于儿童掌握同类意义的汉字。

表4.2 《东南西北时》的具体内容

ひがし	みなみ	にし	きた	とき
東	南	西	北	時
そで	まくら	つくえ	かね	たま
袖	枕	机	鐘	玉
にわとり	たか	はと	すずめ	がん
鶏	鷹	鳩	雀	雁
むま	うし	いぬ	ねこ	か
馬	牛	犬	猫	蚊
かほ	め	て	あし	かみ
顔	目	手	足	髪

随着儿童学习汉字数量增多,使用汉字时难免会出现错误。为了纠正儿童对汉字的误用,1673年(宽文十三年)出现了名为《小野篁歌字尽》的启蒙教材,将一些类似的汉字列为一行(汉字数量为2—8个),其后附上简短的和歌来说明这些汉字的区别。

例如:

椿 榎 楸 柊 桐
春天是椿,夏天是榎,秋天是楸,冬天是柊,相同是桐。
笠 簑 箸 筋 箕
笠是立,簑是衰,者是箸,助是筋,其是箕。

上面两例中的汉字偏旁部首相同,其他部分不同。也有偏旁不同、其他部分相同的例子:

梅 侮 海 晦 悔
木旁是梅花,人旁是侮辱,水旁是大海,日旁是晦暗,竖心是后悔。
銀 眼 根 恨 限
金旁是银子,有目才是眼,有木方为根,心中方有恨,双耳为有限。

另外,还有第三种编排形式,那就是将一些在字形上比较相似、易被用错的汉字集中在一起列举出来。例如:

末 未 賣 買
末是上面长,未是下面长,上面有士是賣,上面无士是買。
水 氷① 木 本 大 犬

---

① 日语中有很多日本人独创的汉字,被称为"日制汉字"。"氷"为其中之一,即水凝结而成的冰。

水上加点是氷，木下加横为本，大上有点叫做犬。①

《小野篁歌字尽》是一种比较有特色的汉字学习材料，与单纯列举汉字的启蒙教材不同的是，它针对汉字在实际使用过程中可能会出现混淆错用的情况，将类似汉字排列在一起，并将区别用歌谣的形式表现出来，能加强儿童对汉字的区别记忆。这种方法有效、实用，故《小野篁歌字尽》在江户时代出现各种版本达 39 种②，是一种使用十分广泛、普及程度很高的识字读物。

二、分类学词

儿童在启蒙阶段学会一定数量的汉字之后，就应该掌握一些实用词汇。由于社会生活有不同领域，涉及各领域知识的词语又不同，因此启蒙教材大多分类列举，很多都独立成书。

姓名

日本是将家族作为基本社会构成的国家，姓与名作为家族成员的标志，体现了日本传统家族以家业为核心、以家名为象征的特点，这一特点也造成当时日本人对姓名知识学习的重视。

早期的启蒙教材都是以书信练习为主要目的，在所收的书信材料中十分频繁地出现写信人和收信人的姓名，而且在一些书信正文中也涉及人的姓名叫法，因此儿童学习姓名成为必要。室町时代末期出现的《新撰类聚往来》在 5 月 25 日书状中便专门介绍

---

① 「小野篁歌字尽」。
② 石川謙：「小野篁歌字尽の教育史考察」，乙竹岩造先生喜寿祝賀会編：「教育学と教育史学：乙竹岩造博士喜寿記念論文集」，東洋館出版社 1952 年版，598ページ。

了氏姓以及自称①的叫法。其中,氏姓有109个,如"源、平、藤原、橘纪、小野、宫道、高阶、惟宗、祝部、穗积"等,而贵族在自称中所使用的汉字也列举有642字。

明治维新之前,只有贵族、武士等少部分人既有姓也有名,普通百姓只有名而无姓。但是,在启蒙教育中,不论是武家子弟还是庶民子弟,都要求会读能写常用的姓名。《寺子宝鉴字福传》(1720年)收录了"三浦、水野、赤松、品河"等100个常用姓氏,并标注假名读音,以利于儿童习字所用。1840年刊行的《诸家名字往来》详细介绍了以前田氏为首的114家诸侯、以菅沼氏为首的130家旗本共244家的姓氏,并在姓氏之上绘有"诸家花号"(即家族家徽),是一本将姓氏与家徽作为基本内容的对照教材。

到江户时代末期,随着商业资本主义的萌芽,商品生产和流通呈现繁荣局面,出现了不少以某种具体商品交易为家业的商人家族。这些商人开始使用自家的屋号来作为家的标志,如以贩卖生活用品相称的"布屋"、"米屋",也有以祖上的出生地相称的"大河屋"、"近江屋"等。屋号作为商人家族的家名,体现商业交易中的法律关系和在顾客中的信用等社会关系,是商家子弟在启蒙教育中必不可少的内容。因此,江户时代末期出现了不少有"家名尽"或"屋名尽"等内容的启蒙教材。其中,《家名尽》(1720年)列举了23个以家业所在地为称的家名,如富田屋、茨木屋、生驹屋、博多屋、仁和寺屋、穗积屋、利仓屋等。《万用字尽》(1792年)中的"家名并人名"部详细记载当时主要的商人家名,如大黑屋、蛭子屋、布

---

① 自称:在日语中写为"名乘",即公家以及武家男子在元服(即成人仪式)之后在自己的俗称之外另取的名字。

袋屋、弓矢屋、菊屋、菱屋、钱屋、壶屋、伊势屋、河内屋、住吉屋、江户屋、近江屋、池田屋、大阪屋等。

对于人的名字,在室町时代前期编撰的《姓名录抄》中就有所收录。《童训集》也有"名头"一部,列举"勘、甚、喜、平"等30个常用的名字。到1779年,《幼学字尽寺子往来》收录了"右卫门、兵卫、样、之进"等134个常用名字。至1875年,《音训开化名头》成为儿童学习人名的重要读本。其序言中写道:"如今文运开盛,学则一变,不教空理。缀以熟字,以便训导。依旧风而换骨脱体,将常用名字缀以熟字,训以世体,旁注音读,欲为童子之阶梯也。"[①]该书四字一句,共52句208字,收录了不少普通百姓常用的名字。并且,文中还对百姓如何取名、对人如何称呼等进行简单的介绍。例如"男称太郎,次称次郎,次为三郎。四郎五郎,次皆准之。左右卫门,左右兵卫。丞进辅助,共加其名。谓殿谓様,敬人之称"等。此书中"男称太郎,次称次郎"即男孩中老大取名为"太郎"、老二取名为"次郎"等命名规则一直沿用至今,而"谓殿谓様"即在对方姓名后加"殿"、"様"等表示尊敬,这一日语的使用规范也一直保持下来。

值得我们注意的是,与中国的《百家姓》收录上至帝王将相、下至普通大众的各种姓名不同,在封建社会的日本,姓仅仅是少部分人的特权和专利,因此日本关于姓的启蒙教材绝大多数都仅仅是贵族和武士的家名,甚至连名字也多是将军和大名曾经用过的名字,体现普通百姓名字的启蒙教材直至江户时代末期随着商品经济的发展、町人地位的提高才大量出现。

[①] 『音訓開化名頭』序。

官职

封建时代的日本是身份制社会,贵族和武士的官位、役职是儿童在启蒙阶段需要掌握的知识之一。南北朝时代尊冈亲王编撰的《拾要抄》中便有"官次第"部,分别列举神祇官、太政官等共50项380个官职。另外,在他编撰的《大乘院杂笔集》中,也列举了如"修理宫城使、检非违使"等20个官名。《万用字尽教鉴》(1692年)是近世儿童常用识字读物之一。其中"百官并侍小姓名"一部以"摄政、关白、大政大臣、左大臣、右大臣"开始,介绍各种官位。1757年刊行的《百官名尽》也以"摄政、关白、大政大臣"开始,但官职排列与《万用字尽教鉴》有所不同。例如"式部、民部、治部、刑部、兵部"等都以"部"为名的官职整齐地排列在一起,而《万用字尽教鉴》中这些官职的排列没有规律,比较混乱。

江户时代还出现了不少将武士在幕府和诸藩担当的役职名称作为主要内容的启蒙教材。例如《大宝古状揃》(1692年)的"武家诸役名目"部以"将军、守护、国司、老中"起头,以"足轻、若党、中间、与力、同心、小人"结束,列举了共28个武士役职名称,儿童通过这些名称,可了解武士内部的身份秩序。

动植物

动物和植物与人类社会生活紧密相关。它们的名称一直是儿童在分类学词阶段需要掌握的重要内容之一。

在江户时代前期出现的《累用字尽》中,便有"万鱼之名"、"万鸟之名"、"万兽之名"、"草木之名"、"万花之名"、"蔬菜之名"、"万虫之名"各部,分门别类介绍各种动植物词汇。例如"万鱼之名"有鲷、鳕、鳟、鲭、鲸、鲛、鲱、蛤、辛螺、荣螺、马蛤等96种鱼类和贝类的名称;"万花之名"列有牡丹、芍药、百合、荻、桔梗、女郎花、石竹、菊等48种花名。

　　1806年刊行的《分类早见字尽》中,有"鱼之部"、"贝之部"、"鸟之部"、"兽之部"、"虫之部"、"木之部"、"草花之部"、"青物之部"、"谷物之部"九部,列举了大量相关词汇。在这些启蒙教材中,鱼类词汇数量最多,且都在全书最前部,足见日本人对鱼类的重视程度。这与日本四面环海、渔业是日本最古老的传统产业有关。无论江户、大阪之类的大都市,还是加贺、三泽这样的偏僻渔村,鱼类都是人们最主要的食物,而且很多人直接以捕鱼、贩鱼为谋生之业,所以儿童在识字之初便要牢记许多鱼类名称。

身体与人际关系

　　在儿童学习汉字的初始阶段,不可能用高深的词汇来讲解社会生活中的伦理道德。因此,关于"人"的内容,在这一阶段多为身体器官、人际关系等相关词汇。《字尽童子教》(1802年)中有"五体"、"亲类"、"人伦"、"疾病"等部,分别列举了大量词汇。比如"五体"部便有"手足腹背头,身体血脉白发。皮肉筋骨呼吸,胴体胴骨脸颊。美目容貌,睑眠眉睫。六腑大肠胆小肠,膀胱胃三焦"[①]等与人体器官有关的名词。在"亲类"部中,有"亲子兄弟姐妹,舅姑女婿养子。祖父祖母曾祖尊祖,孙子曾孙玄孙"等体现亲属关系的词汇。

　　江户时代出现了一些介绍家族关系的相关词汇的识字教材。1692年刊行的《用文章纲目》卷末便有以"亲族一门・部类眷族・子子孙孙"为名的词汇群,收录了从"父母、兄弟、姐妹"到"西堂、同宿、纳所、外戚"等105个与人际关系有关的词语。《四民童子字尽

---

①『字尽童子教』。

安见》(1716年)之"亲戚门"中,也分别列举了如"祖父、祖母、亲父"等88个词汇。

生活物品

衣物、劳动用具、家具、武具、杂物等都是生活中常用的物品。例如《累用字尽》列举"诸道具之名"、"万着类之名"两类生活物品。"诸道具之名"是生活用具,例如屏风、灯笼、拉门、户棚、皿、盏、碗、盆、罐子、枕、锅、茶壶、醋、酱油、酒等;"万着类之名"主要是一些服装饰品名称,如小袖、道服、羽织等。

《四民童子字尽安见》(1716年)是江户时代儿童常用的学词用书。其中关于生活物品有13个以"门"为名的单词群,其组成大体如下:

饮器门:茶、酒的饮用器具以及吸食烟草的器具;

履踏门:袜子、草鞋等;

枕席门:邯郸枕、缢枕、草垫、筵等床上用品;

附身器用门:杖、锡杖、鸢杖、笞、笠、伞等随身用品;

文房书具门:笔、笔筒、笔匣、墨、纸、砚等文房用品;

衣服器材门:唐柜、行李箱、衣桁等家具;

汤火食器门:水桶、锅、釜、铜壶等厨房用具;

洗扫器材门:盆、水瓶、提桶、洗衣盆等用具;

武具门:胄、钵附板、胴丸等武士用具;

马具门:鞍、镫、鞭、手纲、鹰架等器具;

百工器用门:规、曲尺、定规、钉拔、竹剪、药研、药刀等工具;

猎渔器材门:狐蹄、鸟笼、罗网、鸣子等狩猎捕鱼器具;

商家用具门：算盘、算筹、秤、盘秤、升合、钱箱等商家器具。

这类启蒙教材收录的词汇包括衣、食、住以及武士、手工业者、商人等不同身份的人的所用器具，既是一种十分实用的习字材料，也让儿童从中了解到社会生活常识。

综上所述，我们可以看到，识字教育是儿童启蒙教育的一个重点。特别是日语具有其本身的特色：使用大量从中国传来的汉字，而且汉字既有音读又有训读。因此，在儿童的识字阶段，不可能直接使用中国的《三字经》、《千字文》等识字教材，而是开发了一些独具特色的启蒙教材。例如巧妙分解单字编出汉音韵文的《琐玉集》，灵活运用日本独有的《伊吕波歌》创编而成的《伊吕波尽》、《七体伊吕波》，汉字对照学习教材《小野篁歌字尽》等。

当然，除了集中识字以外，另外也出现了一批以列举单词为主要形式的启蒙教材。这些作品往往按照一定的分类标准，分门别类地将某些具有相同性的词汇集中呈现出来，常用的有《累用字尽》、《万用字尽教鉴》等。这些启蒙教材多取材于实际生活中经常使用的单词，以实用为目的，是汉字学习的好材料。

第二节 道德规范知识

在儿童启蒙教学中，伦理道德和行为规范方面的训育知识具有十分重要的地位。在一个人的成长过程中，幼年时期是人生观及道德秉性形成的重要阶段。不论是中世还是近世，人们都认识到除了要对子女进行实用知识传授以外,还应灌输一些与当时社会相适应的伦理道德和行为规范,以弘扬该阶层所崇尚的理想人格和家庭观念。在这样的教育需求下,出现了很多以道德训诫为主要内容的启蒙读物,《实语教》《童子教》《今川状》《六谕衍义大意》等就是其中的代表。

一、尽孝尽忠

"孝"是传统伦理道德系统的核心。在日本的传统启蒙教材中,关于孝的训诫十分普遍。《农民劝孝记》开篇便说:"人间专务之道,止于孝之一字。为人之子,侍奉两亲之外,此世便无他务。"[①]平安时代末期的《实语教》有"父母如天地,师君如日月。亲族譬如苇,夫妻犹如瓦。父母孝朝夕,师君仕昼夜"的诗句,让儿童从小就认识到孝敬父母是天经地义的事情。

镰仓时代中期出现的《童子教》对儿童应该遵守孝道的道理进行十分详尽而生动的阐述。它首先简述孝道的理论根据:

> 父恩者高山,须弥山尚下。母德者深海,沧溟海还浅。白骨者父淫,赤肉者母淫。赤白二谛和,成五体身分。处胎内十月,身心恒苦劳。生胎外数年,蒙父母养育。昼者居父膝,蒙摩头多年。夜者卧母怀,费乳味数斛。朝交于山野,杀蹄养妻子。暮临于江海,渔鳞资身命。为资旦暮命,日夜造恶业。为嗜朝夕味,多劫堕地狱。戴恩不知恩,如树鸟枯枝。蒙德不思德,如野鹿损草。

---

① 『農民勸孝記』。

《童子教》告诉孩童，子女之所以必须对父母孝，最直接的原因就是父母对儿女的养育之恩。父母给予子女身体，怀胎十月将其产出，然后将其抚养长大。其间为了使其茁壮成长，父母不得不捕鱼狩猎，多行杀生之举。父母对子女有如此之大的恩情，子女就必须知恩、报恩，以尽孝作为回报。如果不知道报恩、不尽孝道，就无异于禽兽草木，而且还会受到上天的惩罚。

　　酉梦打其父，天雷裂其身。班妇骂其母，灵蛇吸其命。

上天迁怒于酉梦、班妇的不孝之举，对其进行无情的惩罚。反之，如果恪守孝道，竭力孝敬父母，则会得到上天格外的嘉奖。

　　郭巨为养母，掘穴得金釜。姜诗去自如，汲水得庭泉。孟宗哭竹中，深雪中拔笋。王祥叹叩冰，坚冻上踊鱼。舜子养盲父，涕泣开两眼。刑渠养老母，啮食成龄若。杨威念独母，虎前啼免害。颜乌墓负土，乌鸟来运埋。许牧自作墓，松柏植作墓。此等人者皆，父母致孝养。佛神垂怜悯，所望悉成就。①

　　这些例子多取自中国民间故事或《二十四孝》（郭巨、孟宗、王祥等孝子的故事），将孝德的上天感应作为促进儿童报效父母恩情的动力，把神佛天命看做儿童将尽孝内化为自身最重要的道德教条的神秘力量。

　　《童子教》是日本传统启蒙教材中对孝道训诫进行详尽介绍的

---

① 「童子教」。

早期作品之一,后世流行极广。在寺子屋的教学中,《童子教》成为灌输伦理纲常的重要读物之一。而后世在编撰关于孝的教训书时也大多会借鉴其教义。例如,室鸠巢在《六谕衍义大意》中,为"六谕"第一条"孝顺父母"进行注解时如此阐述:

> 凡世间之人,无贵无贱,皆父母所生之人。父母乃立身之本,不可忘之。况养育之恩比山高,比海深,如何能忘记。今孝心为本,应常念父母恩。先十月怀胎,使母亲劳苦。然后生出,幼稚之时,父母不言昼夜,艰难辛苦……①

上面的字句明显与《童子教》相同,依旧是强调父母对子女如山高、比海深的养育之情。但是,值得注意的是,《童子教》对于"如何尽孝道"的问题使用大量孝德感应的例子来进行说明,希望以"佛神垂怜悯"的方式来鼓励儿童善待父母,体现出中世佛儒掺杂、以佛为主的思想文化特色。但到了《六谕衍义大意》出现的江户时代,朱子学已逐渐成为国家正统学说,幕府希望通过构建具有合理性的伦理秩序来稳定社会。因此在教导民众如何孝敬父母这一方面,室鸠巢去除中世非合理性的、具有浓重佛教因果报应色彩的说教形式,而改为具有可操作性的、现世主义的孝行规则。如他在"孝顺父母"一条中写道:

> 此等厚恩,虽未能完全报答,至少应以孝行赡养父母。所云孝行,因贫富贵贱自有不同,故不必苛求父母锦衣玉食。只

---

① 『六諭衍義大意』。

依其身份,保证父母之饱暖。父母年老之后,应不离两侧,出入之时,扶其手,抱其后;寝睡之时,夜安静,朝躬视。父母若病,应昼夜不解衣带,舍他事而照看双亲,医药之事尽心尽力。第一谨记之事,乃孝养父母之身。使其心神不安,为大不孝也。无论何事,不违父母教训,谨思世法,安守其身,操持家业。①

室鸠巢反对那种不顾自身条件、"苛求父母锦衣玉食"的孝,而提倡"依其身份,保证父母之饱暖"。这实际上已经将"孝"这一天道放在社会等级制度下的政治道德之中。对于儿童来说,尽孝已不是模仿"卧冰求鲤"、"为母埋儿"的非合理性的愚孝,而是具体到家庭生活中非常现实的、具体的行为,如要"扶其手,抱其后"、"医药之事尽心尽力",然后"谨思世法,安守其身,操持家业",做一个尊崇社会秩序与道德秩序的良民,显然这种对孝行的解释让孩童既易懂又易行。

中国的《二十四孝》自室町时代便传入日本并被广泛阅读。由于孝悌观念为儒家伦理道德思想的核心内容,特别是历代统治者都把提倡孝道孝行作为立身教民之本,因此《二十四孝》自传入日本之始便不断得到宣扬,并出现了大量的改编作品。其中1776年刊行的《大字绘抄二十四孝》在每个孝子故事的上方都插入具有近世风俗气息的图画,下面的汉诗都标注了平假名读音,汉诗后面的日文解释简洁平易,十分利于儿童使用。但是,由于中日两国文化环境毕竟不同,《二十四孝》虽然施以日语注解,但是内容却是中国

---

① 『六諭衍義大意』。

人物故事，并且其中有许多故事具有非合理性（如王祥卧冰求鲤，吴猛恣蚊饱血等），因此，随着时代的发展，大量以日本本国孝子故事为主的劝孝作品开始出现。例如《本朝二十四孝》(1697年)、《日本二十四孝子传》(1843年)、《皇朝二十四孝》(1856年)、《本朝女二十四孝》(1816年)等。这些作品中的孝子故事大多取自现实的日常生活且多具有合理性，较少出现如"卧冰求鲤"那样宣扬"愚孝"的故事。

值得一提的是，中国的《孝经》认为，"夫孝，始于事亲，中于事君，终于立身"；"君子之事亲孝，故忠可移于君"。[①] 孝乃针对尊辈血亲之孝，注重的是家族中血缘关系的维系；忠却是针对主人、国家这样的社会关系的客体，强调的是武士献身主人的牺牲精神。本来两个对象与范畴截然不同的道德标准却在儒家的孝道中合为一致。《孝经》这种"移孝作忠"的逻辑思维特别符合日本特殊的家族结构和社会结构，因此在传入日本后被广泛接受。

在日本人看来，国是家的集合，家是国的缩小，在日本的传统启蒙教材中往往可以发现，在宣扬孝道之后，一定会有教导儿童尽忠的字句。例如，1788年刊行的《孝子教》开篇便主张"夫孝百行源，又万善长也。忠者自孝出，孝至德要道"；《孝行和赞》(1812年)也强调"奉公之人，应把主人与双亲同样看待，任何时候都应该尊敬，应该奋不顾身地侍奉他们"；《金言童子教》(1716年)中有"以孝事君忠，以敬事长顺"的内容；在《楠教训状》(1757年)中，编撰者楠正成更是将忠义作为武士的根本准则，他认为："在此乱世

---

① 《孝经》。

之时,遵守道义,以忠为先,报答君恩之人,方为人之楷模。"①《明语教儿抄》(1680年)中更明确指出:"一日君尽忠,君恩育妻子。轻公重私用,背冥利失身。为君元当义,命可轻尘界。……然则一战时,一命不惜哉。"②意思就是说由于主君的恩德,自己以及家人才得以存活,所以一旦有需要,为君尽忠舍命也不足惜。

可以说,鼓励儿童尽孝,然后移孝作忠,教诲儿童忠于主君,这是日本近世乃至近代道德教育中一个十分明显的特点,符合日本独有的政治结构和文化传统。在儿童幼年时期就以浅显易行的说教灌输忠孝思想,从而在儿童的心灵中产生深刻印象,这种启蒙教育对日本人的道德涵养及民族性格的形成都产生了重大影响。

二、勤奋好学

鼓励儿童勤奋好学是传统启蒙教材的重要内容。《实语教》将智慧和孝道列为人最本质的道德特征,认为:"人而无智者,不异于木石。人而无孝者,不异于畜生。"其全文都是在歌颂智慧,劝诱儿童通过学习获得智慧。它一开篇便提出:

山高故不贵,以有树为贵。人肥故不贵,以有智为贵。富是一生财,身灭即共灭。智是万代财,命终即随行。玉不磨无光,无光为石瓦。人不学无智,无智为愚人。③

这是向儿童说明智慧比现有的物质财富更加宝贵。为了拥有

---

① 『楠教訓状』。
② 『明語教児抄』。
③ 『実語教』。

智慧，就必须通过学习。如果不学习的话，人就只能是"愚人"。从这里可以看到，《实语教》十分强调学习的价值，将智慧作为无形的精神财富大力赞扬，反过来贬低金银等物质财富的作用。获得智慧是学习的指导思想，学习是获得智慧的唯一途径。因此，努力学习便成为儿童的立身之本。

《童子教》中也有大量鼓励儿童学习的内容。首先它将学习过程简化为"一日学一字，三百六十字。一字当千金，一点助他生"。然后，强调学习应该克服各种困难，并举了大量历史上勤学之人作为榜样。

薄衣之冬夜，忍寒通夜诵。乏食之夏日，除饥终日习。醉酒心狂乱，过食倦学文。温身增睡眠，安身起懈怠。匡衡为夜学，凿壁招月光。孙敬为学文，闭户不通人。苏秦为学文，锥刺股不眠。俊敬为学文，绳悬颈不眠。①

由于时代的局限，《实语教》、《童子教》对于学习知识的目的的解释还带有鲜明的佛教色彩。如《实语教》有"不交三学友，何游七学林。不乘四等船，谁渡八苦海"的句子，就是说学习知识的最终目的不是现世的幸福，而是通过各种学习行为，使自己渡过现世的"八苦之海"，到达极乐世界。《童子教》认为"智者作罪者，大不堕地狱。愚者作罪者，小必堕地狱"，刻苦学习获得智慧，即使犯有一定的罪责，也不至于下地狱。可见学习的目的依旧是以追求幸福的来世为主。由于《实语教》、《童子教》等都是禅寺的僧侣写给在

---

① 『童子教』。

寺院中学习世俗知识的儿童的作品,所以难免使用佛教来解释现实的行为,体现了日本中世佛教色彩浓厚的时代特征,但在"劝学"这一点上还是有积极意义的。

到江户时代,《今川状》之类的读物十分流行。由于这些启蒙教材都是由上层武士的家训演变而来的,因此少了《实语教》、《童子教》那样的佛教色彩,而多了武将在实际政务及治家实践中得出的各种心得体会。因此,它们都将"学文"看做是"治国之道"的重要组成部分,鼓励后人勤学以行"文道"。在《今川了俊制词》中第一句便是"不知文道而武道终不得胜利",说明文道是武道成功的前提条件。"既为诸侍之首,若无智慧才学,处事失当,必受上下非难",因此"殚精竭虑,以励文武两道"。[①] 在《楠正成金刚山城居间壁书》(1757年)中,武将楠正成也告诫子孙:"学问之事勿怠焉","十五岁而闻物之仪理","唯可知文之义理也"。[②] 可以看到,江户时代的武士阶层时刻不忘提醒子弟要"习用文道",以此来保持掌控政治权力的可能性和家业的长久性。

江户时代中后期,普通民众的日常生活、生产等已越来越需要文字作为交流媒介,广大民众深刻认识到知识学习的重要性。农民、商人、手工业者需要在不断频繁的商品经济交流中使用文字,例如契约书、日记、账目、商务书信等。在这样的时代背景下,传统启蒙教材出现大量关于"劝学"的内容。而且,学习知识获得智慧的最终目的也在发生变化。在《明语教儿抄》中,关于"学文的意义"是这样阐述的:"学文佛法阶,发悟眼根元,励武略基也。万能

---

① 「今川了俊制詞」。
② 「楠正成金剛山城居間之壁書」。

万艺司,诸职买卖元。幼时不勤学,何得胜利乎。"①也就是说,学习文化是知晓佛法的阶梯、儿童发蒙悟道的根本、武士励行武道的基础、各种艺术形式的指导、各种职业买卖的根基。学文不仅对于僧侣、武士很重要,对于农、工、商等各阶层的人也同样重要。又如《便蒙当时教》(1875年)中认为:"农有农事学,工有工业学,商有商法学。学问之为体,无不在之物。事物之为用,无不由学问。立身之财本,实是为学问。上古惜寸阴,中古惜分阴,今当惜秒阴。"②可见,勤学,已经不再成为助人渡过苦海、到达极乐彼世的阶梯,而是成为各种身份的人在现世生活中立身的工具和事业成功的基本保证。正因为有了这些认识并不断对儿童加以传授,江户时代的庶民教育才得以发展起来。

三、注重礼法

中国有句俗话:三岁看大,七岁看老。虽说此话有些夸张,但告诉人们礼仪教育应从小抓起,从孩子起步开始。日本也是如此。《至要抄》有言:"教儒家少生,以礼仪为始。"③也就是说,儿童的启蒙教育阶段一定要注重礼仪的培养,应该将其作为头等大事来做。日本是非常强调礼仪的国家,从社会角度而言,等级制度森严,不同等级的人在交往中要严格遵守礼仪规范。从家庭角度而言,要严守父子之别、夫妻之别、男女之别、长幼之别,故儿童从小就要懂得各种适应社会秩序与家庭秩序的礼仪规范。《金言童子教》甚至

---

① 『明語教児抄』。
② 『便蒙当時教』。
③ 『至要抄』。

强调:"人而有礼者,一生间无祸。人而无礼者,常与人结怨。"①因此,礼法作为儿童的必修教养大量出现在传统启蒙教材中。

例如,《童子教》用很大一部分教导儿童要重视礼仪,谨慎言行。"夫贵人前居,显露不得立。遇道路跪过,有召事敬承。两手当胸向,慎不顾左右。不问者不答,有仰者谨闻。……过墓时则慎,过社时则下。向堂塔之前,不可行不净。向圣教之上,不可致无礼。"遇到身份比自己高贵的人必须下跪行礼,两手当胸,不问不答。另外,在墓地、佛塔、神社等地都必须恭恭敬敬、小心翼翼。

至于在实际生活中具体的语言措辞和细微的待人接物方法等也在大量启蒙读物中得以体现。例如《初学文章并万躾方》(1634年)除了收录写信时需要使用的种种套话、范文之外,还收录了当时武家社会以及庶民在日常生活中必须遵守的行为规范。以吃饭的礼法为例:

> 最开始的时候取下饭碗盖子,放在菜的右边。接着,取下酱汤碗的盖子,喝汤,然后吃饭。如此再三,并按照平碗、壶皿、鱼贝料理的顺序进食。凡事从开始便不能乱了顺序,即使有第二道菜、第三道菜,也必须按照顺序吃,不可大口大口地进餐。这种规矩就是为了在吃饭时即使有人对你说话,你也可以迅速礼貌地进行寒暄,并充分表达尊敬对方的心情。②

在寺子屋大量出现后,儿童在寺子屋中学习读写知识,必然要

---

① 『金言童子教』。
② 『初学文章並万躾方』。

与师长以及同龄人交往。寺子屋作为民间教育机构,为了便于管理,对学生制定了大量礼仪规范。如《寺子制诲之式目》(1695年)用十分简洁的话语规定了34条寺子必须习得的礼仪作法,其中有很多类似于后来的小学校规。比如,"无论是在宿舍还是寺院中,都不能乱写乱画";"无故弄破门窗、刻损柱梁、弄脏床垫等,要重重惩罚"。《杉山佑三郎寺子屋掟》也规定:"(1)遵守父母之命令;(2)遵守师匠之训诫;(3)必须早起;(4)在教室中不许大声说话;(5)登校退校时必须向先生寒暄"等。①

　　良好的礼仪、礼貌和礼节不是一朝一夕就能学会、就能养成的,它需要从小抓起,从小事做起,由一招一式、一点一滴日积月累而成。民间启蒙教材在这方面不局限于口号式的提倡,更有详细具体的指导,这对于处在启蒙阶段的儿童在礼仪规范、人格素养的形成方面无疑有着无法估量的作用。当今,尽管日本政要对当年侵略战争不认罪、不忏悔的态度令人反感,但是日本人在讲究文明礼貌、礼仪规范这方面还是为人所称道的。利用启蒙教材对儿童进行礼仪规范教育的传统,正是当今日本社会人文素质较高的历史渊源之一。

四、处世哲学

　　儿童从家庭步入社会,要与家族以外的人员打交道,进而融入社会,成为社会一员。学会如何与外人打交道自然成为启蒙学习的一个重点。在传统启蒙教材中,有关处世哲学方面的训诫比比

---

① 『杉山佑三郎寺子屋掟』。转引自渡辺信一郎:『江戸の寺子屋と子供たち』,三樹書房1995年版,211ページ。

皆是，总结起来主要有以下三点：

第一，慎重交友。由于儿童成人之后在社会上要有自己的社交圈子，因此结交朋友是必要的，但是如何近益友远小人是非常重要的事情。日本人自古接受中国"近朱者赤，近墨者黑"的思想，认为环境在儿童的成长过程中非常重要，无论是居住环境还是朋友交往都会对儿童身心发育产生十分重要的影响。因此，在道德训诫中，十分强调在儿童发蒙悟道的初始阶段慎重交友。

《明语教儿抄》上说："亲近恶友者，如薮中菱曲。随顺善友者，如麻中蓬直。"①《今川了俊制词》中今川贞世感叹："还需自幼相伴正直之人，不可片时随顺恶友。水随方圆之器，人凭善恶之友，信哉！"的确，儿童在启蒙之际，智识初开，性情未定，容易听信朋友之言。如果交友不当，经验不足，很容易被带入歧途。今川贞世从自身经历出发，对其继承人谆谆教导："所以治国之守护爱贤才，贪婪之国司好佞人。欲知君心，观其所爱之辈便可。为上者当知耻留意。亲近胜于己之友，远离劣于己之友，是为贤明。"②由于今川贞世历任远江守护、镇西探题、骏河守护等重要职位，所以他十分清楚身边朋友的善恶对施政的重要性。因此，他将择友放在家教中十分重要的地位。

第二，慎言谨行。儿童长大成人之后，在外谋生从业，必须懂得谨慎小心，权衡利弊，做到趋利避害，使家业完好无损。在封建时代，轻言政治得失容易给自身和家庭招来灾祸；信口雌黄、妄言他人善恶也容易招致别人的怨恨，并会给人带来不必要的麻烦。

---

① 『明語教兒抄』。
② 『今川了俊制詞』。

因此，在启蒙教材中，有许多告诫子弟慎言谨行的字句。例如，《童子教》中有："人以三寸舌，破损五尺身。口是祸之门，舌是祸之根。使口如鼻者，终身敢无事。过言一出者，驷追不返舌。白圭珠可磨，恶言玉难磨。祸福者无门，唯人在所招。天作灾可避，自作灾难逃。"①编撰者反复强调"祸从口出"，甚至认为如果儿童能够做到将嘴巴像鼻子那样永不发言的话，就能够终身无祸事了。《金言童子教》也教育儿童凡事都要谨慎小心，"口是伤人斧，言是割身刀"，因此要做到"三思而一言，九思而一行"，"敏事而慎言，就有道而正"。②

第三，隐忍退让。在封建时代的日本，士、农、工、商之间等级制度森严，普通民众为了自身生存，不得不强调忍辱负重，尽量避免与他人特别是官府的冲突。因此，在启蒙教育中都十分强调儿童要隐忍、懂得退让，并希望他们在幼小之时就能够在这方面得到品性上的锻炼。例如在《子供早学问》中就有"平心静气忍耐可以抵抗拳头"，"忍耐是保持生命长久的根本，性情急躁是自取灭亡之刃"的句子，强调隐忍退让是处世美德。《金言童子教》也这样说道："行者可让路，耕者可让畔。终身让于路，不枉于百步。终身让于畔，不失于一段。"告诉人们，就像一辈子给人让的路加起来也不过百步而已，退让并不会带来多么大的损失，反而会让人幸福长久。"为专小节者，不能成荣名。恶于小耻者，不能立大功。胯下耻小辱，成汉功大功。……不苟贪祸少，事能忍得安。"③这里甚至拿出韩信忍受胯下之辱终成大业的例子，告诉儿童必须隐忍退让

---

① 『童子教』。
② 『金言童子教』。
③ 同上书。

才能够带来事业成功和家业兴盛。

　　当然，在这些教材中也有一些要求儿童事不关己、明哲保身式的隐忍退让。如"目莫视他非，口莫谈他短。耳莫听恶声，心莫恣贪嗔"(《金言童子教》)等。虽然这种隐忍态度有一定的消极影响，但是当时的人们为了保护家业不受到无端的祸事影响，不得不在启蒙教育的时候就十分强调勿生祸端、适当退让，以免家业受损。可以说隐忍退让作为一种品性方面的修养是有存在价值的。

　　日本的传统启蒙教材中关于伦理道德的内容除了上述四个大的方面以外，还有其他值得注意的部分，例如勤俭节约、改过迁善、尊敬师长、讲求信誉等。总之，启蒙教材作为一种浅显简洁的文化传播媒介，将艰深复杂的伦理道德和社会规范传递给社会成员，成为影响一代又一代日本人的重要道德读物。

第三节　地理、历史知识

　　地理、历史知识的教育在一个国家、一个民族的文化传承中具有重要作用。儿童在智慧初成之时，如果不知道自己所生活的国家和地区的名称方位，如果不了解本民族的历史渊源，就很难在文化心理认知层面产生对所处地区以及社会的认同感。因此，古今中外不论哪个国家，都十分重视儿童在发蒙阶段对地理历史知识的教导。中国的启蒙读物《千字文》中有"都邑华夏，东西二京。背邙面洛，浮渭据泾"等有关地理知识的字句；《三字经》中也有"自羲农，至黄帝，号三皇，居上世"等文字，讲述中国数千年来的历史发展状况。在日本的儿童启蒙教育中，关于地理和历史的知识的教材也层出不穷,颇有影响。

一、地理知识

自中世开始,便出现了不少讲述地理知识的启蒙读物。尊圆亲王在1343年(康永二年)编撰的《拾要抄》中便列举了畿内和七道的68国的名称。例如:畿内有大和、河内、和泉、摄津四国;东海道有伊贺、伊势、志摩、尾张、参河、远江、骏河、伊豆、甲斐、相模、武藏、安房、上总、下总、常陆共15国。

在室町时代中期编撰的《新撰类聚往来》下卷中,不仅列举了畿内和七道的各郡名称,而且还大略记述了各地区的气候、地势和物产。例如对畿内和泉国是这样介绍的:"和泉三郡:大鸟、和泉、日根。田数一万五百六十九町,负海抱山,故五谷带冷涩气,缺味,国广,鱼鳖多,大下国也。"对摄津地区也有如下描述:"田数三万三千三百一十四町也,带皇城而抱西海,南暖北寒,故五谷熟,鱼盐繁,大上国也。"①

江户时代,江户作为幕府所在地,是政治中心,也是巨大的消费型城市,不仅有为数众多的武士,还居住着大量町人。这些武士以及平民的子弟在启蒙阶段有必要了解自己居住城市的街道布局,因此出现了不少以江户城市布局为主要内容的传统启蒙教材。《江户方角》是最为著名的一部。它以"御城外,东者,和田仓、八代洲河岸、龙之口、吴服桥、日本桥、堺町、杉之森稻荷"开始,以千代田城为中心将江户街道按照东、巽、南、未、申、酉、戌、亥、北、丑、寅11个方位,共列举了90个町名、75个神社寺庙、15座桥梁、3条河

---

① 『新撰類聚往来』。

流计183个地理名称。

由于江户是当时日本的政治、文化中心和经济重镇,因此不仅是江户的儿童,身居其他城市和农山渔村的儿童也都十分热衷于学习《江户方角》。所以,从18世纪中叶开始,《江户方角》不断再版或者修订重版,其中修订版中较为著名的便有《御江户名所方角书》(1765年)、《江户方角》(1860年)、《江户方角注解》(1838年)等。在这些修订版中开始增加注释内容,配上相应的地图和绘画,不仅成为儿童地理内容的读物,而且也被作为习字教材使用。值得一提的是,与早期的《江户方角》相比,后来的作品在收录的地名方面有所增加。其中,减少的地名有杉森稻荷、正一位稻荷、天德寺、金地院、太子堂、鬼子母神、王寺稻荷、清水寺等21个神社佛寺方面的名称,增加的是江户桥、树木谷、木户内、内藤新宿、赤城、音羽町、高桥、樱川等新地名。其原因在于,随着商业资本的活跃,江户城内的神社、寺院在普通民众的商业生活中的地位在相对降低,它们在地理名称方面的使用频率不断减少,一些以神社寺院为名的街道也渐渐出现更名现象。另外,随着江户城市规模的扩大,一些周边的农村也逐渐被城市化,街道开始延伸至距离江户城中心很远的地方,因此也出现大量以前的《江户方角》没有记载的地名。

当然,除了以城市街道为主要内容之外,随着地方经济的发达和寺子屋教育的发展,日本各地不断出现以某地区为内容的地理教科书。例如《弘前往来》(1808年)、《越后新发田往来》(1829年)、《若松尽》(1843年)、《岐阜町尽》(1874年)等。除此之外,还有一些以更小的地理单位——村为内容的启蒙读物,例如以武藏国砂川村的地名为主的《小豆屿村名尽》。此书是一个在砂川村开办寺子屋的神官为学生编写的乡土地理教材,由于作品涉及地域范围极小,因此使用人数不多,影响也不大。不过,这些使用并非广泛的地理读物的存在,却说明人们在不断编撰符合自身教育需求的启蒙教材,这种编撰行为作为日本民族文化传承的重要形式具有不容忽视的意义。

从江户时代前期开始,不仅城市得到发展、街道得以修葺,城市与城市之间的道路也不断修复和拓宽,地区之间的经济交流日趋频繁。许多介绍城市与城市之间的交通路线(日语谓之为"都路")、列举都路之上各驿站名称的启蒙教材应运而生。其中最著名的是《东海道往来》(又称为《都路往来》)。它以和歌形式将江户到京都的东海道之上53个驿站罗列出来,既简单易懂,又方便实用。此外较著名的还有《中山道往来》(1772年)、《奥道中歌》(1819年)、《长町往来》(1816年)、《驿路往来》(1853年)等。

在介绍地理知识的启蒙教材中,还包括一种"地志型"读物。所谓"地志型",指的是将城市或地区人文地理方面的知识编集在一起的书籍,内容既包括地理状况、名胜古迹,也有神社寺院、气候、风土产物、风俗人情等。例如《江户往来》的内容便包括:正月初三御规式的盛举;正月初五、初六僧侣前来祝贺新年;正月十七日将军参拜东叡山;正月二十四将军参拜增上寺;江户的诸国物产;江户府内的兴盛、街道的发展;玉川上水的竣工;两国桥的架设;上野的兴盛和市民游玩的景象。可见,《江户往来》并不是单纯教授地名的教材,还包括了城市的各种风貌、节庆、产物等内容。《都名所往来》描述京都的祭祀活动、名胜古迹、街道、寺院神社等。《摄河往来》记述大阪四季的繁荣景象、街道状况、日用料理物品、寺社祭礼活动等各方面的内容。受教育者通过这些内容的学习,可以同时了解自然地理及人文地理知识。

第四章　日本传统启蒙教材的教学内容

到江户时代末期和明治时代初期，日本人开始感受到欧美列强军事实力和经济实力的压力，不论是幕藩统治者，还是普通民众，都开始关心外国的情况，希望了解外国的各类知识。一些有识之士编撰了介绍外国人文地理知识的启蒙读物。其中，最早介绍外国地理的作品应该是1780年（安永九年）出版的《外国名集》，记载了163个国家的国名。此后，陆续出现不少这方面的读物。例如《世界国尽》（1879年）中这样告诉日本人："世界国土大致分为五大洲，即亚细亚、亚非利加、欧罗巴、亚米利加、澳太利。其亚细亚洲之内，以大日本为首，重要之国有十四国。即支那、波斯、西伯利、印度……"①

日本开国后，随着人们对外部世界的了解，介绍各国风土人情的启蒙教材逐渐增多。明治时代初期的《世界风俗往来》序言中这样说道："如今文明之风徐来，国人争相了解世界之事。正当此时，译书之务急矣。而从前之书籍，或繁或偏，缺乏一览即可知大要之书物。童蒙之士憾焉。今此书略括世界地理风俗政体，收之一小册子中。无所谓繁与偏之患，而便于童蒙者耶。"②此书首先介绍世界划分："地球分为海陆两部，海是陆之三倍也。其地分为五洲，亚细亚、亚非利加、欧罗巴、南北亚米利加、澳地利亚也……"然后介绍各洲的人口数量和人种划分："地气殊则物变，人之种类分为五种：白色、黄色、黑色、棕色、铜色……"之后介绍各地的语言、开化程度、宗教，最后介绍各种政体的利弊。例如"夫万国政体之区利各为不同，约为五种……皇国自中古用支那学，御一新以后，察

---

① 「世界国つくし」。
② 「世界風俗往来」序。

诸州开化之政体,量其时应其俗以施新利之政",并介绍了明治维新之后日本的政体变化,内容相当丰富。除此之外,还出现了如《西洋开化往来》(1873年)、《世界妇女往来》(1873年)、《世界产物往来》(1873年)、《万国名所往来》(1874年)等介绍外国地理风情的启蒙教材。

二、历史知识

武士家族是基于主从关系和血缘的、模拟血缘关系的社会性集团。它需要不断加强对全体家族成员进行教育和规范,以使他们珍惜家名、固守家业。武士子弟应了解从先祖而来的各代前人的丰功伟绩以及这些功绩所带来的名誉,以此来增强家族意识和内聚力。另外,儿童自小便有崇拜和模仿历史英雄人物的意识,此时让他们知晓历史人物的故事,利于培养他们勇敢、忠诚、正直等道德品质。在这样的教育需求下,出现了一批记载英雄事迹、反映前代重大历史事件的启蒙教材。

最早以历史知识为主要内容的启蒙教材应该是室町初期编撰的《富士野往来》。此书以1193年(建久四年)源赖朝在富士山举行的大规模狩猎活动(史称"富士卷狩")和曾我兄弟[①]为父报仇的行动为主要背景,选取其间的9封书信和公文作为内容,反映了"富士卷狩"的盛况以及曾我兄弟为父报仇的历史事件。

其后,模仿《富士野往来》,出现了一大批将前世的书信文书(日语称之为"古状")收录成书以反映历史事件的启蒙作品。例如

[①] 曾我兄弟:即曾我祐成、曾我时致两兄弟,乃镰仓时代初期的武士,其父为伊豆豪族河津祐泰。由于父亲河津祐泰为工藤祐经所杀,曾我兄弟趁"富士卷狩"之机为父报仇,杀死了工藤祐经。其后曾我时致被捕处死,曾我祐成被仁田忠常杀死。

《古状揃》(1625年)收录了"童部教训状"、"源义经含状"、"大阪状"、"腰越申状"、"道灌状"等12条文书。其中,"源义经含状"是源义经在平泉町被杀之前书写的陈情书;"腰越申状"是1185年源义经俘虏平宗盛父子来到名为腰越的驿站,却因惹怒源赖朝而无法进入镰仓时写给大江广元的辩解信;"大阪状"为1614年德川家康攻打大阪城时写给丰臣秀赖的挑战书。

1670年出现的《武家往来》是江户时代武士子弟学习历史的重要读物。其序有言:"世或谓词艺者非武夫之所用也。提剑跃马可取封侯,何区区于笔砚之间也。然仲连投书,燕将忽降坚城;陈琳呈檄,魏武则愈头风。不是老文笔者,解纷快气之效焉到如斯之速耶!"①序中举仲连②、陈琳③为例,告诉武家子弟除了习武之外,"词艺之有,用亦大也"。该书分上、中、下三卷,包括"朝廷之诰敕、神祠之愿书、武臣之表奏、军师之檄文、僧徒之牒状"等56条书信公文。上卷共23条文书,记录自1177年(安元三年)至1181年(治承五年)反映了院政统治激化、统治阶级内部矛盾以及源平出现对立的历史史实;中卷17条文书以1181年至1184年(元历元年)三年间的事件为主题,再现了源平之争和平氏灭亡的全过程;下卷收录1332年(元弘三年)至1350年(观应元年)19年间的16

---

① 「武家往来」序。
② 仲连:即鲁仲连,战国时齐国人,著名思想家、政治家、军事家和外交家。战国时代,群雄相争,连年混战,民不聊生。齐国攻聊城,久攻不下,双方死伤惨重。鲁仲连为释纷解难,修书一封射入城中,劝守将弃城归降。守将读后自杀而死,聊城遂被齐军占领。
③ 陈琳:三国时期著名文学家。官渡之战前,袁绍要向曹操宣战,便使陈琳作檄文传下,以声讨曹操之大罪。曹操当时正苦于头风,病发在床,因卧读陈琳檄文,竟惊出一身冷汗,霍然而起,头风顿愈。

条文书，讲述了镰仓幕府的崩溃和南北朝时代战乱的情况。《武家往来》将各个历史时段的文书按年代顺序排列起来，既利于学童了解源平之战和南北朝战乱的历史情况，还能够使他们掌握普通书信以及牒状、院宣、宣旨、令旨等贵族与武家常用文书的书写方式。

《富士野往来》、《武家往来》等以前代书信为基础叙述史实，流传甚广，是江户时代初期常用的历史读物。但是它有明显的局限性，即事件为主、人物为辅。例如，《武家往来》是以事件为主线介绍历史上的英雄人物，读者可以通过这些介绍了解英雄人物在某一特定时间的行为和想法，却很难完整了解其全部生涯。对于儿童而言，这些具有传奇色彩的英雄人物更能代表历史，儿童也更容易从传奇人物那里得到感悟、学到做人的道理。因此，江户时代末期民间剧作家十返舍一九（1765年—1831年）创作了一系列传记型启蒙教材，如《新撰曾我往来》、《英将义家往来》、《赖光山入往来》、《义经勇状往来》、《赖朝武功往来》、《楠三代往来》、《勇烈新田往来》等。这些作品以木曾义仲、源赖光、源义经、楠木正成、新田义贞等历史上有名的武将为主角，较为详尽地描述他们勇武忠烈的一生。

例如《楠三代往来》讲述的是南北朝时代的武将楠木正成与楠木正行、楠木正仪父子三人的生平事迹。楠木正成"天性智勇谋略，忠肝义胆，古今无双之良将"，在元弘、建武之战中立下赫赫战功，"初在赤坂垒，屡拒敌，再出天王寺，追退隅田、高桥及宇都宫之军，据千磐破城，破众军，每击施奇计"。足利尊氏起兵叛乱之后，楠木正成在凑川会战中被足利尊氏击败，被迫自杀身亡。长子楠木正行继承其父遗志，"常挟勤王之志，含复仇之愤，贞和之末，起义兵"。因其"兵威勇烈"，足利高经、桃井直常、赤松圆心等北朝将领也降伏于楠木正行之下。楠木正行后来在河内四条畷会战中战死。楠木正成的三子楠木正仪也是如其父、其兄的忠烈之士,"到吉野守护皇居,以谋逐义诠于江洲",之后也如兄长一样壮烈战死。《楠三代往来》以"美名流兵库凑川,千载之下,世人无不赏叹者"结尾,将楠木正成父子这种"诚忠之士"的事迹编成故事以示后人。

　　以传奇人物的传记为主题编撰的启蒙教材满足了儿童"英雄崇拜"的心理,这与江户时代后期町人阶层对历史人物喜闻乐道,军记物、歌舞伎、绘草子等民间艺术形式大行其道的文化特色相符合。不过,与以前的历史读物不同的是,比起武士重视其武家"忠勇"的道德观念而言,这些江户后期庶民编撰的启蒙作品更为关注历史人物本身的曲折人生,更注重以前史之鉴来告诫子孙珍惜现有的和平状况。十返舍一九在《英将义家往来》序言中便明确表明自己撰写这一系列书籍的目的是:"将往昔之名将、勇士之劳苦缀于往来之书中,予初学之儿童,令其思乱世之痛苦,身感盛世国恩之宝贵。"①

　　以传记作为历史教材也有难以避免的缺陷,那就是将人物事迹作为描述焦点势必减少对人物之外的历史背景以及长时间的时代变动、历史发展方向等的记述。因此,从德川幕府统治末期到明治时代初期开始盛行一些将人物、事件、朝代串联在一起以体现整个时代变动的启蒙教材,它们或者模仿中国的《千字文》《三字经》的形式,或者采用七五调的和歌形式,易于儿童背诵,极适合启蒙教育。

　　例如,1783年刊行的《本朝千字文》:"效唐土梁朝周兴嗣千字文,以倭国神代始,或治乱,或名人,无论贵贱,成其为书,是以为宜于幼童口诵之物"②。此书开始便是"日本开辟,谓国常立。诺

---

① 「英将義家往来」序。
② 「本朝千字文」序。

册二神,夫妇之根。窟前点燎,钿女奏舞。岐蛇忽亡,八重垣就",以日本开国神话为起点一直讲述到德川氏掌握政权为止,可以说是一部日本通史。但是,值得注意的是,虽然该书以神代起笔,但是主要内容却少有神国思想、国体尊严等方面的理念,其主体部分并非政权争夺的历史,而是以日本文化的发展为叙事中心。例如从大化改新到奈良时代是这样描述的:

年号大化,岁瑞白稚。役蹙金峰,寮奠孔子。和铜铸钱,养老涌泉。舍撰书纪,橘辑万叶。帝建分寺,后造浴室。吉备归唐,作片假名。行基承勒,置丈六像。仲麿瞻仰,慕御笠峦。

上面的诗句十分详细地介绍了这期间的各种文化事件,如万叶集的编撰("橘辑万叶")、圣武天皇建立国分寺("帝建分寺")、片假名的创造("吉备归唐,作片假名")等。关于平安时代也是如此,例如"坂上报恩,创清水刹。护命弘法,肇伊吕波"、"源顺识字,式部辞艳。纳言才英,陛下落饰"等列举的都是当时与文化有关的事件。

当然,此书也有部分描述了著名武将源义经、巴御前、朝比奈等人的武勇事迹,但是其间多穿插进如"泰时条目,定家百首。更广真宗,决持妙典。尊圆入木,玄惠庭训"等反映当时文化、教育发展状况的句子。及至南北朝时代,后醍醐天皇以及楠木正成仅仅是一笔带过,而如新田义贞、北畠亲房等重要的历史人物甚至没有提到。

《本朝千字文》以"历史提要,劝惩捷径。诫乎童儿,勤哉习读"结尾,可见该书的宗旨便是以讲述历史事件作为"劝惩"的捷径,反映出江户时代后期民间书家于"太平之世"希望儿童通过"文运盛衰"的历史来了解"文"即学问的重要性。

及至幕府统治末期,描述整个历史时代、宣扬皇国观念、号召尊皇报恩的"通史"性启蒙教材大量增加,这与当时"尊王攘夷"[①]思想的兴起是分不开的。1867年刊行的《千字文》以皇国思想为宗旨,描述以皇室为中心的日本历史。其序有言:"国史中,不列大友天皇[②]。实为千岁遗憾也。且世呼吉野宫曰南朝。亦为紊名义之大者也。故此文列大友皇子于皇统。"可见编者持南朝正统论观点,将大友皇子加于皇统之中,很明显受到幕府统治末期水户学所拥护的《大日本史》[③]之皇室中心主义历史观的影响。其序又言:"皇国之道乃道之本道、神之大道、诚之正道。外国之道乃道之枝叶、毁人之道,可称之为污秽之小道。学世间万物之辈,如仅思外国污秽之道,而不知我皇国之真道,心不知如何困惑也。"[④]编撰者将日本本土的"皇国之道"作为大道、正道,而将儒教、佛教、基督教等视为"污秽之小道",很明显体现了这一时期典型的民族主义色彩的国学派的特点。此类启蒙教材还有藤川忠猷编撰的《皇国千字文》(1869年)、平正心男的《稽古千字文》(1869

---

① 尊王攘夷:"尊王攘夷"一词最早见于《春秋公羊传》,后来演变为具备复杂含义的政治术语。在江户时代末期,幕藩体制矛盾的激化以及因外国压迫而引起的对外危机,使幕府统治末期兴起的"尊王论"和"攘夷论"结合起来,成为要求给予天皇权力以征讨西方列强的政治运动。又称为"尊皇攘夷"。

② 大友天皇(648年—672年):天智天皇的第一皇子。《日本书纪》中没有关于大友皇子即位的记录,1870年明治政府接受《大日本史》等的主张正式承认其为天皇并名为弘文天皇。

③ 《大日本史》:纪传体史书,为水户藩第二代藩主德川光圀于1657年开始编撰,共397卷226册,记载从神武天皇至后小松天皇为止的历史。《大日本史》持朱子学阐明君臣大义的名分论,承认大友皇子的即位,认为南朝为皇室正统,倡导"尊王大义",对幕府统治末期尊王思想有很大影响。

④ 「千字文」序。

年)、河村贞山编撰的《皇朝千字文》(1873年)等。

除《千字文》之类以歌颂皇室功绩为核心的作品以外,模仿中国蒙学读物《三字经》编撰形式的《皇朝三字经》、《皇国三字经》等也是当时流传甚广的强调国体观念、倡导"尊皇大义"的启蒙读物。例如《皇朝三字经》这样介绍日本"神国"的形成:

> 我邦初,国常立。诺册尊,阴阳合。天神降,地神绍。天照皇,照四表。琼琼杵,降九州。都西偏,三世流。神武帝,亲征东。继建极,疆原宫。

以上几句讲述了天上的天照大神派遣他的孙子琼琼杵尊下凡,到日本九州去治理瑞穗国,神武天皇作为天孙琼琼杵尊的后代,成为由神变为人的第一代天皇,从九州东征到本州,在木疆原宫即位,从此建立大和国。之后便以皇室功绩为主要内容,记述皇室的武威和文德。例如:

> 日本武,征东夷。景行帝,在位时。征新罗,神功绩。武内臣,能谋敌。讲经书,应神德。韩王仁,为辅翼。[①]

模仿中国的蒙学读物《千字文》和《三字经》编撰启蒙教材由来已久,可见日本很早就注意到中国启蒙读物的优点,并创造出大量内容精当、结构精巧的作品。但是,与此同时,一些采用日本的独特文学形式——和歌的七五调的韵文形式编创的启蒙教材也在不

---

① 『皇朝三字経』。

断出现,其中《国史往来》便是其中一例以日本历史为主要内容的儿童读物。

《国史往来》为高见猪之介于1874年编撰而成,其序中有这样的字句:"列圣之皇谥不可不知,而其德业之实亦不可不知也。苟欲知之,不得不求之于书也。盖其书,音调雅驯,则易上口;记事简略,则不难于记忆矣。高见氏著此书,并雅驯、简略之二要,使儿童易知之。其有益于世教亦多矣。"①可知该书形式与内容都有可取之处,是一部符合儿童认知规律的读写教材。此书记述了从神代至平安迁都为止的史实大要,一开始便介绍了日本神国的历史,例如,"敷岛倭国是皇国。天延日嗣千五百秋,五百长秋继永久";"最初乃为天御主,高高坐上高天原";"然后天照大御神,明彩德光照六合","太阳之子穗能迩,奉出神器镜、剑、玺,降至芦原高千穗,始知瑞穗之国度"等。其后分别介绍了各代天皇的文功武略。例如对应神天皇是这样描述的:"日之所生应神皇,武姿之外兴文教。召来异邦王仁者,令其传播书与经。实为学问之楷模。"②

对于日本的历史类传统启蒙教材,我们可以大体将其分为三个发展阶段:一是从中世中期及至室町时代,武士阶层作为一个独立的社会阶级已经开始萌发武家所独有的责任感和阶级意识,他们采纳中世贵族和僧侣所创始的书信集编撰形式,将历史上反映先祖战争功绩以及政治得失的书信材料收录成册,成为武士子弟学习历史的教科书。这类"古状型"启蒙教材一直发展到江户时代初期。二是从江户时代中期特别是享保年间开始,寺子屋逐渐普

---

① 『国史往来』序。
② 『国史往来』。

及,庶民产生学习历史知识的需求,但是比起武士的政治得失以及道德观念而言,他们更为关注历史人物本身的曲折人生,更注重以前史之鉴来告诫子孙安分守己。因此诸如《楠三代往来》之类的传记性历史读物大为流行。三是德川幕府统治末期,描述整个历史时代、宣扬国体观念、号召尊皇报恩的"通史"性历史教材大量涌现。此类启蒙教材多从萌芽状态的民族主义出发,附会日本古代传说的神国思想,主张日本是神国,是世界中心,号召人们尊崇皇室。这些历史读物对近代日本教育的影响深远,《皇朝千字文》、《皇朝三字经》等作品本身便成为明治维新之后的小学历史教科书。这种宣扬皇国思想的历史教育在日本近代教育中一直继承下来,并逐步形成日本近代以发扬皇威为内核的国体观的历史教育传统,成为军国主义教育体系的重要思想基础,最终为军国主义者恶用。

第四节 职业技术知识

江户时代中后期,商品经济繁荣兴盛,农民、手工业者、商人都将子女送往寺子屋接受启蒙教育。他们不仅希望子女能够具备基础的文字阅读、书写能力,而且也希望子女们掌握一些基本的产业知识,培养初步的职业道德。在这样的社会需求下,出现了一系列以农、工、商诸业技能、生活心得为主要内容的启蒙教材。

一、农业型

农业型指以农业技能以及农民生活心得为中心编撰而成的启蒙教材。此类作品迄今已发现有207种,最早的为1758年(宝历八年)刊行的《田舍往来》,最晚的为1884年(明治十七年)出版的《学校用书行书百姓往来》。

农业型启蒙教材中,《农业往来》(1762年)流传甚广。此书开头讲述土地开发利用等方面的常识。"农家耕作之事,先要考察土地的高低干湿,以准备灌溉用水。田土在大河旁边的自不必说,若位于山谷之间,应计算水量,或者建筑波留(即防洪坝),或设置石垣、土手(即堤防)、卧蛇笼等",以防止"洪水、旱魃、渴水之难"。① 还要求"询问邑老,以辨别自己和他人田地的界限",并开设"耕地、柴薪、放牧场所",如果是干枯的池塘或是荆棘地的话,可以开发耕地,剩余的可为茶园、药园,然后栽培"三草"(苎麻、蓼蓝、红花)和"四木"(桑、楮、漆、茶)。

接着,以"畠物②者,大麦、小麦、大豆、小豆、大角豆、豌豆、荞麦、粟、黍、稗、胡麻、芥子、菜种、木棉"开头,介绍谷物、青物共35种以及药材、果树共34种。然后以"春者,因阳发,万种生易"开始,描述土地、气候与农作物的关系,认为"民业者,随四季。早春应做之事,乃准备干鰯、油粕、粪等肥料,择吉日播种"。此后,列举五畿七道之地名以及84种"诸职"、"诸商"、"诸艺",并在此基础上强调农业的重要性:"上者高位贵人,下者田夫、山贱、岛夷等,无五谷者,全身命而可安住哉?黎民,谁可忘却乎?"

《农业往来》最后部分是农民的生活心得,实际上便是农民在生产、生活中必须具备的伦理道德要求。大体有以下几条:

关于公共生活:

必须感念天地之恩泽,崇敬神佛;

---

① 『農業往来』。
② 畠物:指农作物。

必须严格遵守"公仪之掟"(即朝廷的规章法度);

必须忠实缴纳年贡和赋役;

不得擅自开发私田,不得越境耕作。

关于个人生活:

不乱礼仪;

不得赌博;

勿交恶友;

务必节俭,不饰轻薄华丽之物,不耽于酒宴游兴;

正直、慈悲为重,与六亲和睦相处;

戴星踏月,勤勉持家;

重视习字和算术。

此后,又出现了专门讲述农民道德伦理的启蒙教材,如《农民教训状》(1829年)、《农家手习状》(1848年)等。这些读物类似于现代职业教育中职业道德方面的教材,只是它们产生于封建专制统治之下,显得过于严苛,反映了幕府统治者对农村、农民的严格管理和控制。

《农业往来》之后,相继出现不少综合性的农业型启蒙教材,内容更为充实、形式也更灵活。例如《百姓往来》(1766年)增加了农具、肥料、农屋建筑、农家常备食品、牛马种类等方面的知识,几乎涉及江户时代农业生活各个方面。又如《百姓掟往来》(1782年)模仿《今川状》的编撰形式,将农民应该掌握的职业技能用简短的句子总结出来,然后逐条列举,比普通记事文体简洁生动,利于儿童记忆和对知识的掌握。

二、手工业型

手工业型启蒙教材多出现在江户时代后期,主要为町人子弟使用。在各种手工业行业中,最重要的是木工(日语称之为"大工"、"番匠")。在封建时代,人们不仅使用木制家具器皿以及生产工具,而且房屋也主要用木材建成,木工乃"工业之首"。因此在手工业型启蒙教材中,数量最多、影响最大的便是以木工技术为主要内容的作品。《番匠作事往来》、《大工注文往来》便是其中的代表作。

《番匠作事往来》于1801年至1803年间开版印制,作者不明。该书内容包括祭祀地神、门、地基、柱子、墙壁、书房、寝室、佛堂、地板等各方面的词语,可以说是一本木工方面的词汇大全。《大工注文往来》刊于1830年至1843年间,包括祭祀、木工用材、神社、佛阁、武家家屋、城郭、涂料、瓦葺、上梁仪式等各方面内容,而且此书还采用图绘形式,将各种用材的拼接方法绘于正文之上,木工子弟不仅可以学会专用词汇,还可掌握初步的木工技术。

不过,上述手工业型启蒙教材主要还是以专用词语为主,对于较高水平的木工技术以及职业心得等方面的知识并未提及。其原因大概与当时木工行业的特殊性有关。江户时代在江户、京都、大阪等城市,一些工商业者在得到幕府认可后结成同业团体(日语称之为"株仲间"),这些同业团体实行"徒弟制度",即徒弟居住于"亲方"家中修业,经过一定年限之后方能独立形成"分家"。在这种"徒弟制度"下,同业团体中师徒之间便形成建立在"恩义"基础上的主从关系。由于当时的木工业,特别是家屋建筑业还完全处于手工业技术阶段,因此木工行业有很多同业团体。在这样的集团中,人们重视徒弟在行住坐卧之间进行的严格训练,职业技能往往在长期修业中慢慢体会,经过耳濡目染后逐渐习得。这些集团中的职业技能和心得体会的传授是以秘不宣人的方式进行,具有封闭性、秘传性的特点。因此,与其他产业的启蒙教材相比,手工业型作品内容浅显,没有较高层次的职业技能方面的内容,那些手工业者多年来积累下来的从业心得被作为"职业秘诀"封闭于行业集团之内,故很少在启蒙教材中体现。

正因为以上原因,手工业型启蒙教材在编撰和刊行的数量上远远少于其他产业,在内容和形式上也受到局限。但正因为这些作品仅列举专用词汇,没有更多高深复杂的东西,反而符合很多行业外的商人及农家子弟的学习要求,成为他们了解家屋建筑以及器具维修等方面常识的启蒙读物。

三、商业型

与手工业相比,虽然商人也有同业集团,但由于商业活动本身具有开放性的特点,一些商业技巧、从业心得逐渐成为大众性、普遍性的常识,因此商业型启蒙教材可以比较详细地介绍商业职业技能。在产业类启蒙教材中,商业型是出现最早(江户时代早期)、种类最多(275种)、流传最广的一类。其中最为著名的是《商卖往来》。

此书开篇即言:"凡商卖使用之文字、万物名称、商贸往来之日记、商贸证明书、购货单、取货凭证、抵押书、账本、货品目录、贸易决算书等均应牢记。"[1]然后列举大量与商业往来有关的词汇。

---

[1] 「商売往来」。

该书除介绍一些商卖知识外,更主要的是强调商人伦理。"生于商卖之家者,自幼小之时,先习字、算术,至为重要也。然而,歌、连歌、俳谐、插花、蹴鞠、茶道、谣、舞、鼓、太鼓、笛、琵琶、琴等技能之学习,应在家业完成另有余力之时方可进行。围棋、将棋、双陆、俗曲、三味线、酒宴游兴、华丽服饰、豪华家宅、泉水、假山、树木、草花之乐等,徒费金钱,百害无益,衰微破灭之基也。"可以看到,《商卖往来》强调商人子弟应该从小学习文字、算术,要根据家庭情况学习俳谐、插花等传统艺术,但不可过度。商人要俭约持家,不沉迷于围棋、三味线之类的娱乐,更不能超过自己的身份去追求享乐。《商卖往来》还介绍为商之道,如"货架要干净整洁,招呼应答亲切柔和。贪图高利,欺诈他人,恐受天罚,再次光顾之客人必日见稀少。遵从天道、努力劳动之辈,富贵繁昌、子孙荣华之瑞相也。利润倍增无疑"。从商之人要为人和善,不能贪图高额利润而欺骗顾客,只有诚实经营才能获得持久的利润。从这些大体可了解江户时代的商人伦理:正直、俭约、诚实、勤奋。

《商卖往来》在当时影响很大,不仅在城市,甚至连偏僻山村都能够看到平民子弟在寺子屋中习读此教材,因此当时人们都赞叹《商卖往来》"世间堆如山"。的确,它收录商业词汇、总结商人道德,对当时处于上升阶段的城市商人阶层的发展产生了积极影响。

《商卖往来》之后,一些讲述商业活动必要词汇以及商业道德的启蒙读物相继问世。其中既有对《商卖往来》进行增补、改订的作品,如《增续商卖往来》(1729年)、《商家日用往来》(1778年)、《改正商卖往来》(1878年),也有从《商卖往来》某一部分派生、发展而来的作品,例如专门收录商家用语的《商家用字》(1720年)、《商家日用新语》(1872年);专门将商用文书、凭证等收录成册的《商家用文章》(1844年)、《大阪府学校用受取诸券》(1873年);专门记载商业活动心得、教训的《商家今川状》(文政年间刊)、《商人式目》(1861年)等。

明治维新之后,在文明开化的口号下,一部分商人开始兴办企业,并将目光投向世界其他国家,与国际贸易相关的知识诸如商业法规、商社构成、商品名称等成为商家子弟需要了解的内容,于是出现了不少专门介绍此类知识的启蒙教材,例如《商社往来》(1873年)、《开化一新商法往来》(1879年)、《世界商卖往来》(1871年)、《万国通商往来》(1873年)、《万国商法往来》(1874年)等。

以《商社往来》为例。此书分上、下两部,上部包括商社创立的誓约文书、商社奖惩条例、商社经营的心得体会等;下部包括买卖股票的申请书、人工费和收益金的计算方法、股票买卖规则、雇用外国职员的手续,以及合同、约定商品买卖日期的文书、宣传新商品的方法步骤等。书中内容已经具有了近代企业的色彩及经营特色。

《世界商卖往来》是介绍世界通商的入门书。此书"自欧罗巴诸洲国名、地名、军舰、商舶等,至诸种之器械物什,或绘其图,或写其形,使读者一目了然。……市井之妇人、小子,熟观之,则通达汉语、西语"。[1] 可见此书内容丰富,且多用图绘方式使读者一目了然。就内容而言,书中列举了主要贸易国名、海运测量器具、船舶种类、商船构造与各部位名称、军舰武器、外国商人常驻旅馆、主要

---

[1] 『世界商売往来』序。

贸易商品名称等。虽然此书以贸易为中心,但其涉及范围却包括生产和生活各方面,因此一度成为明治初年的小学教材,流传甚广,甚至被指定为当时的商法讲习所(现一桥大学)的教科书。

四、综合型

所谓"综合型",顾名思义就是综合了各种产业的基础知识的启蒙教材。此类作品数量不多,但仍旧不容忽视。其中,1720年刊行的《诸职往来》是代表作之一。编撰者寺田正晴在序中写道:"堀流水轩编商卖往来,弘于世间而成重宝,吾追随其编之后,集所漏之文字,号为诸职往来。"①可见编撰者是受到堀流水轩所编之《商卖往来》的影响,将其中没有收录进去的词汇收录成册,然后命名为《诸职往来》。此书不仅包括商业,也包括士、农、工等各阶层、各产业的内容。关于武士生活方面,包括武士勤务、武家心得、武士应具备的教养等;关于农业方面,有农民纳贡用语、农具名称等;关于手工业方面,有手工业用具、手工业务用语以及从业心得等;关于商业方面,包括商业用语、从商心得等。

其后的《改正诸职往来》(1874年)编撰于明治维新之后,虽形式仍沿袭《诸职往来》,但内容已随四民等级制的废除出现了变化。编撰者黑田行元起头便言:"凡四民者,建国之基本也。开化诸国者,既废世官之制。大政一新以后,更重学问识见,人才登用至于庶民。"②例如在"士"的部分,列举的是官吏、军人、学者、教员、法

---

① 「諸職往来」序。
② 「改正諸職往来」序。

官、公司职员、警员等反映近代社会分工的名称。而在"农业"一部中，收录了许多"西洋发明之农具"，字里行间鼓励日本农民开展近代农业以及畜牧业。在"工巧之职"部，介绍了近代建筑业、石碱制造业、造纸业、纺织业、矿山业、铸造业、皮革业、制药业、食品加工业等新式工业。而在最后的"商贾"部中，记载了国内外贸易、新式商社等相关的新闻记事，并列举了诸多与贸易商品有关的新式词汇。

可以看到，随着明治政府的近代化改革以及"殖产兴业"方针的确立，日本的社会分工产生了极大变化。在这样的时代背景下，一些有识之士能够迅速跟进，编撰出适应新形势的启蒙作品，为日本的普通大众认知和了解新兴行业提供了重要的初级读物。

第五节 自然科学知识

自室町时代后期起百余年乃战国之世，群雄相争。战国时代大名为增强自身实力，除保持强大武力之外，还在富国方针指导下，于各领地内大力发展矿山开采、商品作物栽培以增强国力。各大名还大规模实施"检地"，发展农业，鼓励各种小手工业、货币铸造、水利工事、筑城等行业的发展。在这样的时代背景下，当时人们对于数学等科学知识的需求不断增加。另一方面，随着基督教的传入，日本人通过传教士开始接触到医学、天文等西洋技术。"南蛮文化"在日本得到一定程度的流传，为日本学习西方文化奠定了基础。及至近世初期，幕府采用禁止基督教和闭关锁国政策，对西方文明一概否定，禁止各种西方书籍流入。直至德川吉宗采取"洋书弛禁"政策之后，各种西洋自然科学书籍复又不断传入日本。

在这样的时代背景下，自然科学知识方面的启蒙教育在日本呈现出两种发展态势。一方面，数学特别是算术知识随着大众的实用需求高涨而成为寺子屋教学中不可或缺的重要部分，因此产生了大量初等算术教材。另一方面，理学、天文等西洋科学知识早在"南蛮文化"时期便在日本有所流传，到近世"兰学"兴盛之时更有不少西洋科学读物，但它们作为舶来品多为翻译性著作，仅被用于少数兰学家的实验性研究领域中，离改变大众的日常生活还很遥远。但不可否认的是，在这样的情况下，仍出现了少量反映西方自然科学知识的读物，尽管它们的影响远不如其他启蒙教材，但还是反映出自然科学知识的传播开始在启蒙教育中出现萌芽。直至明治维新之后，文明开化的浪潮促使传播西方自然科学知识的启蒙教材不断涌现，一时蔚为壮观。

一、数学知识

从 6 世纪末开始，中国的数学、历法就传至日本。不过真正比较系统地接受中国数学的影响，还是从室町时代以后。《算学启蒙》（元朱世杰 1299 年撰）、《算法统宗》（明程大位 1593 年撰）等具有代表性的数学著作经由朝鲜传入日本。日本人在学习这些数学著作的同时不断消化吸收，在此基础上逐渐出现一些本土学者撰写的数学书籍，例如毛利重能的《割算书》(1622 年)、吉田光由的《尘劫记》(1627 年)、今村知商的《因归算歌》(1640 年)等。一些较为复杂的数学知识，例如《算学启蒙》中使用古代计算工具"算筹"来进行计算、解一元方程式的"天元术"传入日本之后，引起了一部分日本人的浓厚兴趣。这些日本人沉醉于运用这些"技艺"来解决数学难题，最终发明了一种比"天元术"更为复杂、可解多元方程式的计算方法,日本人称之为"点窜术"。这些日本独创的以"点窜术"为代表的计算方法被世人称为"和算"。严格说来,"和算"与其说是一门学科,不如说是一种"术"或是"艺",是封建时代一小部分人垄断的技巧性的东西,具有秘传和封闭的特性,远离普通大众的生产和生活,并没有多少实用性。

但是,及至江户时代中后期,随着商品经济的发展,以珠算为代表的数学知识在民间如火如荼地普及开来。算盘自室町时代末期传入日本之后就成为民间常用的计算工具,摄津和肥前甚至以出产算盘而闻名于世。井原西鹤在《日本永代藏》的诗句"金银难赚容易减,朝夕不疏十露盘"①反映出算盘的重要性。在当时人们的观念中,"六艺之中,书算之事,不论贵贱、四民,都应学得"②,甚至连妓女也为从良做准备而热心学习算术,"奈良游里③中,女郎共习字、算术,为町人之妻时之准备也"④,可见算术在当时具有广泛的群众基础。

在以算术知识为主的启蒙教材中,《尘劫记》出现最早,也最著名。编撰者吉田光由为江户时代初期的和算家,他借鉴程大位所著《算法统宗》之体系,编撰了多达四卷的《尘劫记》。此书首先列举大小数以及各种计量单位,然后图解珠算中的乘除法,之后是米、布的买卖;货币兑换;利息计算;土地面积;器物体积;土木工事的计算等,详细说明了日常生活中的各种计算方法。《尘劫记》对

---

① 井原西鶴:『日本永代藏』,大藪虎亮編:『日本永代藏新講』,白帝社1973年版,534ページ。
② 貝原益軒:『和俗童子訓』。
③ 游里:妓院聚集的地区。
④ 石川謙編:『日本教科書大系・往来編』(第12卷),講談社1968年版,15ページ。

后世影响极大,流布甚广,它的修订、改订本多达数百种,一直沿用到明治时代中期。

《改算记》是另一本著名的算术类启蒙教材。它与《尘劫记》一起被称为"通俗数学书之双璧"。《改算记》编撰者为山田正重,此书之所以命名为"改算记",缘于该书一部分内容乃更正其他数学书出现的错误。不过,此书最重要的部分还是一些实用的算术例解,例如布匹和米谷的买卖、房屋面积计算等。该书下卷列举了很多十分有趣的数学难题,例如"六石六年六十石"一题要求计算6石米在借出6年后本息合计为60石的情况下的年利率是多少。因其题目新颖、饶有趣味,可以激发学生的学习欲望,故成为当时提高民众计算能力的重要教材。

《尘劫记》和《改算记》等作品随着珠算的流行广为大众接受,但是这两部著作内容过于繁复。自元禄时代之后,出现了一系列将此前期算术读物删减重编的作品,例如《算法明粹记》、《改算尘劫记》、《广益尘劫记大全》等。如《广益尘劫记大全》以《新板尘劫记》和《改算记纲目》为底本,对其中难以理解的地方进行诠释和说明,并且增加"万量名"、"折尺之名"、"古今升之尺寸"等关于体积、长度、容积等计量方面的解说文字。

日本近世的数学类启蒙教材有一个共同特征,那就是这些作品在解释数学计算方法时都直接取材于日常生活中的问题。即使相同的计算方法,因为对象不同,也会反复出现。例如《尘劫记》中,在"稻米买卖之事"中有"米二八七五石值银七三贯六百钱,问米一石价格为多少"的问题,而在"木棉买卖之事"中也出现"木棉一反值银四钱五分之时,问木棉一尺价值多少"的题目。上述两题都是计算商品单位价格,但它们却各为一条例题,出现在不同地方。可见近世的数学类启蒙教材还没有如现代数学教科书那样按照数学学科的基本计算规则来考虑举例的科学性和合理性，而是按照生活题材来区分数学问题。这样的安排虽然不符合现代教科书的材料组织规律，但是在当时的情况下，儿童只需找出与自身家业有关的那部分例题，然后进行学习即可掌握基础的计算方法，也有一定的合理性和实用性。

二、植物与生理知识

1822年，《菩多尼诃经》刊行。此书是植物学家宇田川榕庵根据数种兰学书籍编撰而成，以经文形式介绍西方植物学常识。例如：

> 一切植物，食气食水食火食土，而化成凝流二体，与动物无差异。根、干、茎、叶、花、实六部，是为凝体，根干液、叶液、花液、实种子液、皮液、膜液六种，是为流体。凝体六部，各个不一。根有五品，干有七品，枝有八名，茎有七种。叶有三大别，细分别之，则有二百余形。花有二十四经，细分别之，则有一百一十余纬。实有三等，细分别之，则有一十余品。流体六种，色质香味，各个不一，亦复如是。①

在讲述植物器官及体液构成之后，《菩多尼诃经》描述了植物的具体内部构造：

> 一切植物，本来一条纤维，错综织成一片薄膜、二品脉管。

---

① 『菩多尼訶経』。

第四章　日本传统启蒙教材的教学内容　　129

是膜是管,造作全身。膜即表被,包络围绕全身众器,具足恒河沙数,玄孔皱纹。二品脉管,一名液管,综摄动静二脉。二名气管,通大空气,扶持诸液循环。是此气管,诸他众生,本来不具。根皮有吸收管孔,有蒸发孔。叶有神经,有至微腺,有蒸发孔,纤细毛茸,皆无量无数,至微至细。①

可见,《菩多尼诃经》是一部介绍植物内部构造、解析植物生长规律的启蒙读物。它采用经文形式,虽部分文字艰涩难懂,但其篇幅不大,成为民众学习生物知识的常用读物之一。正如当时的学者大贺一郎所指出的:"我国最初之植物学指南《菩多尼诃经》乃榕庵长久不弛努力之结果,以一千二百字经文之体裁,显于此世,为年幼塾生之间朝夕诵读也。"②此后,又有伊藤圭介编撰的《泰西本草名疏》(1829 年)、宇田川榕庵编撰的《植学启原》(1835 年)等相继刊行,西方的植物学开始不断为日本人所了解和接受。

江户时代关于人体生理方面的启蒙教材也有数例,其中较为著名的是《身体往来》。此书乃藤村秀贺编撰,于 1860 年由江户金松堂刊行。《身体往来》以"夫人者,受性理精华而生,故备五行、五体。先,首之上谓为颜或面,头之毛谓之发"开头,介绍人体上半身的各种器官名称,然后介绍"泪、涕、涎、汗、唾"等分泌物。此后是介绍五脏六腑等内脏器官:"所谓五脏,乃心脏、肝脏、肺脏、肾脏、脾脏,是以配五行中木、火、土、金、水。所谓六腑,乃小肠、胆、膀

---

① 『菩多尼訶経』。
② 转引自石川謙編:『日本教科書大系・往来編』(第 14 卷),講談社 1974 年版,21ページ。

胱、大肠、胃、三焦是也。"此书最值称道的是，将人体各部分比做天地自然，然后陈述一些生活教训和身体保养之道，将生理常识与道德修养联系起来，有一定的说服力。例如：

> 故将人身法天地，头乃天也，足为地，骨为石，肉乃土也，筋为道路，毛发为草木也。两眼为日月，血乃海水也。息为风，二便为雨，汗则露霜之类也。……肾乃金银，脾胃为米谷，心是主人也。盖木谷乃日用之命根，金银为万物之宝基也。若是放任败失，难保天年也。是故守质素、俭约、慎大酒大食，去喜怒哀乐，天然长寿无疑。夫身体发肤乃父母所赐，随自己之气伤害身体，为不孝第一也。①

除《身体往来》之外，讲述生理学方面知识的启蒙教材还有《人身问答前编》(1875年)、《幼学身体问答》(1876年)、《穷理人身论》(1877年)等，它们大多编撰于明治维新之后，具有一定近代生理学教科书的特征。

三、天文知识

江户时代之前，日本在天文、历术方面的研究远远落后于中国。日本人重视从中国而来的阴阳五行说，使用的也是从中国传来的历法。直到1685年（贞享二年）保井春海（1639年—1715年）根据元代郭守敬的授时历，修正了京都的经度差，创造出贞享历，此后一直沿用百年左右。及至吉宗将军执政时期，历法受到重视，

---

① 『身体往来』。

一些日本人开始介绍地动说,并且进行太阳黑子的观测。在西方历法的影响下,日本两度改正历法,史称宽政历(1799年)和天保历(1844年)。

明治维新后,日本于1872年废止此前的太阴历,改用太阳历。伴随新历的使用,日本民间出现了一些解释新历法的启蒙读物,如《太阳历俗解》(1872年)、《童蒙必读新历训蒙》(1873年)、《改历之歌》(1873年)、《历日往来》(1874年)等。

例如在《历日往来》中有如下语句,十分简洁地介绍了太阳历的大体内容。

夫,此历日往来,先概略一年之季节、时刻之长短、寒暖之气候。太阳于三百六十五昼夜及五时四十八分五十秒,围绕我栖息之世界,则定之为一年。剩余时刻三年一积,每四年置闰,于二月增加一日,为三百六十六日。将一年分为四季,又一季有六节气,四季合为二十四节气。二三四为春,五六七为夏,八九十为秋,十一、十二、一月为冬。此十二月分为大小,三十一日为大月,三十日为小月,平年二月二十八日,闰年增一日则为二十九日。是为一周年之大略,依月之大小及日数,冷暖寒暑、二十四节气,更无错乱之处也。

此后,详细阐述每月的具体情况。例如对于一月,此书是这样介绍的:

一月为一周年之始。大月三十一日。六日为小寒季节,日出为七时十分,日落为四时五十分。寒入,为旧历十二月。

农事闲暇之时节也。月过半,二十日节为大寒,日出七时一分,日落为四时五十九分。三冬之终时,寒威之下,霜雪深积,茶花开放,岁寒三友,寒梅、水仙、椿,散放芳香。①

另外,1855年刊行的《地震后教》很有特色。此书模仿平安末期出现的《实语教》中采用的"山高故不贵,以有树为贵"的表达形式,以"家高故不贵,以平家为贵。尻重故难助,以逃出为助。火是一生灾,火不消共烧"②开头,告诉儿童在地震多发地区要首先选择居住在平房之中,并且在地震之后要尽快逃离、严防火灾。另外,用"人不逃无智,无智为死人"、"欲逃己身者,先令逃他人"、"犹不忘野宿,必莫废俭约"等简洁的语句告诫儿童在地震之后要保命为先,并且要尽量帮助他人摆脱困境,在露宿野外时也必须尽量节约物资。

明治时代初期编撰的《地学入门》是一部详细介绍天文、地理知识的启蒙读物。此书将地学分为三大部分,其一为天文,包括地球自转数、轨道里数、地球与太阳的距离、地球形状、赤道、纬度、经度等;其二为地理,包括五带、土地寒暖、潮汐、地质、风雨等;其三为邦制,主要是国土疆界、风俗政体、人口、国家面积等。此书使用日本短歌形式,例如叙述"地球自转之数"时是这样的:"一次一昼夜,三百又六十五回,是其为一年。连续地转动,地球行走之道路,谓之为轨道,无论何时都不变。"③这样的表现形式富有韵律,读来朗朗上口,利于儿童启蒙学习。

---

① 『暦日往来』。
② 『地震後教』。
③ 『地学のしをり』。

《天文三字经》是另一部形式活泼、内容丰富的启蒙读物。它采用中国《三字经》的编撰方法,将天文学中的三种学说列举在一起,简略介绍它们的差异。

夫天地,为天地。无贵贱,无老幼。其概略,可知耳。先天文,有三品。一天竺,经论说。二支那,周髀说。三西洋,地动说。天竺说,世界形。如水盆,水漫漫。周立者,夷围山。中有山,曰须弥……三西洋,天文者。大地圆,类球橙。昼夜转,无静时。八方天,无上下。①

虽然在民间启蒙教材中关于天文、地理的作品不多,但是它们在当时仍有一定影响。普通百姓通过它们接触到那些看起来高深莫测的近代科学知识,从这一点而言,这些启蒙读物可谓开启民智、启蒙大众的"宝库钥匙"。

四、理学知识

理学方面的启蒙教材在明治维新前的庆应年间就已广为世间诵读。代表性的作品有《智环启蒙》(1866年)、《理学初步》(1867年)等。明治维新之后,更有大批介绍西方物理、化学知识的启蒙教材,例如《启蒙二十三帖》(清原道彦著)、《穷理捷径十二月帖》(内田晋斋著)、《穷理往来》(榧木宽则著)、《穷理语诵本》(瓜生寅著)等。

其中,《穷理捷径十二月帖》采用启蒙教材的传统编撰方法,将天文、物理、化学、动植物各方面知识巧妙融入12个月每月往复两

---

① 「天文三字経」。

封的信件中，一问一答，生动活泼。例如2月的信件内容如下：

去信：

  天气渐暖。昨夜有意外之大雨，尤以春雷之烈，为近来所未闻。一时震惊双耳。得知春雷落于贵府附近，甚为悬念，今冒昧致书，询问贵体安否。另雷电产生之道理为何哉？万望不吝赐教。

二月二十三日

回信：

  前略。雷之道理甚为繁复，今可言其大概。雷原起于大气之变动。此气分为阴阳两种。凡天地间万物多少均有此气。当阴气之云与阳气之云相交，阴阳二气互相结合，则欲得其均衡。若云彩急速移动之时相互摩擦，其撞击即可发出强烈光线，此乃电也。云于空中飞行之时，空气于流动中迅速膨胀，故发出轰隆响声，此为雷也。电闪雷鸣虽同时发生，然光线至人之目甚为神速，而声响为耳所应略为迟缓。若不知此理，或以为先发电光而后有雷鸣也。

  近来亚米利加合众国学者富兰克林之人，牵系有铜线之风筝，雷鸣时放于空中，得以发现上述道理。夫据此理发明避雷针。上为雷之学说大略，不知可否释怀？近日若有相见之时，可再言之。匆匆回复，难称雅意，幸勿见笑。①

二月二十四日

---

① 『窮理捷径十二月帖』。

编者设计了一个一问一答的教学单元,在教学情景中解释当时看来十分复杂的雷电发生原理,并简单介绍了富兰克林对于雷电的研究。

当然,除《穷理捷径十二月帖》这种设计问答教学情景的启蒙教材之外,明治时代初期流传较广的还有名为《穷理往来》的作品。编撰者榧木宽则(序中自称为"山涯子")有言:"今日之人从幼稚起早入萤雪之座,经积尘之麓方登高处,此乃为学之必经之路也。山涯子知此道理,故为牵牛之童子、摘柴之少女编《穷理往来》一书。本文大字为松霞老人所书,以空气为始,书蒸气水火之理,足以辨别事理也。此书与文,亦应为童蒙座右重玉之珍书也。"①编撰者认为学习理学要从童蒙阶段开始,因此此书使用行书体、和汉混用的书写方式,以和歌七五调为行文之韵律,以便儿童背诵和记忆,很明显是一部以幼童为对象的初等理学教科书。

榧木宽则在此书内题中写道:"所谓穷理学,乃教人穷理之学。在天为日月星辰,在地为禽兽草木。春霞、夏雨、秋夕之露雾、冬晨之雪霜,冰雪消融之冰水,海潮之涨退,分类而言称为水学。火学电学光学力学,气学音声蒸气气球,暑寒晴阴,风之迟速,不可计数之道理,不至穷尽之时,不可言之为全。"可见此书包括了各种理学常识。具体而言,此书包括三大部分,卷一为"气学之部",卷二为"水学之部",卷三为"火学、光学之部"。下面将卷一、卷二的目录列举出来,以使读者大概了解此书内容。

卷一:气学之部

(1)理学总说;(2)空气总说;(3)风之原理;(4)二物不可

---

① 『穷理往来』序。

混合之说;(5)压力说;(6)膨胀说;(7)水汽蒸气说;(8)云雨雪霞雾露霜说;(9)水汽说;(10)蒸汽说;(11)蒸汽机说;(12)蒸汽火车说;(13)蒸汽船说;(14)蒸汽机发明者之说;(15)阿克来[1]传;(16)克德来[2]传;(17)富拉顿[3]传;(18)斯提反笋[4]传;(19)空气音声传导说;(20)物体传导音声说。

卷二:水学之部:

(1)水学两种区别说;(2)水压说;(3)水之引力说;(4)流体说;(5)水涨缩之说;(6)水、油、酒、水银轻重说;(7)世界水资源说;(8)海之深度说;(9)世界水资源增减说;(10)水深之处压力说;(11)水车说;(12)游泳说;(13)水中物体重量减轻说;(14)海水、河水说;(15)盐湖说。

卷三没有目录,但十分具体地讲述了热学和光学的各种原理以及应用规则。

从上述两例可知,明治时代初期的理学类启蒙教材都以儿童启蒙教育为出发点,或以书简形式,或以和歌形式,用通俗易懂的

---

[1] 阿克来:即英国产业革命时期的发明家阿克莱特(1732年—1792年),他发明了世界上第一台水力纺纱机。
[2] 克德来:即法国近代发明家柯格诺特,他制成了世界上第一辆蒸汽推动的三轮汽车。
[3] 富拉顿:即美国发明家富尔顿(1765年—1815年),被誉为"轮船之父",发明了世界上第一艘蒸汽轮船。
[4] 斯提反笋:即英国发明家斯蒂芬森(1781年—1848年),发明了世界上第一部蒸汽机车。

语言来表现理学常识。当然,随着日本近代国民小学的规范化,理学类启蒙教材也逐渐有学科分化的现象,出现了一些专门讲述物理学知识的作品,比如《物理阶梯》《物理训蒙》等,这些作为当时过渡期的小学物理教材使用了较长时间,为现代科技知识的启蒙作出了一定贡献。

第五章　传统启蒙教材与儿童启蒙教育

　　所有的教育现象和教育过程都是人们社会活动的表现形态与结果，都可以被看成是某种社会现象。日本传统启蒙教材从平安时代末期出现以来，一直发展到明治时代初期，横亘近八百年，它显然不仅仅是某一类文本资料的单纯演绎，而应该体现的是在这数百年中，日本的儿童启蒙教育是如何在时代更迭、社会发展中不断演变和发展的。

　　如果说前两章是日本传统启蒙教材在内容和形式上的分析的话，那么，接下来的任务便是，分析启蒙教材这一系统在更大的社会结构中的体现，分析它们作为知识和文化的媒介物是怎样在教育与社会的关系中体现自己的特点和具体形态的。

　　本章主要分为五节。第一、第二节详细介绍儿童启蒙教育的规定因素，实际上便是将启蒙教材所代表的儿童启蒙教育从整个社会系统中"分离"出来，将之视为一种相对独立的变量，从而确立起"教育与社会"的关系命题，以此来探讨儿童启蒙教育所受的社会制约。第三节至第五节阐明儿童启蒙教育的各种因素，包括启蒙教材的编撰者、使用者、教育场所以及教育课程与课堂教学等。通过对启蒙教育各要素的分析，希望能够说明的是：无论外部社会的作用如何复杂，文化的传承最终都是通过教育活动来实现的；日本传统启蒙教育通过其自身各要素的相互作用，不断地将某种源远流长的文化传递给新的一代。

第一节 儿童启蒙教育的客观规定因素

决定和影响儿童启蒙教育存在和发展的因素有很多，本节所考察的是宏观的、整体性的社会结构对教育的影响。由于篇幅有限，只能择其要者如经济结构、政治结构进行分析。当然，教育格局的形成并非上述某一社会结构单一作用的结果，而是全部社会结构综合作用的产物；且上述任何一个社会结构的制约也绝非仅限于教育系统某一因素，而是波及多种因素乃至整个系统。

一、社会经济发展与启蒙教育

日本历史上是以种植稻米为核心的农业国，有"瑞穗国"之古称。直到19世纪末，日本都是一个国民经济以农业为主体的社会。江户时代中期儒学家太宰春台在《经济录》中便写道："民之业有本末，农为本业，工商贾为末业。"①同时代的儒学者荻生徂徕也提出："重本抑末，在圣人之法也。本，农也；末，工商也。"②可见农业被视为日本整个国民经济系统中最根本的产业。

在传统启蒙教材出现的平安末期，当时日本社会采用的是庄

---

① 太宰春台：『経済録』。转引自盛邦和：《内核与外缘——中日文化论》，学林出版社1988年版，第113页。

② 参见日本経済史研究所编：『日本経済史辞典』，「士農工商」条，日本評論社1940年版，540ページ。

园领主制。在这样的制度下,日本庄园主取得"不输不入权"①,开始具有游离于国家统治之外的政治、经济独立权,他们通过"进献",形成"本家—领家—在乡领主"式的封建土地等级结构。而到镰仓幕府时代,随着"恩给制"的施行,将军向御家人分封土地,御家人再向"郎党"分封土地,形成"将军—御家人—武士"这种土地等级关系。在这样的土地关系上,作为直接生产者的农民成为庄园的专属农民,他们把自己进献给庄园主,以求得到"庇护",实际上成为无人身自由的农奴。

而到了江户时代,丰臣秀吉在统一日本之后,实行"太阁检地",尽量贯彻"一地一作人"②的原则,并且将全国土地的一部分作为直辖领地,另外大部分土地封赐给各大名,称为"行知国"。这样,确立了大名知行制,出现了全国范围内"本百姓"(自耕农)小农经济,从此在日本形成了马克思所说的"纯粹封建性的土地占有组织和发达的小农经济"③。这种小农经济的经营模式比庄园农奴制要优越得多,提高了农民的生产积极性。与此同时,武士在"兵农分离"的政策下,逐步脱离土地,成为单纯消费型的统治阶层,而农、工、商成为不得转换职业的被统治阶级。

日本作为一个农业社会,其社会生产力乃至相应的生产关系都尚未发展到足以使大部分社会成员脱离农业生产、从事其他社会生产的水平。随着上述土地所有制的演进,日本的农业生产水

---

① 不输不入权:"不输权"指的是免除纳租义务的权利;而"不入权"则是禁止"检田使"(即律令制下由中央派至各国或由各国国衙派至郡执行检田任务的使者)等国衙役人进入庄园的权利。

② 一地一作人:只承认一块耕地仅有一个所有权,规定直接耕作者拥有土地所有权,废除名主、地侍等在中间役使农民和收取实物,以此消灭中间剥削,推进兵农分离。

③ 〔德〕马克思:《资本论》(第1卷下),人民出版社1975年版,第785页。

平确实在不断提高,然而这种生产技术的提高还远不能改变农业经济在当时日本国民经济中的主导地位。但是,值得我们注意的是,日本的农业社会并非中国这样典型的完全自给自足的自然经济体系,工商业因素对日本社会的影响是难以忽视的。

首先,日本有不适合农耕生产而适合工商的岛国特殊地理位置,使其难以向"典型农耕国家"类型发展。日本山脉众多、河流短小湍急,适合农业耕作的平原面积狭小,仅占国土面积的13%。其中由利根川冲积而成的关东平原是日本最大的平原,但是面积也仅有1.6万平方公里。日本雨量较多,土壤中可溶性盐类易被溶失而呈酸性,使植物养分减少,加之水土流失现象频频发生,对农业生产起了一定的限制作用。

其次,日本自古就有比较发达的商业。奈良时代的三轮市、高市、飞鸟市等都有较大的市场,至镰仓时代,京都下京区的中心街道店肆广布、商贾云集,而江户时代更是商业市镇大量出现。首先是领主武士开始脱离土地,他们集中居住在城下町,开始城市型的消费生活。这些地区政治中心逐步成为领国内的商业中心。例如伊予松山町,1784年有居民4200户,其中商人就有1300多户。其次,随着幕府采取"参觐交代制",各地道路系统得到改善,江户、大阪、京都成为全国性的大都市,而幕府所在地江户成为全国最大的消费城市。1693年(元禄六年)江户市民为35万人,1731年增至55万人,加上武士(包括将军、大名及其家臣)与仆人约50万,人口达到100万人,据说超过当时的伦敦,居世界第一位。[①] 大阪作为全国的商业中心,1692年的人口也达到了34万人。在这些

---

① 沼田次郎:「日本全史」卷七,東京大学出版会1962年版,50ページ。

城市中,出现了大量以商业活动为家业的商人群体。

第三,农业生产商品化、手工业高度发展以及全国性社会分工的实现促使江户时代日本的商品经济达到较高的水平。农业生产力的提高使一些农民除年贡和自己的生活资料外,将剩余生产品商品化,他们必须通过商人才能把生产物换成自己所需的日用品和货币。由于领主生活和财政的需要,封建领主开始奖励栽培五谷之外的经济作物,如棉花、烟草、油菜、蚕桑等。经济作物的种植又促进了手工业的发展,纺织、陶瓷、漆器、酿酒等成为一些地方著称于世的产业。到18世纪初,手工业的社会分工日趋完善,农村的自然经济日益被商品经济侵蚀。

总之,到江户时代末期,日本的商品经济得到很大的发展,商人阶层的势力也日益强大,以至于太宰春台这样写道:"天下经济权转入商人手中,主要之宝物为商人掌握,武士之台所变为町人之台所。"[①]当然,在列举了上述工商业传统的同时,我们仍不可贸然地判断日本就是一个纯粹的、类同于西欧诸国的典型的"重商国"。如前所说,日本人自古就受中国的"农本"观念和"重农抑商"思想的影响,认为"农为本业,工商贾为末业",而且,从日本全国范围来看,商品经济的发展是不平衡的,尚未达到对封建体制以及农业经济发生重大破坏的程度。

显而易见,历史上的日本社会是农业社会,但绝非中国式的典型的农业社会;是商业发达的社会,但不是西欧式的典型的"重商社会"。可以说日本社会是一个具有很强商业性特征的农业社会。

---

① 太宰春台语。"台所"原意为"厨房",这里引申为"经济基础"。转引自刘金才:《町人伦理思想研究》,北京大学出版社2001年版,第143页。

第五章 传统启蒙教材与儿童启蒙教育

那么,在这样的具有商业特征的农业社会的经济结构中,教育应该扮演什么样的角色呢?我们可以将这个问题分为两个方面来考虑:其一,在农业社会中,教育的最主要职能是什么;其二,商品经济的发展对教育的职能又产生了怎样的影响。

首先,在农业社会中,教育的最大目的实际上便是承担现存的不平等生产关系以及相应的整个社会关系的再生产职能。这一"社会需要"正是源于社会的经济结构中存在的以身份等级差异为主要标志的各种不平等关系。在平安、镰仓时代,是庄园主这样的大封建主对庄民的超经济强制性剥削;在室町时代,是守护大名对领国内的农民随心所欲地剥夺;而到了江户时代,士、农、工、商四民制规定了武士阶层对其他被统治阶层的掠夺和剥削所具有的法律效力。在这些不平等的社会关系中,身处高位的统治阶层无一例外地希望维持现状,以巩固本阶层利益。

回到儿童启蒙教育上来,我们可以看到,在江户时代中后期之前,社会统治阶层都是将教育视为培养"社会精英",尤其是"政治精英"的工具,将教育的对象基本上限定在本阶层子女的范围之内。阳明学派的三轮执斋就认为:"从中世以来,士农已经分开,教育的施行也有次第之差。农民既然已经为武士所统治,教育之急务还是在于武士。"[①]在传统启蒙教材出现的平安末期,当时的贵族作为国家的统治阶层牢牢地控制着教育,可以进入大学的仅仅是不到1/6的最上层贵族子弟。"往来物"之所以出现,也是因为其他中下层贵族子弟无法进入官学体系接受一定的启蒙教育,因此部分贵族才开创私塾,以培养本族子弟、增强本族势力。而镰

---

① 三輪執齋:『日本倫理彙編』卷二,育成会1901年版,491—492ページ。

仓、室町时代,武士获得政治权力,武士子弟"登山"学习的知识也多是上流社会所需掌握的知识。这期间出现的启蒙教材的内容大体可分为以下几类:平安时代以来贵族的传统教养,如汉籍、书法、诗歌、管弦等;镰仓时代武士的实用知识,如书信礼仪、马具、武具、《御成败式目》中的法律条文等;上流武家所接受的寺院文化,如茶、香、寺院仪式、佛教活动以及神事祭礼、宫中活动等。

可见,与普通民众有关、对农民的农业生产有用的知识几乎没有出现。当然,这些上流社会的礼仪知识对于统治阶层的子弟而言是具有实际用处的,他们通过这些启蒙教材的习读,掌握从其父辈那里承袭的高经济地位与高政治统治地位所必需的一套文化,这套文化是不包含生产知识方面的内容的。

到了封建社会晚期的江户时代,武士的教育仍然是第一位的。当时的儒学家熊泽蕃山说道:"学校为教授人道之所也。治国平天下以心正为本,是为政之第一要务。敬奉天皇、诸侯如父子如兄弟,心服之处,惟学有也。"[①]政治的根本在于道德,学校教授人道,乃出自政治的考虑。只要有道德教养的武士从政,人心自然便被感化,世间便自然能够得到很好的治理。蕃山的这种将武士教育作为实现政治统治的首要条件的思考方式,实际上将作为被统治阶层的农民、町人的教育看做一个可以忽视的问题。正因为这样,昌平黉、藩校这样的官学系统一直对庶民子弟采取拒之门外的态度。

随着社会生产力的逐步提高以及缓和阶级矛盾的需要,以幕府将军为首的社会统治阶层认识到教育的教化作用,他们在要求

---

① 熊沢蕃山:『大学或問』。

教育培养社会精英的同时,也开始要求教育担负起庶民教化的任务。德川吉宗在1711年(正德元年)颁布给江户府内寺子屋师匠的敕谕中这样写道:

> 手习不限贵贱男女,都应该相应习得,不能疏废。……不仅笔道,正风俗、守礼仪、训忠孝亦为师匠谨记重要之事。认识文字之人,在能够阅读、习字同时可训御高札、御文段、御触书,另有庭训、实语教、大小学。妇人以女今川始授女诫、女孝经之类。手习师匠者,成御政道之一助,为世间风俗之益不少,可为神妙之教育也。①

虽然封建统治者将教育对象的范围逐渐扩大至劳动阶层的子女,但是这些被统治阶层的子弟学习的课程却被统治者局限为"御高札、御文段、御触书"等幕府的法令条文以及讲授道德规范的《实语教》、《女孝经》等,目的在于使这些阶层的子女学会认同现存阶级结构,遵守现存的社会秩序,珍惜现有的"太平盛世"。

当我们翻开那些生于市井、用于民间的启蒙教材时,仍旧能够看到很多规劝庶民子弟遵守社会秩序、认同身份制度的内容。比如《家宝往来》(1834年)中有这样的句子:"世上之人今日能够安然进三度之食,全为泰平二百余年之国恩也。应明辨国恩,尊敬之。"②就是说,世人能够一天吃上三顿饭,全在于统治阶层的太平之治,因此作为庶民应该好好地珍惜这种恩情。在《农家手习状》

---

① 文部省編:『日本教育史資料』(第19卷),臨川書院1970年版,10—12ページ。
② 『家宝往来』。

(1848年)中也这样说:"首先百姓应挂记在心之事,乃遵守国之法令规章,行事小心谨慎,不为喧哗议论之事。"①意思是说农民最应该牢牢记得的是遵守幕藩制定的法律,谨慎少言,不做违反幕藩统治意志的事情。

可见,在农业社会的经济结构背景下,不论是培养统治层的精英,还是进行庶民的道德教化,其目的都在于"防范"。前者在于防止统治阶层的继任者无力维持其将继承的经济与政治统治的地位,后者旨在预防被统治阶层对现行社会秩序进行挑战,因此要进行一定的管理和操纵。尽管使用传统启蒙教材的教学场所都不是当时的官学,但是通过它们进行的启蒙教育仍旧具有这样的"社会防范职能"。

第二,江户时代商品经济的抬头对教育又产生了新的要求。封闭性的、自给自足的农业经济与开放性的、强调交流的商品流通经济产生了深刻的矛盾。无论是城市中的商人、手工业者,还是居住在农村的农民大众,他们的生产活动以及日常生活都被卷入全国性的商品经济的旋涡中,"文字"成为商品流通过程中必不可少的交流工具。庶民的生活范围在不断扩大,文化交流也日益频繁,"文字"必然成为庶民大众需要学会的一套交流体系。这一时期承担庶民教育的是民间自发出现的寺子屋,它的教育促使文字知识广泛普及,并且初步实现了劳动力再生产的职能。

传统启蒙教材作为文字的载体,它们在寺子屋的广泛使用必然会推进文字知识向社会底层普及,这是毋庸置疑的。另外,寺子屋使用了大量向庶民阶层传授生产、生活中基础知识和技能的启

---

① 『農家手習状』。

蒙读物。这样的教育虽然远远达不到以大机器生产为特征的工业社会以培养产业工人为目的的教育，但是对当时的庶民子弟起到了初步的职业培养功能。

如《商卖往来》所言："生于商卖之家者，从幼小之时，先习字、算术，至为重要也。"①町人子弟为了保住家业，在未来的经济竞争中取胜，首先要学会写字和算术，以及日记、"注文状"（订货单）、"请取状"（取货单）、"质入状"（货物抵押单）等的商贸文书的写法。《商人通用商家用文章》(1843年)中列举了一些商人子弟日常生活的书信体例，如"年始祝仪状"（恭贺新年的书信）、"婚礼祝仪状"（恭贺新婚的书信）、"火事见舞状"（安慰火灾事主的书信）等，除此之外还列举了其他商业专用的书信格式，例如"金银借用证文"（借条）、"家质证文"（房屋出租证明）、"家屋敷永代卖渡证文"（房屋买卖证明）、"店请状"（租用店面证明）等。这些专用的商业文书作为儿童的启蒙教材都具有一定的初级专业技术的特点。

不仅是商家子弟，就连农民也认识到了学习的重要性。下总国（今千叶县）香取郡松泽村的名主（即村长，多为中上层农民）宫负佐平就感慨道："诸艺为护身之宝，学文为终身食饭之种，即生命最宝贵之物也。"②这种将"学文"作为"食饭之种"的思考方式在江户时代已经渗透到日本农村，农民在生产生活中不断需要接触到的各种知识，虽然其技术含量不高，但是对于他们却很重要。"生农人之家辈，幼少之时，先手习、学文、算用勘定，使其领悟，最为重要也。无书写能力者，如需日记、账面、目录、差纸、封印、证文、注

---

① 『商売往来』。
② 小野武夫編：『近世地方経済史料』（第5卷），吉川弘文館1969年版，211ページ。

文之时,甚不自由。"① 可见,农民在商业经济的推动下,也必须掌握文字书写、算术以及其他与农村生活有关的文书的书写技能等。当然,如前所述,在启蒙教材中还有一些专门讲述农业耕作知识的作品,如《农业往来》就有"农家耕作之事,先要考察土地的高低干湿,以准备农业用水"等与开荒种地有关的知识,虽然它们仅仅是一些初级简单的农业常识,但是对于处于懵懂状态的儿童而言,无疑是一种前期的职业教育。

二、幕藩政治体制与启蒙教育

镰仓幕府的建立意味着日本的政治结构发生了巨大变化:武士政权的出现表明以天皇为中心的中央集权体制在本质上的解体,国家权力结构的中心由武家所占领,公家(朝廷)与武家(幕府)二元并存的政治局面开始形成。室町幕府是武家政治的重要发展时期。由于室町幕府是在庄园制日益瓦解的条件下出现的,因此其社会基础不是镰仓时期的守护、地头等中小封建主,而是以守护大名即大封建主为社会支柱。这些守护大名随着势力的扩张,极有可能成为抗拒幕府统治的力量。因此至幕府后期,地方分权统治的倾向日益增强,守护大名甚至以叛乱来对抗幕府。

直至17世纪,群雄割据的"战国时代"终于结束,日本再次统一,武家政治进入"定型"时代——德川幕藩体制时期。"幕藩体制"作为江户时代的政治制度,由幕府和藩构成两极统治结构。幕府既是高度集权的政治统治机构,又是掌握全国武装力量的军事

---

① 参见講座日本教育史編集委員会編:『講座日本教育史2・近世Ⅰ』,第一法规出版株式会社1984年版,185ページ。

指挥机关。而各藩的大名直接管理领国土地和人民，并支付下属武士的俸禄，大名服从将军的领导。这样，幕藩体制实质上是以德川将军为代表的中央集权势力与以地方大名为骨干的地方分权势力既相互依赖又彼此对立的政治制度，它在一种均势的状态下实现中央权力控制地方割据统治。

幕藩体制的建立标志着日本封建制度的发展已经进入成熟阶段。它控制了江户社会的方方面面。教育作为培养各方面人才的重要手段，被幕府和藩的统治者所控制和利用，从而在相当大的程度上被赋予了幕藩体制的附属品和统治工具的特征。不过，中下层武士以及贫困的庶民子弟是难以进入藩学等官方教育体系的，他们只能进入寺院或寺子屋中接受最基本的教育。从这一点而言，幕藩教育的阶级性使普通民众与贵族、上级武士之间出现了极大的障碍。如何将统治阶级所提倡的意识形态推进到民间，成为了当时幕藩政权亟待解决的命题。

我们知道，在社会领域，社会意识形态是根据统治阶级的意识而对社会意识进行的加工和提炼，它集中反映了占统治地位的阶级意志和社会利益，对社会成员具有普遍的约束力和规范性，但对每个社会成员并不直接具有有效的渗透力。从这一点而言，幕藩统治者所提倡的道德秩序与社会大众的自我道德要求之间需要有一个合理的中介物，它应该能够解决社会意识形态与个人自我设计之间的矛盾。

面对上面的命题，幕藩政权开始认识到民间教育机构的重要性。传统启蒙教材作为寺子屋教育的教学内容，开始成为幕藩将统治阶级的意识形态内化为庶民大众的个人道德修养的中介。18世纪前期的幕府将军德川吉宗开始利用启蒙教材对蓬勃发展的寺子屋采取利用、引导的政策。这也成为幕藩统治者对民间的儿童启蒙教育进行控制的开端。

德川吉宗的方法大体可分为两种。其一，利用幕府的力量为寺子屋编撰合适的启蒙作品。《六谕衍义大意》便为德川吉宗命令室鸠巢加上日语注解而成。1722年，德川吉宗召集江户府内的寺子屋师匠十人，授以《六谕衍义大意》，并下达了"与其书写无益的东西以教授儿童，不如学写这些材料作为儿童教导的依据"的谕旨。此后，幕府将《六谕衍义大意》大行赏赐，并将官板免费提供给各地书肆，以至于连十分偏僻的岩村藩、柳川藩等山区也刊行了大量的《六谕衍义大意》。明治初期的启蒙思想家福泽谕吉也取《六谕衍义大意》中的"谕"为名，可见此书流传之广、影响之大。1723年，德川吉宗又命室鸠巢撰写《五常和解》与《五常五伦名义》等书，并将其赏赐给江户府内的寺子屋，充做儿童启蒙的道德读物。

另外，德川吉宗还鼓励寺子屋将"御法度"之类的幕府法令作为儿童的读写教材。1722年，德川吉宗出门打猎发现一位名叫吉田顺庵的寺子屋师匠以"御法度"为教材教村童写字，大为赞赏，赏赐吉田顺庵白银十枚以及《六谕衍义大意》一部。其后德川吉宗下谕旨给各藩，认为"在手习之时，应以书写御法度为始，五人组账①也可以成为儿童的教材，作为儿童的字帖，或者使儿童熟读"。②

---

① 五人组账：所谓的"五人组"，指的是幕藩将村民每五户编为一组，迫使保证组内农民按时交租、防御盗贼、预防火灾等。另外，在婚姻、家业继承、请愿、借贷等方面，各户都有证明和署名举保的义务，发生欠租和盗窃等事，全组要负连坐责任。而"五人组账"就是将关于五人组的法令列举于前书（即"五人组账前书"），其后是村役人以下各五人组成员署名纳印保证遵守誓约的账簿。江户时代寺子屋所用的"五人组账"多指的是"五人组账前书"，即与五人组有关的法令条文。

② 参见「有德院殿御实记」卷十五，「享保七年十一月」条。

实际上，寺子屋很早便开始使用法律条文作为教材，其所用的启蒙教材中就有《御成败式目》(1607年)、《新式目》(1656年)、《正德御式目》(正德年间刊)等多种法令手习范本。但是德川吉宗却是第一位在谕旨中明确要求将幕府法令作为寺子屋教科书的幕府将军。德川吉宗利用对吉田顺庵的表彰，激励了庶民学校教师努力进行法律条文的教学，影响和引导了当时庶民的儿童启蒙教育。此后，关于幕府法令的民间启蒙读物大量出现。以《御成败式目》为例，在德川吉宗颁布谕旨后的10年内便出现了16种不同的版本。另外，还不断出现了新的作品，例如《五什组合掟书》(1801年)、《庄内二郡五人组掟账》(1819年)、《御高札之写》(1843年)、《五人组账前书》(1860年)等。

德川吉宗的做法为后来的当政者所仿效。水野忠邦在1841年的天保改革中，对幕府直辖地内的寺子屋师匠也发布了关于教育应以训育为主的指令，并且规定对优秀教师进行表彰。他在1843年和1844年两年间，奖励了62名寺子屋教师，并将《六谕衍义大意》作为奖品下发给这些教师，希望他们广为传授。可见幕府统治者已经深刻地认识到只有利用民间的道德教育，才有可能避免道德意识的全面混乱。

而对于《本朝二十四孝》、《孝行和赞》等宣扬孝道的作品，幕藩统治者是大力提倡推广的，他们深知将家长制的"孝"移植到主从制的"忠"的重要性，因此十分认可在上述作品中大力灌输"忠孝一致"的思想。这样，儿童通过对这些作品的习读，逐渐认识到家庭内部针对父母的孝敬与社会外部针对统治者的忠诚之间具有极高的同一性，甚至遇到"忠孝不能两全"的矛盾冲突时，应该选择尽忠以体现社会伦理的要求。这样，个人自身的道德修炼通过启蒙教材的中介作用,逐渐消除了与社会道德要求的冲突,普通百姓也开始自觉地顺从统治阶级意志的约束和规范。

但是,在天保年间(1830年—1843年),农业连年歉收,"达官要人之间贿赂公行,甚至不顾道德仁义,以内室裙带之缘,奔走钻营……民用日益枯竭"①,大盐平八郎在1837年发动了震撼全国的市民暴动,其后各地斗争蜂起,幕藩体制内矛盾迅速激化。在这期间,幕府为了加强庶民对政治秩序的服从,进一步加大了对寺子屋的干涉和控制。1843年幕府对全国的手习师匠颁布了命令,要求寺子屋向儿童教授幕府的法律条文以及《实语教》、《女孝经》、《女大学》等道德类启蒙教材,并且对寺子屋师匠寄予厚望,希望他们发挥封建教化的"政道之助"。

当然,除了上述通过对寺子屋的教学内容——传统启蒙教材来控制民间教育之外,幕府还有其他一些措施。例如,寺子屋的教师可以被允许居住在武家聚居的地区;师匠可以有自己的姓氏;幕府选取优秀的寺子屋师匠聘为"笔役"(专为幕府书写公用文书的官吏),等等。幕府希望通过这些措施能够将一部分寺子屋师匠编入封建支配者的阵营之中,以此来推动他们的教育意识和教育行为能够不断接近幕府统治者的理想模式,最终成为维护幕藩体制的工具。

那么,各藩的具体情况又是如何呢? 首先,由于幕藩体制中,将军对各藩的控制在很大程度上是依靠各种法令和敕谕实现的,因此上面我们所列举的将军谕旨都下达至日本各地,各大名对自己领国的寺子屋也采取了相应的措施。另外,由于各藩领主又有

---

① 大盐平八郎起义檄文。转引自吴廷璆主编:《日本史》,南开大学出版社2004年版,第299页。

相应的自主权,且各地的经济条件以及地理环境都有所不同,因此各藩对寺子屋采取的干涉和控制的方法略有不同。这实际上也体现了幕藩体制这种相互依赖又彼此对立的政治格局上的特征。

根据《日本教育史资料》的记载,我们可以了解一部分藩对寺子屋的监管措施①:

芝村藩(藩主织田长易,一万石,现奈良县):每年派遣相关的郡务官员巡视领内,检查家塾、寺子屋等的教授情况,将师匠功绩上报藩主,藩主奖励相应金钱;

尼崎藩(藩主松平忠兴,四万石,现大阪府):每年末检察寺子屋教授优劣,奖赏优秀的师匠;

松本藩(藩主松平光则,六万石,现长野县):每月将家塾、寺子屋子弟的书写作品上交藩学以供展览,奖励优秀者;

小滨藩(藩主酒井忠氏,十万石,现福井县):如寺子屋弟子众多、家屋狭窄,藩主廉价租借空屋给寺子屋师匠;寺子屋要将记录出勤和学习情况的账簿上交藩主;

高田藩(藩主神原政敬,十五万石,现新潟县):寺子屋开业时需要得到"町奉行"或者"领奉行"(即町或村的行政长官)的许可;鼓励平民学习,品行端正、有助风俗教化者可得到藩主的赏金和接见。

可见,各藩对寺子屋的庶民教育采取的措施不尽相同。有的是

---

① 参见石川谦:『日本庶民教育史』,玉川大学出版部1998年版,236—239ページ。

通过开业时的许可制度,有的是监督寺子屋的经营状况,也有的是通过奖惩来干涉寺子屋的教学。不过,也有大部分藩主对于寺子屋采取了较为宽松的态度。这一方面体现了藩主对寺子屋这样的民间私学的重视程度明显不如藩学;另一方面,由于寺子屋担负的是庶民子弟的初级教育,教育对象仅仅是七八岁的孩童,知识层次低,难以散播不利于幕藩统治的教学内容,因此也不需要各地政府严加控制。

所以,在幕藩体制下的武家政治中,对于寺子屋这样的民间私学体系往往采取的是保护、鼓励、赏赐、劝导式的管理,并没有采取更为强硬的取缔制度。这与寺子屋的办学平民化、内容初级化的特点是分不开的。可以说,在幕藩体制的政治结构下,封建统治者对庶民的启蒙教育进行的多为间接的教育控制。而之所以称之为"间接",便在于他们多通过赏赐教材或者表彰寺子屋师匠这样的手段来进行对庶民教育导向的控制。这种"间接式"的教育控制既加强了寺子屋教育中伦理道德、政府法令方面的教育,同时也避免了寺子屋沦为政府严格控制下的"道德训练所"。

在幕藩各级政府的措施下,讲述伦理纲常、鼓励忠孝等封建伦理道德的启蒙教材大量出现,据统计,江户中期(宝永—享和)出现的训育类的读物有 130 种,而到了江户后期(文化—庆应)则迅速增加到 300 种之多。其中,《六谕衍义大意》作为幕藩大量印刷并低价卖给寺子屋的启蒙教材,在德川吉宗颁布谕旨之后数十年出现了 15 种版本,而以宣扬"孝"为核心的作品在幕末短短 30 年间出现了 32 种之多。另外,将幕府法令、武家法度作为儿童习字课本的倾向也日益增强。另一方面,在拥有一定的相对独立性的情况下,寺子屋的教育仍然包含了普通民众需要掌握的地理、历史、算术、实业等其他方面的基础知识。从这一点而言,"寺子屋这种庶民教育机构并非具有纯粹的近代性，这在封建社会的胎内是不可能出现的；它不可避免地带有封建教化的一方面，其强化封建体制的作用是无法否定的"①。

第二节　儿童教育观的发展

所谓"儿童教育观"，简而言之便是成人对儿童教育的看法。包括成人对儿童入学年龄、学习年限、学习内容、学习方法等各方面的看法。当然，人本身是不能脱离经济发展和政治制度等社会结构的制约的，但是，儿童教育作为一种特定的人来进行的社会活动，这些人以及其他社会成员对儿童启蒙教育的认识和态度会有所不同，对教育所产生的作用与影响也迥然相异。所以，儿童教育观是规定儿童启蒙教育存在和发展方式的重要因素。

在不同时代，社会政治经济结构、思想信仰以及繁杂交错的社会运营生态各不相同，儿童教育观也有很大差异。传统启蒙教材的发展史横跨日本传统启蒙教育两大重要时期：中世和近世。下面着重阐明这两个时期儿童教育观的主要特点，以反映不同时代儿童启蒙教育的特色。

一、中世的儿童教育观

中世日本的儿童教育观有成人化、家族主义和佛教色彩浓重

---

① 広岡亮蔵：「封建反動の教育」，海後勝雄、広岡亮蔵編：『近代教育史Ⅰ—市民社会の成立過程と教育』，誠文堂1952年版，329ページ。

三个最为主要的特点。

成人化特点

在日本中世时期,儿童多被视为眼下虽尚未发育成熟但不久就会长大的成人。儿童是"缩小版的大人"。平安时代后期的贵族学者大江匡房(1041年—1111年)在《暮年记》中描述自己童年时代的情景:"予四岁始读书,八岁通史汉,十一岁赋诗,世谓之神童。源大相国,风月之主,社稷之臣也,试赐雪里看松之题。当日各朝臣在座。笔不停滞,文不加点。相府深赏叹之。"[①]从这段记载可知大江匡房4岁起读书,幼小之时便可应"雪里看松"之题进行成人才能掌握的诗歌创作。可见贵族子弟在很小的年龄就要学习成人应该掌握的知识了。

不仅是贵族,中世武家对子弟的教育也有明显的成人化特点。在《多胡辰敬家训》末段,战国武将多胡辰敬(1490年—1562年)描绘了自己的童年:"辰敬自五岁习将棋。乃因有人命令也。六岁之时,于御邸宅栖霞寺殿前习将棋。将棋之后习字。十二岁时在京入仕,有奉公之姿。"[②]在中世,将棋并非儿童的游戏,乃"奉公艺"之一,多胡辰敬自小便奉命学习将棋以及习字,实际上便是作为"缩小版的大人"为将来的奉公做准备。

从上述的大江匡房(公家)和多胡辰敬(武家)的童年自画像可以看到,中世日本在儿童教育方面存在着这样的倾向:按照成人的思维方式教育学童,使学童在知识结构方面成人化。

那么,为什么会出现这样的倾向呢?笔者认为原因大体为以

---

① 大江匡房:『暮年記』。
② 『多胡辰敬家訓』。

下三点：

其一，神道思想中轮回信仰的普及。在中世，以"本地垂迹说"为基础的日本神道在佛教因果报应以及往生轮回思想的影响下，认为人有"前生"和"后身"，人在出世之时便蕴藏种种宿命，当时人们将儿童视为前生转世而来。另外，日本人自古便有儿童自神灵而来的信仰，渴望子女的人向神佛日夜祈祷，便能得到"神授"，所生子女被称为"申子"①。因此人们往往习惯于将儿童视为神佛的赐予，认为他们自小就有与成人同等的能力。

其二，武家社会的现实需要。武家统治的基础在于以恩与奉公为主线形成的主从关系及以维持家产、延续家业为目的的家族制度。在政治生活中有主君和家臣的主从关系，在家庭生活中有父子之间的主从支配关系。在这样一个到处充满支配关系和身份关系的武家集团中，人们不可能在平等和自由的前提下按照自身的个性和愿望生存下去。而且，由于中世战乱频繁，为了让武家子弟尽早能够参与政治活动以继承家业，儿童自小就要学习诗歌、将棋、书信礼仪、武术等知识。

其三，公家政权荫位制度的影响。荫位是贵族特权。律令制时代有严格规定，贵族男子年满21岁可按父亲的位阶荫位。后来律令松弛，荫位年龄大大提前，贵族子弟不能直接继承父亲的位阶，只能从较低的位阶开始逐步向上升，其间往往得花数十年时间。以南北朝时代的贵族二条良基（1320年—1388年）为例：

1327年（8岁）：正五位下，侍从，左少将。元服（即成人仪

---

① 申子：日语为"申し子"，"申し"为"说"的意思，此处引申为"向神佛祈祷、申请"之意，因此"申し子"即为向神佛祈祷而得到的子女。

式），从四位下，左中将；

1328年（9岁）：从四位上，从三位，左中将；

1329年（10岁）：权中纳言；

1330年（11岁）：正三位；

1334年（15岁）：从二位，权中纳言，左中将；

1336年（17岁）：权大纳言，正二位；

1347年（28岁）：从一位，关白，左大臣；

1348年（29岁）：关白，太政大臣。

二条良基8岁便举行了成人仪式，直到29岁才官至一位，可见贵族子弟必须很早就要为官吏生涯做准备。虽然很多贵族子弟因年龄太小，在叙任官职之时并未有太多实务，但他们的儿童生活仍受众多限制，从小要接受从政为官的训练。

在中世，人们将儿童视为"缩小版的大人"，这种思维方式很大程度上影响了儿童何时接受教育以及接受怎样的教育。其实，在前面所说的轮回信仰的影响下，父母在孩子出世之前就要有一定的思想准备。例如《世镜抄》①中有这样的说法："夫怒如鬼，女怒如蛇。鬼蛇相交而出之子，无理无道也。夫之心洁则有明王之体，女之心和则有天女之形也。明王与天女二人之子，正直而明辨是非，大刚长寿，好运常在，名誉留世。"②夫妻之间争斗猜疑，则生下的孩子"无理无道"；夫妻和睦互敬，则生下的孩子正直长寿、名誉留世。这实际上便是在告诫家长，儿童在母胎中便继承了父母的

---

① 《世镜抄》：作者以及成书年代不详，内容主要涉及室町时代武士子弟的启蒙教育问题。

② 参见「世鏡抄」下第二十六，「夫妻大法之事」条。

成人化特色,因此产前要注意家庭和睦以免殃及后代。

孩子产下,经过乳儿期(哺乳阶段)和婴儿期(1岁—3岁),进入幼儿期(4岁—6岁)。这期间儿童的认识活动多依赖感觉、知觉和表象,其抽象概括能力十分有限。但是很多儿童在这期间便开始学习。"诞生之时至七岁,乃学问育成之重要阶段。……贤人之翁教大仪,智者之乳母自幼儿生长以来,教授四恩之道。"① 例如道元和尚4岁便能读古诗百首,虎关法师5岁便随父学习汉籍。由于儿童身心特点的制约,在四五岁学习抽象性的伦理道德知识无疑十分困难,因此在这期间学习的多为文字书写等依赖机械性记忆的内容。

进入7岁,学习成为儿童的主导活动,当时很多人以7岁作为儿童成人的开始。室町时代的物语②《大桥中将》中有"不久开始有成人模样,很快七岁就已经来到"③的句子;镰仓时代的军记物语《源平胜衰记》中也有这样的记载:"三岁之时起,父亲亡去,至七岁受母亲之惠得以成人。"④ 平安时代以来,宫廷中的贵族子弟被要求在7岁举行文字首写仪式,标志正式学习的开始。而武士子弟也多在7岁至9岁开始正式学习。例如战国时代武将上杉谦信(1530年—1578年)7岁入春日山城林泉寺修学;战国时代著名武将武田信玄(1521年—1573年)8岁入长禅寺学习《庭训往来》。

从10岁至14岁,儿童要接受十分严格、正式的教育。儿童要

---

① 参见『世镜抄』上第七,「若身持之事」条。
② 物语:以作者见闻或想象为基础、叙述人物或事件的散文类文学作品,多出现于平安时代至室町时代,大致分为歌物语、历史物语、说话物语、军记物语、拟古物语等数类。
③ 『大桥中将』,笹野坚编:『室町时代短篇集』,栗田书店1935年版,230ページ。
④ 参见『源平胜衰记』,「天变」条。

能够忍受饥饿、困倦等各种妨碍学习的因素。《杂笔往来》如此告诫儿童："幼时忍饥寒，可积萤雪之功。终日习学之，通夜可复读之。头脑聪敏而宏才博览也。镇闭学窗，无他事可嗜之，于管弦歌舞者，须止之。"①要求儿童忍耐饥寒，日夜读书，不能参与管弦歌舞等与学问无关的事情。中世十分流行的《实语教》也这样教训儿童："故读书勿倦，学文勿怠时。除眠通夜诵，忍饥终日习。"②此时儿童的学习内容也比较繁杂，《尺素往来》列举了贵族子弟在儿童时期应该学习的书籍：

先全经者，周易、尚书、毛诗、周礼、仪礼、礼记、春秋、论语、孝经、孟子、大学、尔雅也。此外，老子、庄子、荀子、杨子、文中子、列子、管子、淮南子……次纪传者，史记、两汉书、三国史、晋史、十七代史、唐书等。……此外，国语、家语、帝范、文选、百咏、游仙窟、千字文、蒙求、乐府、琵琶引、长恨歌、白氏文集、昌黎文集、六韬三略、一卷书。玉篇、毛韵、本朝文粹、和汉郎咏、新郎咏、风土记，一一可训授。③

可见贵族子弟所学涵盖和汉，体系庞大，儿童在汗牛充栋的书籍中疲于奔命，哪里还有什么游戏和玩耍的时间。

值得一提的是，在中世，日本人十分崇尚通过儿童幼小时的行为来预测其将来的前途。战国武将武田信玄就认为："分析儿童时代的行为即可知晓未来。在讲述武士故事时有四个童子：第一个

---

① 『雑筆往来』。
② 『実語教』。
③ 『尺素往来』。

张着嘴呆呆盯着讲故事的人;第二个低着头十分恭敬地听;第三个看着讲故事的人,脸上带着会意的微笑;第四个听到一半就退席了。各色情况不等。"①他认为上述四个童子将来会成为四种不同的人;第一个童子将成为"身经百战但均不能获胜"的武士;第二个童子将成为横田高松②、山本勘介③之类的"精通武略之人";第三个童子将成为武功超群但性格傲慢、招人厌恶的武士;第四个童子十之八九将成为臆病患者。

武田信玄的这种儿童观将童年时期的个性发展视为十分重要的素质,因此注重在儿童启蒙时期进行严格的素质教育。武田信玄总结儿童教育的经验时说:"人不分大小。从七八岁到十二三岁,如果是大名之子,便最好将大将的行仪做法很好地告诉他们。普通武士之子也要知道刚烈武者的勇猛。总之人在十二三岁之时,倾心学习的东西一生都不会丢掉。其中教育时机很重要。时机好则变善,时机坏则变恶。"④

家族主义的特点

镰仓时代的武士集团是以"族"为单位的结合,一族之内,族长称"总领",故这种家族被称做"总领制家族"。由于日本社会中长期存在着氏族制度的影响,总领制家族的成员不仅包括具有血缘关系的直系亲属和像甥、侄、堂兄弟这样的旁系亲属,也包括姻亲、

---

① 冈谷繁実编:『名将言行録』。转引自石川谦:『我が国における児童観の発達』,一古堂書店 1949 年版,88ページ。

② 横田高松(? —1551 年):武田信玄麾下武将,精通武略,屡立战功,后战死于上田原一战。

③ 山本勘助:生卒年月不明。战国时代武将,擅长兵法,为武田信玄参谋。

④ 冈谷繁実编:『名将言行録』。转引自石川谦:『我が国における児童観の発達』,一古堂書店 1949 年版,89ページ。

干亲及由收养而形成的养父母、养子孙之类的没有血缘关系的成员,还有从族外人中挑选出来的有能力的从者。

在这样的家族制度中,族人要共同维护自己所属武士集团的"家名",以追求本族共同利益。中世武士都认为忠君舍命是为建立功勋以保存自己家族的"家名",使后代家族成员深感祖宗之功德,以致家名代代相继、永不消亡。例如记载镰仓时代历史的《吾妻镜》中便有"今舍老命于武卫,欲募子孙之勋功"[①]的字句,室町时代的军记物语《太平记》也提到:"勇士于战场舍命之事,只是为子孙后代之荣誉也。"[②]可见"家"的思想从中世的生活现实中产生,又主导了人们的世俗生活。儿童自小便背负家族的荣誉,必须时刻以自觉的行动做到不辱家名。

在儿童教育方面,武士将维持家族威望、不辱家名作为教育理念和重要内容。在毛利元就写给儿子的家训第一条中就说:"此前亦曾几番言道,保得我毛利家名,子孙世代,永不断绝,乃第一须用心之事。"[③]《太平记》也有这样的字句:"若留吾一言于汝耳,则不忘庭训,慎身,勿为有耻先祖之事。"[④]

在这种家族主义的儿童教育观中,武士还要求子弟为了维护家族利益,不惜一切代价讨伐"家长"之仇敌。在镰仓时代末期武将新田义贞写给子弟的家训中便有"还击父亲之敌乃第一用心之事"之条。当时流传十分广泛的《富士野往来》以曾我兄弟讨伐父亲仇敌的行动为主要内容,称赞曾我兄弟的英雄事迹,鼓励儿童效

---

① 参见「吾妻鏡」,「治承四年八月二十六日」条。
② 参见「太平記」卷十四,「箱根合戦」条。
③ 「毛利元就書状」。
④ 参见「太平記」卷二十九,「松岡城周章事」条。

仿曾我兄弟,成为誓死维护家族利益的武士。

另外,忠孝之类的道德修养是当时儿童的重要学习内容。家族内的主从关系是否顺畅是家族能否健康发展的重要因素,对主君要"忠"、对家长要"孝",成为维护"家"的重要思想基础。镰仓幕府之所以屡屡下发法令要求禁止家族内亲子之间的争斗,命令儿子在家族内必须绝对服从父母,便是出于这样的考虑。《今川了俊制词》有"戒忘却君父重恩,有违忠孝"[①]一条,在武田信玄之弟武田信繁的家训《古典厩寄语其子长老》中也有"侍奉主上,永不可生逆心"、"对父母不可不孝。论语云,事父母能竭其力"[②]的道德训诫。

可见在中世,家族制度的建立使儿童的启蒙教育蒙上了一层家族主义的色彩。为了能够维护"家"的名望,并通过对家长的"孝"来实现对主君的"忠",当时的武士都特别注意儿童在幼小之时就要接受忠、孝等道德教养。这样的儿童教育观也刺激和推动了启蒙教材在伦理道德方面的发展。

佛教色彩浓重

在中世,佛教是居于统治地位的宗教。僧侣在这个时代是文化的创造者,也是文化的传播者。儿童为了学习文化,必须要"登山"、"入寺",接受寺院的世俗教育。身在这种佛教的学习环境中,文化教员又是僧侣禅师,儿童教育自然具备了浓重的佛教色彩。

在儿童的启蒙教育中,首先需要建立儿童对佛寺、对僧侣的恭敬态度。镰仓时代武将北条重时在家训《极乐寺殿御消息》中反复强调子弟要信仰佛教、尊敬僧侣。例如"朝夕礼佛神,敬意存于心。

---

① 『今川了俊制詞』。
② 『古典厩寄語其子長老』。

得人礼敬,神增威仪,得神眷顾,人保其运。佛神前祈祷,当求正直心";"不可毁谤出家之人。愚谤沙门,如伤佛身,愚谤大乘,有悖佛心,将损至二世。今生遭人骂无道,后世堕入地狱,铁箸拔舌,其苦难以言状,永世不得超生"①等。对后世极有影响的《今川状》中也有"出家沙门,尤须尽礼尊崇"一条,告诫子弟要尊敬僧侣。由于僧侣是武士子弟的老师,所以启蒙教材中多有"尊师"内容。例如《童子教》告诉儿童:"师者三世契,祖者一世昵。弟子去七尺,师影不可踏。观音为师孝,宝冠戴弥陀。"可见僧侣在儿童的世界中具有十分崇高的地位。

既然儿童是在寺院接受教育,就不可避免地接受佛教知识的传授。战国时代武士、毛利元就的家臣玉木吉保在自传《身自镜》中记载自己在寺院的学习生活时提及,既要读"内典"(即佛教经典著作)如《先心经》、《观音经》,也要读"外典"(即世俗启蒙读物)如《庭训往来》、《童子教》、《实语教》等。《异制庭训往来》也有"内典如实,外典如花,花实相兼,方可尽美也"的字句。反映出当时人们认为儿童应该学习一些佛教经典,从而了解佛教的基本教义。由于当时的启蒙读物编撰者多为寺院僧侣,因此他们在撰写这些书籍时不可避免地加入了一些具有宗教色彩的内容。翻开中世出现的启蒙教材,夹杂有佛教色彩的内容随处可见。例如《东山往来拾遗》中,师僧在解答施主关于温泉生成原因的疑问时如此回答:

阁下所问温泉之事,解释有二。其一,地下有火轮,故池水自成热水。其二,温泉乃地狱猛火之上地下水也。此水温

---

① 『極楽寺殿御消息』。

热味咸。……佛言：池水本非热，虽具八功德，然经地狱上，自成热咸苦。当知温泉以味可别。若水不热，有咸苦味，非地狱上之水。若水热，具咸苦味，正是地狱之上池水也。①

这位僧人认为温泉是位于地狱之上的池水，之所以水温较高，乃其下有地狱猛火的缘故。中世科学并不发达，人们对于一些自然现象的生成原因难以解释。僧侣作为当时的知识分子，也只能使用佛教典故牵强附会。

综上分析，中世的儿童世界与成人世界并没有明显的界限，儿童往往被看成"缩小版的大人"，童年也仅是成人生活的准备期。儿童作为家族成员，必须从小考虑如何维护家族利益。另一方面，由于中世儿童很多时间生活在佛教的环境之中，他们的世俗学习与佛教寺院有密不可分的关系，这也深刻地反映了日本中世的时代特征。

二、近世的儿童教育观

进入江户时代之后，日本的文化教育事业得到很大发展。儒学逐渐代替佛教成为社会思想的主导，同时也成为治国的指导思想和教育思想的主流。政治的稳定、经济的发展以及商业的繁荣使近世儿童教育观出现了很大的变化。

江户时代是日本封建统治的巅峰，此时的教育是为封建统治服务的，但是随着时代的发展以及人们长期以来对教育的探索与经验的总结，其内部已逐步孕育出一些进步的儿童教育思想。这

---

① 『東山往来拾遺』。

些教育思想是日本近代教育观的胚芽,具有深远的时代意义。本节选取江户时代著名教育家——贝原益轩的儿童教育思想,来说明江户时代儿童教育观的特色。

贝原益轩(1630年—1714年),名笃信,字子诚,原号柔斋、损轩,78岁以后改名为益轩,福冈藩士出身。他是江户时代著名的儒学家,也是重要的教育思想家。贝原益轩一生著述颇丰,代表作有《慎思录》、《大疑录》、《初学知要》、《自娱集》、《五常训》、《大和俗训》、《养生训》、《和俗童子训》等,涉及内容从修身、勉学至树艺、文学、神祇、医学、卫生之类共百余种,多达数百万字,其著书与思想在当时及后世影响深远。有学者誉其为"江户时代的百科全书"、"日本的亚里士多德"[1]。

贝原益轩的主要政治思想倾向是提倡儒家的伦理纲常、维护现有社会秩序,反映了其所处的时代特色以及自身的局限性,但他的著作中涉及教育问题的内容很多,是江户时代少有的把教育问题本身作为学问来进行研究的学者。特别是在儿童教育方面,他提出许多崭新的教育思想,对此后日本教育发展产生了重大的影响。其教育理论主要体现在《和俗童子训》、《家训》、《学道训》、《文训》等著作之中。其中,《和俗童子训》成书于贝原益轩81岁高龄之时,书中系统介绍了贝原益轩的教育观,因此被称为"日本最早、最系统的教育理论著作"[2]。而根据其中一章改写的《女大学》则成为江户时代最为流行的女训书及女子启蒙教材。贝原益轩儿童

---

[1] 杉本勳:『近世日本の学術—実学の展開を中心に』,法政大学出版局1982年版,175ページ。

[2] 石川謙:「和俗童子訓解説」,貝原益軒:『養生訓・和俗童子訓』,岩波書店1961年版,295ページ。

教育思想的先进之处体现在以下三个方面：

儿童天性的重要性

贝原益轩认为中世具有成人化特色的教育使儿童成为成年规范的牺牲品。他认为这种教育不但在内容上忽视儿童天性，而且在安排教育进度上也一味贪图快捷，超越了儿童认知能力的范围。他明确主张："幼时之教不可过繁。事繁而琐劳，使其疏远学问。教不可过难而屈其志。不可强迫其做与年龄、兴趣不符之事。应随年龄而施教。"①

贝原益轩虽主张"随年龄而施教"，但并不是主张听任儿童发展，不加教化。他在《和俗童子训》序中指出："君子慎始。差若毫厘谬之千里。是以古人生子，能食能言而教之。……盖婴孩之岁，人生之始也。是性相近而未有习之时。虽知思未发，其为善为恶之歧，从此而分矣。……故教人之法，以预为急。"②此处的"以预为急"，就是说儿童自小就要"预防"周边环境的影响，在"小儿未沾染恶习"之前就要进行适度教育。贝原益轩认同孟子的"性善论"，但他肯定这种善良天性是逐步发展的，且在不同年龄阶段表现出不同特征。因此，教育如果不适应天性的发展，从善去恶，就无法使儿童身心正常发育。因此，贝原益轩认为儿童的早期教育应该更注重"预防"周边环境的不良影响，使儿童的本性"向善而行"。否则，"不急教化，便沾染恶陋，其后虽教之，亦难迁善"。贝原益轩认为儿童周围的人之善恶直接关系到教育的结果。乳母应该是"温和严谨、诚实少言"之人。"师者，小儿所见之楷模也"，故应招

---

① 转引自山住正已、中江和惠：『育児書Ⅰ』，平凡社1976年版，90ページ。
② 貝原益軒：『養生訓・和俗童子訓』，岩波書店1961年版，205ページ。

请"温和、慈爱、谦让"的师匠。"友若恶,则迁恶易",因此应该交友谨慎,尽量避免接触到无赖小人。这些都说明,在贝原益轩的儿童观中,孩童的成长环境具有十分重要的作用。

贝原益轩主张对儿童开展性格培养和道德教育,但并非束缚儿童天性,而是尊重孩子心灵深处纯洁的天性。比如,他充分认识到游戏对儿童发展具有极大作用,"喜好游戏为自然之情,不应压制","小儿之时,放纸鸢射弹弓、玩陀螺打手毽,端午节立人偶,女子怀抱玩具之类,仅为幼小之时儿童所好之戏,年龄渐长之后,自然荒废,并无害于心术"。[①] 这种观点与中世禁止儿童一切游戏、将其禁锢于文字学习的做法有天壤之别。

教育内容的实用性

江户时代社会稳定,商品经济发达,町人文化逐渐走向繁荣。平民阶层对教育需求增加,促进了教育向平民发展。贝原益轩十分注重知识对平民的重要性,在教育内容上更倾向于追求能够实际使用的知识。贝原益轩一方面提出"学问为本,艺能为末","立人道,兴国家,归于平治,使兆民同乐,上勤于德而为下之楷模,建校立师而教士民人伦之道,使士知礼节而与庶民同近善远恶,是为教",[②]体现出他迎合统治者对道德教化要求的一面;同时,他也注意到新兴町人阶层的需求,在教育内容方面,主张学习实用之学,"六艺之中,书算之事,不论贵贱、四民,都应习得",以培养具有实际运用能力的实用之才。从贝原益轩的以上论述中还可以得到一种信息,即他在谈教育时,是将"贵贱"、"四民"相提并论的,这说明

---

① 貝原益軒:『養生訓・和俗童子訓』,岩波書店 1961 年版,207ページ。
② 海後勝雄、広岡亮蔵編:『近代教育史Ⅰ—市民社会の成立過程と教育』,誠文堂 1952 年版,111ページ。

贝原益轩希望各阶层的人都能平等接受教育。

贝原益轩强调对孩童进行算术等自然科学的教学,并把它们列为必修科目。他认为只有学习除伦理道德以外的算学、医学、天文、地理、武学等学问才能真正提高一个人的修养。这种重视自然科学、实用科学的态度得到当时民众的广泛欢迎。可以说,贝原益轩对教学内容的看法,是传统的儒家教育观和先进的实学教育观交汇、融合的产物。它虽然没有摆脱儒家传统的教育观的影响,但却有将儒家的"格物"思想引导至自然科学、实用科学方面的倾向。这种倾向为后来日本民众承认西方自然科学和实用科学的合理性与先进性并转而接受西方科学成果奠定了一定的思想基础和教育基础。

教育课程的规划性

贝原益轩认为,应随儿童年龄增长而相应改变教学内容和教育方式。他根据儿童身心发展特点制定了详尽的儿童教育课程,即著名的"随年教法"。其内容大体如下:

6岁至9岁,男女儿童在家庭中学习和活动。

6岁:

阅读:数字方位、花鸟虫鱼、国郡州府之名称;五十音图。

习字:以书信体之通俗文字为蓝本练习平假名。

道德教育:明尊卑长幼之别,学对应礼貌用语。

7岁:

阅读、习字:平假名的读写。

道德教育:儿童智力开始发育,故教行为举止之规则,使其明辨事理。

8岁至9岁:

  阅读:择文句短小、易于读写之内容读之,如《孝经》、《论语》,女孩加学《女诫》。

  习字:练习汉字的楷书、草书。

  道德教育:开始正规地教授礼法,传授孝悌之道。

10岁至20岁,男孩从师,女孩在家庭中学习和活动。

10岁至14岁:

  阅读:以《小学》、《四书》、《五经》的顺序阅读。

  道德教育:习五伦五常之理,常持爱人、敬人之心。

  其他:男孩从师习文武技能,女孩习裁缝、纺织、计数等。

15岁至19岁:

  阅读:迟钝者通《小学》、《四书》大意;聪明者使之博学多知。

  道德教育:继续习五伦五常之理,并修义理、修身、治人之道。

20岁:

  阅读:博览诸子、史书。

  道德教育:舍弃童心,依成人之德教之。

  与中世儿童庞杂繁复的学习课程不同,贝原益轩的"随年教法"对应儿童身心发展阶段,制定了不同的教学方法与教学内容,由易至难、从浅入深。并且根据学问、教养的不同领域,将课程分为习字、阅读、道德教育等学科,体现了贝原益轩在"尝试将儿童教育学科化、组织化"①,这在当时是比较先进的。这种根据儿童学习心理发展特征设置教育课程的方法在当时很受欢迎,并对此后的日本教育带来很大影响。

综上所述,贝原益轩的教育思想反映了近世日本儿童教育观的发展与变化。这种变化简单说来主要表现在以下几条:

首先,开始重视儿童与成人在身心发展方面的不同。如江户时代儒学家中江藤树所言,"子之教,幼少与成人有差别也"②,更为重视儿童的天性,教育课程向符合儿童认知规律的方向发展。

其次,近世的儿童教育既有忠孝礼教等道德方面的内容,也出现了很多与平民大众日常生产生活息息相关的实用知识。

第三,庶民的教育被提上议事日程。一方面是因为经济的发展、町人地位的提高,另一方面也是因为统治者开始认识到庶民教育的重要性。这比起中世的"英才教育"已经有很大的进步。

第四,儿童的课程规划比中世更为科学。贝原益轩的《和俗童子训》在各地相继出版,其"随年教法"在私塾和藩校的教师中被广泛采用,影响深远。

可以认为,江户时代的日本在儒学普及、生产力不断进步的情况下,人们已经突破了佛教对教育思想的垄断局面。教育思想从宗教的羽翼下被解放出来,在一定程度上提供了儿童教育走向现实本位的可能,进而形成以儿童本身为主体的教育观。这是江户时代日本教育的一大特色。

---

① 梅根悟编:『世界教育史大系1·日本教育Ⅰ』,講談社1976年版,124ページ。
② 转引自石川謙:『我が国における児童観の発達』,一古堂书店1949年版,202ページ。

第三节 启蒙教材的编撰者与使用者

教科书是研究一个时代教育状况的关键。从作者从属哪一阶层,可以发现当时文教权力掌握在谁的手中;从教师以及学生身份的考察,可以界定教育由谁实施、实施范围有多大。因此,为了进一步阐明传统启蒙教材与儿童启蒙教育的关系,分析它们在各时代的编撰者以及使用者的身份演变颇为必要。

一、编撰者的身份嬗变

启蒙教材作为文化传递的工具,是体现生活于文化共同体中的人们长期积淀而成的文化心理系统。其中包括价值观念、思维模式、审美情趣、道德情操、民族性格等各方面内容。在不同时代,不同身份的人所编撰的启蒙教材必然反映不同时代文化共同体的文化共性,进而赋予儿童启蒙教育以不同的时代特色。

中世——从贵族向僧侣的转变

有人把中世启蒙教材的编撰者作出如下归纳:"从上代末到中世前期(平泉澄以1314年(元弘三年)为界,把中世分为前后两个时期),启蒙教材的著者七成为公卿朝臣,剩余三成为高级僧侣;而在中世后期,著者中僧侣占了九成,剩下一成中五分为公卿贵族,五分为武士。"[1]笔者认为这种归纳是有道理的。中世时期,社会结构曾发生明显变化,作为儿童启蒙教育的实施者,启蒙教材的编

---

[1] 平泉澄:『中世の社寺と社会の関係』,至文堂1926年版,295ページ。

撰者在前后两阶段中的确出现了不小的变化。

在第一阶段(平安时代末期至镰仓时代初期),贵族学者是最主要的启蒙教材编撰者,只有少量作品由僧侣编撰而成。在此仅列以下作品以资说明:

(1)《明衡往来》:编撰者藤原明衡(989年—1066年),此人以文学之才闻名于世,官至大学头兼文章博士,从四位下。

(2)《季纲往来》:编撰者藤原季纲(生卒年代不详),此人为大学头藤原实范之子,历任三河、越前等地的国守,后为从四位上大学头。

(3)《东山往来》:编撰者清水寺定深和尚。

(4)《贵岭问答》:编撰者中山忠亲(1132年—1195年)。1191年(忠亲于建久二年)升任内大臣、正二位,另著《水镜》、《山槐记》二书。

(5)《菅丞相往来》:编撰者传为菅原道真(845年—903年),平安时代前期贵族,历任文章博士、藏人头、参议等职,醍醐天皇时为右大臣。

(6)《十二月往来》:此书编撰者有两说,一为中山忠亲,一为藤原良经。藤原良经(1169年—1206年),镰仓时代初期贵族、歌人,任摄政、太政大臣。

(7)《释氏往来》:编撰者为守觉法亲王(1150年—1202年),雅仁亲王第二子,二条天皇同父异母之弟。

可见当时流行很广的启蒙教材的编撰者大多出身于贵族。这种情况的出现是由这个时段日本社会文化状况决定的。平安时代是公家掌握政治权力的时代,他们通过手中权力控制教育的发展方向。当时的教育是培养本阶层子女的"精英教育",目的在于使贵族子弟延续父辈的经济地位和政治统治地位。因此,平安时代贵族通过政治、经济以及教育的特权逐渐形成一个较为封闭的阶层,他们是当时日本最主要的知识分子。

平安时代末期,官办学校日益衰落,贵族通过家庭教育或开办私塾家学来教育子弟。为提高本族子弟的文化修养,维护贵族的荣耀,他们对教育投入了很大的热情。这期间菅原家开设的文章院、藤原家开设的劝学院等家塾都很有规模,也很有影响。贵族子弟有在家庭或私塾中学习书信礼仪等基础知识的客观需要,而具有较高文化素质的贵族也有能力和热情去编撰儿童启蒙教材,因此从平安时代末期开始,不断出现贵族文人所撰的作品。

即使进入武士掌握政治权力的镰仓时代初期,贵族作为日本文化的代表其影响力仍然存在。这时期日本政治的突出特点是京都和镰仓两大政治中心之间势力相对平衡。京都仍保持着作为皇室与朝廷贵族中心的地位。地方武士兴起之后,贵族的财富以及维持高雅生活的能力并未急剧降低。这期间启蒙教材之所以大部分由贵族编撰而成的原因便在于此。

但是,随着政局的逐步稳定,启蒙读物的编撰者的身份变化进入第二阶段(镰仓时代末期到室町时代)。以下是这期间的编撰者的情况:

(1)《拾要抄》:编撰者尊圆法亲王(1298年—1356年),伏见天皇之子,后为天台宗青莲院门主、延历寺主持。

(2)《异制庭训往来》:传为虎关和尚所撰。

(3)《新札往来》:编撰者为金莲寺素眼法师。

(4)《山密往来》：编撰者为山门檀那院的实严和尚。

(5)《南都往来》：编撰者为兴福寺经觉大法师。

(6)《庭训往来》：编撰者为天台宗僧人玄惠法师。

(7)《新撰类聚往来》：编撰者为佛陀院丹峰法师。

(8)《吃茶往来》：编撰者为天台宗僧人玄惠法师。

(9)《镰仓往来》：编撰者氏名不明，据考为室町时代武士。

(10)《蒙求臂鹰往来》：编撰者为下毛野家武士松田宗岑。

可见，这期间启蒙教材多为寺院僧侣所撰，另有少量武士所撰作品。这种变化的原因在于，首先，贵族、武士之间的政治与文化的平衡被打破，贵族退出权力中心，取而代之的是新兴的武士阶层。武士作为日本政治经济变化的产物，虽然其生活方式还未在社会上占据主导地位，但是他们已经成为政治上的统治者，日本文化也越来越多受到新兴武士阶层的兴趣和价值标准的影响。武士们不但在政治和军事上掌握主动权，而且也逐渐意识到文化的重要性。正如室町前期武将今川贞世所言，"不知文道而武道终不得胜利"，这时期的武士阶层在不断总结政治经验的同时，已将文化修养作为实现统治的必要条件。

中世日本佛教空前活跃也是僧侣成为主要作者的原因之一。中世的日本佛教已摆脱奈良、平安时代的政治化和贵族化的特点，逐步适应武士阶级以及广大平民的需要。在镰仓、室町时代，流行的佛教教派是净土真宗、日莲宗、禅宗等，这些新教派具有广泛的民众基础。对于武家社会来说，寺院及僧侣阶层有着重要作用，他们提供有教养的人才，这些人才可以给没有文化的军事行政人员当书记、做顾问。到室町幕府时期，"足利将军们把僧侣当做政府的文化分支"①,甚至规定除将军继承人之外的足利家子弟一律要出家学习。

　　武士将文教权让渡给禅寺,将子弟送到寺院受教,成为文化教育的享受者。此时以五山十刹为代表的寺院文化昌盛,大多数僧侣都饱读经书,成为当时最大的知识分子群体。与此同时,皇室贵族却已退守到一个比较封闭的环境中,不再有创造新的文化的活力和热情。启蒙教材的编者群体由贵族变成寺院僧侣的原因便在于此。

近世市井文人的加入

　　到了近世,政治稳定、经济发展,世风为之一新。江户时代后期儒者龟田鹏斋在《笔道师家人名录》中描绘了当时的文化盛景:"东都府会四十里,阛阓八百,坊巷且千。既庶且富矣。其间阎坊巷,各有黉宇讲舍。商贾工匠,驵会贩夫之群子弟,皆就此而肄业焉。乡先生朝教道艺,夕课书算。"②

　　在这样文化繁盛的时期,知识群体日渐扩大。正如霍尔所言:"德川时期重要的学术和哲学作者中,包括许多町人或者农民出身的人。学识的普及表明德川社会中受教育的机会在各阶层中都大大地扩展了。事实上,日本正以扩大学校网和增加出版物而步入提高文化的时期。"③由于印刷出版业的发达,书籍成为商品,启蒙教材几乎全由民间书店发行。一些市井文人开始成为独立的职业

---

　　① 〔美〕约翰·惠特尼·霍尔:《日本——从史前到现代》,邓懿、周一良译,商务印书馆1997年版,第90页。
　　② 龟田鹏斋:『筆道師家人名録』。转引自大冈成美:『寺子屋に関する教育文化学的研究:その教育理念の淵源とその歴史的展開』,講談社2003年版,245ページ。
　　③ 〔美〕约翰·惠特尼·霍尔:《日本——从史前到现代》,邓懿、周一良译,商务印书馆1997年版,第166页。

第五章 传统启蒙教材与儿童启蒙教育

作家,创作了不少启蒙作品。

此处举十返舍一九为例。十返舍一九(1765年—1831年),本名重田贞一,原在奉行所供职,后辞去役职,成为江户出版商"茑屋"的职业作家。他一生著书甚多,包括黄表纸、洒落本、滑稽本等各种文学形式在内的作品达400余种,其中以体现江户町人幽默感的《东海道中膝栗毛》最为有名,是当时极受欢迎的市井作家之一。

从1822年至1825年的短短数年间,十返舍一九创作了《新撰曾我往来》、《勇烈木曾往来》、《英将义家往来》、《弓势为朝往来》、《赖光山人往来》、《义经勇壮往来》、《勇烈新田往来》等11种传记类启蒙读物。这些作品以历史上有名的武士、勇将的故事为主,对处于智慧初启、模仿力强的儿童而言,具有很大吸引力。作为作家,十返舍一九非常了解社会对儿童启蒙读物的需要,民间书肆也频频向他约稿。他曾在《荣达足利往来》序中写道:"御代统治渐丰,古代之铠武者残留于绘草子、锦绘之上,不能为儿童所赏玩。今书肆锦耕堂之主人,数次向吾索要此书。"[①]《新撰曾我往来》序中也提到:"年年岁岁,于东都戏场狂言座,编曾我兄弟复仇之事为嘉例,广为世人所知。但书肆锦耕堂之主人,仍需此书,为初学儿童之教。"[②]可见随着江户时代出版业的兴盛,民间书商认识到启蒙教材具有一定的商业价值,因此不断向一些有名的民间作家索要新的作品。这从另一侧面反映了普通百姓对启蒙教育的旺盛需求。

---

① 「栄達足利往来」序。
② 「新撰曾我往来」序。

除专门的民间作家以外,很多亲自从事儿童启蒙教育的寺子屋师匠也成为启蒙教材的编撰者。例如,京都的寺子屋师匠堀流水轩创作出广为流传的《商卖往来》,成为里程碑式的启蒙作品。堀流水轩还在1714年创作出伦理道德启蒙读物《寺子教训书》。由于寺子屋师匠了解学生的学习情况、学习进度及需求,他们编写的启蒙读物往往更切合实际,也容易流行。不过,由于寺子屋师匠出身低微,他们编书的目的很大程度上在于赚钱养家糊口,因此很多作品上并未留下名字,生平也多不为人知,实在有些遗憾。

历史学家井上清先生在总结日本文化发展进程时指出:"15至16世纪,文化的创造,从僧侣和武士阶级逐渐转移到民众方面,到17世纪末期完成了这种转移。文化的主力军,在日本历史上,开始基本上从统治阶级转移到被统治阶级。"[①]市井文人加入启蒙教材作者的行列便是这种转变的体现之一。江户时代,普通大众在文化产品的创造上体现了极大的热情和活力,市井文人从本阶层儿童的启蒙教育需求着手,更注重本阶层的文化风格和价值观念,编撰的启蒙教材也更具创造性与大众性。

虽然不少身份低微的市井文人参与了启蒙教材的编撰,但江户时代由居于意识形态主流的儒家学者编撰的作品也为数不少。随着儒学思想成为统治者的精神支柱,通过教育强调大义名分和忠孝道德伦理成为各儒家学派的共识。儒家学者撰写了大量道德修养方面的启蒙读物。例如,京师朱子学派的室鸠巢倡导大义名分,著《六谕衍义大意》、《五常五伦名义》,成为当时德川

[①] 〔日〕井上清:《日本历史》,天津市历史研究所校译,天津人民出版社1974年版,第374页。

幕府施行庶民道德教化的重要教材。他在《六谕衍义大意》跋文中明确表明编撰目的：

> 世之能学问知义理者，姑舍无论已。其余农圃陶冶、贩鬻之徒，比屋树畜，竈炊于闾左乡曲，何翅亿万。苟无教道以率之，徒知竞锥刀事暖饱而已。……岂可遽以孝悌敦睦之行责之。若教以诗书之言，督以圣杰之训，彼将藐乎不闻。若以浅近易人之言诱之，使其驯致而至于善为愈。……六谕之书，为政议所取，于是特旨并书授臣直清，撮其大意，译以国语。遂付有司雕印，以行四方，代道铎之令。①

意思是说，对于农民商贩之类的市井百姓，如果不教授儒家伦理道德，他们就仅知道饱暖之俗事。但又不能用高深的圣贤之书来教导他们，应用浅显易懂的文字使其知晓大义，以成驯服之民。因此，幕府将军旨令编撰并出版《六谕衍义大意》以代替官府的正式文告。

海西朱子学派的藤井懒斋也编撰寺子屋使用的教材《教训竹马抄》、《本朝孝子传》。其中《本朝孝子传》收录日本本国的孝子71人的事迹，后附赞赏之论，著名画家狩野永敬为每传作图，流传十分广泛。贝原益轩所著的《和俗童子训》中有"教女子法"一节讲述女子修身之心得，后来书肆将此节改编刊行，命名为《女大学》。此书作为当时女童必读之修身书，广为寺子屋使用。

可见，对于庶民子弟的启蒙教材，在江户时代出现了两个截然

---

① 『六諭衍義大意』跋。

不同的编撰者群体:其一为作为被统治阶层的普通民众,其二为作为统治阶层的儒家学者。他们的立场不同,观念不同,但对启蒙教材的关注殊途同归。总的来说,民间的普通民众是江户时代启蒙教材编撰者的主流,他们编撰的作品偏重实用知识的传授。这体现了庶民对文化教育的渴求之情,也反映了社会经济的发达。儒家学者多以维护统治、教导道德规范为目的,其影响力多集中在反映道德伦理以及社会规范方面的启蒙教育。

二、使用者的变化

儿童启蒙教育是一种有目的、有计划的教育活动,它有其特殊的参与主体——作为教育活动组织者的教师以及作为教育活动对象的学生。由于各时代的教育文化背景不同,教师与学生的社会身份和社会地位都有不同。本节将启蒙教材使用者按时代变化归纳为三组相对应的师生关系。

贵族学者和贵族子弟

平安时代末期,贵族教育的内容主要还是从中国舶来的汉学典籍,赋汉诗、写和歌、弹奏乐器是贵族子弟必须掌握的三种技能。不过,在贵族的相互交往中,书信礼仪日益得到重视。传统启蒙教材便在这样的教育需求下应运而生。

以《十二月往来》为例,此书由12条24封往返书信构成,每封信都有寄信人和收信人的具体官职。我们通过分析书信主题以及寄信人和收信人的身份,可大体推想平安时代末期至镰仓时代初期此书使用者的身份与地位。由于每月往返书信主题大体相同,且寄信人和收信人正好相反,因此此处仅列举"往书"即去信的主题和寄、收信人。

表 5.1 《十二月往来》的主题、寄信人、收信人

	时间	去信主题	寄信人	收信人
正月状	正月三日	描述元日祭礼的庄严景象	权大纳言	太宰权帅
二月状	二月二日	作为春日祭祀使节向对方借马匹	左少将	内藏头
三月状	三月一日	任命对方为石清水临时祭祀使节	左卫门权佐	左近权中将
四月状	四月五日	贺茂祭时订购舞人服装	左中将	左少将
五月状	五月七日	请求成为"最胜讲"的听众	僧	权右少办
六月状	六月四日	请求购置御灵会所用的桔梗造花	僧	右中将
七月状	七月六日	邀请对方参加七夕宴会	勘解由次官	宫内权少辅
八月状	八月七日	询问放生会参列的作法	右中办	权中纳言
九月状	九月八日	询问座位顺序	参议	民部卿
十月状	十月八日	询问参加"维摩会"的服装礼仪	右大将	左卫门尉源
十一月状	十一月十四日	询问可否聘妓女作为舞姬	左卫门督	参议
十二月状	十二月七日	希望对方推举自己的儿子为内侍所御神乐的演奏者	权大纳言	左近权中将

《十二月往来》中的 24 封书信绝大多数都为贵族之间的书信（除五月状、六月状去信人为僧侣之外），其内容涉及平安时代末期贵族在每月所要进行的各种活动。可以推想,使用这些教材的儿童也大多出自与书信作者相似的贵族家庭。

同期的其他启蒙教材也具有相同特点,即当时知识授受双方都属于贵族阶层。这种状况是由平安时代政治、经济以及社会文化状况决定的。贵族阶层掌握教育的特权,在官学没落之后便开设以本族子弟为对象的私塾家学,平民百姓则没有接受教育的可能。因此,在日本的启蒙教材发展的初期,使用其进行教学的仅仅是贵族身份的学者,而接受教学的只是少部分贵族子弟。

佛寺僧侣和武士子弟

佛教进入日本后,经过统治者的大力弘扬,很快成为重要的宗教,佛教寺院及僧侣也迅速成为强大的社会力量。"接受一种新宗教,必须看做是任何人民文化史上的转折点。佛教传入日本,正像基督教传入不列颠岛,就是这样的转折点。"[1]进入中世以后,公家势力衰落,佛教寺院及僧侣与贵族的联系也不像前代那样密切,但是在文化传承上的作用却越来越大。中世数百年战乱频繁,世人皆以金革为衽,以戈为枕,读书者除寺院僧侣之外逐渐减少。虽然武士掌握政治权力,但是由于行伍出身,大多无多少家学渊源,因此武家的总体文化水平并不太高。在戎马倥偬的战乱之世,能够有实力和精力对武士子弟进行文化教育的就仅有那些佛寺僧侣了。

关于中世以来日本的教育状况,江户时代町人学者正司考祺(1793年—1857年)曾有这样的描述:"古代有乡村庠序之学馆,战国之世均已荒废。民人皆往赴寺院,以僧徒为师……故入塾谓之为登山,返家谓之为下山。"[2]不过,这期间能够"登山"求学的"民

---

[1] 〔美〕约翰·惠特尼·霍尔:《日本——从史前到现代》,邓懿、周一良译,商务印书馆1997年版,第44页。

[2] 正司考祺:『経済問答秘録』卷四,日本経済叢書刊行会1916年版,78ページ。

人"并非庶民子弟,而主要是武士子弟。

法国传教士克拉申(1618年—1692年)曾描绘他在日本见到过的寺院教育:"有身份人家的男孩子,在14岁之前都奔赴佛僧学校,学习书写和阅读。不仅学其形,也要习其意。一为上呈国王的书体,一为下寄国民的书体,其他书体以及公务文书的写法都应习得。"①他所说的能够进入寺院求学的"有身份人家的男孩子",显然是那些已掌握政治权力的武士子弟。从学习内容也可看出,寺院要培养的是未来掌握政治权力、要习熟各种公务文体的"社会精英",而不是没有身份的农、工、商人。下表将中世一部分较为著名的武士"登山"的年龄以及就学的寺院列举出来,以资证明。

表5.2 中世部分武士"登山"的年龄与就学寺院

项目 人名	出生年代	入学年份	入学年龄	就学寺院	备注
大馆氏清	1337年	1346年	10岁	东福寺海藏院	
太田道灌	1433年	1441年	9岁	镰仓五山	11岁下山
武田信玄	1521年	1528年	8岁	长禅寺	
上杉谦信	1530年	1536年	7岁	林泉寺	
织田信长	1534年	1546年	13岁	天王坊	
德川家康	1542年	1551年	10岁	智源院	
黑田孝高	1546年	1552年	7岁		寺名不明
榊原康政	1548年	1556年	9岁	松应寺	
玉木吉保	1552年	1564年	13岁	胜乐寺	师从法印大师

我们从这段时间出现的启蒙教材的内容也可以推断前往寺院学习的"寺子"到底应该是一些什么身份的人。例如《异制庭训往

---

① ジャン・クラッセ:『日本西教史』,太陽堂書店1925年版,63ページ。

来》的各书状的主题分别是游戏、酒宴、吃茶、香、财物·珍宝、兵法·武具、汉学·汉籍、习字、诗文·和歌、音乐、佛事、佛法等;《新撰游觉往来》的书信主题是连歌、和歌、吃茶、佛事、游戏、香、习字、管弦、学文、武具、财宝等;《庭训往来》中书信的主题是佛教、文学、教养、职分职业、衣食住、武具、行政司法等。从这些可以看出,当时在寺院学习的学生的学习内容既包括了平安时代的贵族修养(如和歌、诗文、管弦等),也有佛教色彩的内容(如香、佛事、佛法等),另外添加了兵法、武具等与武家奉公生活息息相关的内容,唯独缺少的是与庶民大众的生活和生产有关的知识内容。从这一点可以看到,中世寺院的世俗教育并非是为社会所有阶层的子弟所预备的,其教育还是以统治阶层教养性质为主的世俗教育。因此,能够进入其中接受教育的人只能是具备一定政治和经济统治力的武家子弟。

寺子屋师匠与庶民子弟

在江户时代,各类教育机构大量增加,平民从此能够进入寺子屋开始接受有组织的教育,成为文化教育的享受者。从教育的角度,可以说江户时代是一个全新的时代,为明治维新之后日本的教育现代化奠定了坚实的基础。

我们可以先考察一下寺子屋的教师情况。在现代教育中,教师作为教育活动的组织者,其工作重心在于课堂教学的组织,而不是学校经营。但是,在江户时代,由于寺子屋一般规模都很小,寺子屋的经营者往往就作为教师组织儿童启蒙教育。

根据年代和地区不同,寺子屋教师的身份也有所不同。根据1892年日本文部省出版的《日本教育史资料》的统计,可大致了解江户时代寺子屋教师的身份。

第五章　传统启蒙教材与儿童启蒙教育

表5.3　江户时代各期寺子屋师匠的身份①

年代＼师匠身份	武士	平民	僧侣	神官	医生	合计
1603—1624（庆长至元和）	2	3	1	4	1	11
1624—1681（宽永至延宝）	3	10	11	5		29
1681—1716（天和至正德）	3	13	2	10	2	30
1716—1789（享保至天明）	44	72	22	28	33	199
1789—1844（宽政至天保）	835	1137	479	228	294	2973
1844—1868（弘化至庆应）	1810	2939	1371	515	597	7232
合　计	2697	4174	1886	790	927	10474

鉴于江户时代前期关于寺子屋师匠身份的详细记载很少,所以享保之前的数字并不精确。但从上表大体可知,江户时代的寺子屋师匠主要由武士、平民和僧侣组成,其中平民身份的师匠人数最多,增加最快。描述江户时代中期市井风俗的随笔《飞鸟川》(1810年)中如此调侃道:"昨日方为鱼菜商人,今日却以习字师匠之姿示人。"②僧侣所占比例的增长与佛教的平民化、大众化有关。他们改变以前远遁深山的行为方式,逐步融入地域社会,与普通大众形成了良好的互动关系。另外,武士在寺子屋师匠中的比例也不算小。但这里所说的"武士"仅仅是下层武士或浪人③,开办寺子屋便是为接济家用以求生计而已。江户时代儒学家中井竹山在《草茅危言》中说道:"御治世以来俗间文字日用渐弘,都会之地,手迹算术指南、又少量之素读、或诸礼小讽等,教授者渐多,诸浪人是

---

① 文部省编:『日本教育史资料』(第7卷),临川书院1970年版,800—805ページ。
② 『飞鸟川』。转引自久保田信之:『江户时代の人づくり』,日本教文社1988年版,65ページ。
③ 浪人:脱离领主、失去封地或俸禄的武士。

以糊口也。"① 随着商品经济的发展，幕藩政权的财政日益困难，下层武士生活更加不易，因此，经营寺子屋的武士数量并没有下降，反而逐年增加。

由于江户时代各地区社会经济发展不平衡，寺子屋师匠的身份也有很大差异，这与其所处地区很有关系。下表将江户、京都、大阪作为城市代表，武藏郡、山城郡、摄津郡作为农村代表，分别列举各地寺子屋师匠的身份。

表5.4　1830年—1844年（天宝年间）城市与农村寺子屋师匠的身份比较②

师匠\地区		武士	平民	僧侣	神官	医生	其他	合计
江户		124	154	10	7			295
京都		3	34		1		39	77
大阪		9	68		1	2	1	81
三都合计		136	256	10	9	2	40	453
武藏郡		39	216	88	8	12	222	585
山城郡		30	69	78	25	12	25	239
摄津郡		20	107	59	8	14	5	213
三郡合计		89	392	225	41	38	252	1037
各身份百分比	城市	30.0%	56.5%	2.2%	2.0%	0.5%	8.8%	100%
	农村	8.6%	37.8%	21.7%	3.9%	3.7%	24.3%	100%

该表反映出两个特征：第一，江户作为幕府所在地、"武士之

---

① 参见中井竹山：『草茅危言』卷四，「儒者の事」条。
② 文部省编：『日本教育史资料』（第7卷），临川书院1970年版，810—820ページ。

都",武士出身的寺子屋师匠比其他地区要多得多。而作为"町人之都"的大阪,以及作为"公家之都"和重要商业城市的京都,武士师匠稀少,主要以平民师匠为主。农村地区仅有少量武士从事寺子屋的启蒙教育。

第二,平民师匠在城市多,僧侣师匠在农村多。随着城市商业的发达以及城市文化的发展,城市中出现大量具有较高文化水平的平民。而在农村,人们的文化水平普遍较低,只能请具有较高文化修养的僧侣作为儿童的启蒙教师。不过,此时的僧侣并非在寺院教授儿童,而是在寺院附近或农村街市找一简陋小屋作为寺子屋,用于儿童启蒙教学。

至于使用启蒙教材接受教育的学生,可以说,江户时代的教育已突破古代、中世统治者对教育的垄断,广大庶民子弟都可进入寺子屋进行学习。据当时资料记载:"平民子弟,统统进入各村寺僧或医师的住宅进行修学。……虽有寺子屋之名,但非整年学习。农暇之时可随意修学也。"[①]可见此时寺子屋广为招收庶民子弟,甚至还根据农时的需要调整教学,很明显是为农民子弟着想。

寺子屋教育在本质上是"庶民化"的,其使用的教科书明显地体现了这一特色。例如前面所举的地理类启蒙教材《江户方角》、《东海道往来》等用通俗的笔调列举各地地名,广为商贾工匠、驵侩贩夫所诵读;又如《楠三代往来》等历史类启蒙教材以特定的传奇人物的传记为主题,满足市井小儿"英雄崇拜"的心理,与江户时代后期町人阶层对历史人物喜闻乐道的文化特色相符合。在江户时代出现如此多的为庶民子弟编撰的教科书,这在以"培养精英"为

---

① 文部省编:『日本教育史資料』(第5巻「峰山蕃」第2冊),臨川書院1970年版,366ページ。

教育特色的古代和中世是难以想象的,是巨大的历史进步。

第四节 使用启蒙教材的教育机构

从社会组织的观点而言,从事儿童教育的学校旨在向儿童提供适当的环境,使其能够顺利完成社会化过程,以便圆满地参与社会生活。因此,学校组织的目的就在于传递社会文化;而文化的内容又涵盖整个人生的领域,包括知识、技术和价值观念。封建时代的日本,教育主要是为维护统治服务,并随着时代需要而发展的。从事儿童启蒙教育的场所也根据时代不同而发生变化。由于中世教育具有较大的阶级性,寺院所接收的儿童多为统治阶级的武家子弟。而至近世,民间自发形成的寺子屋开始担当起平民子弟的启蒙教育。

一、寺院

佛教寺院很早就有从事世俗教育的传统。平安时代的高僧空海(即弘法大师)在827年(天长五年)建立综艺种智院,广开教育门户,招收庶民子弟入学。他在《综艺种智院式并序》中说道:"或有人曰:国家广开庠序,劝励诸艺,霹雳之下,蚊响何益。答:大唐城,坊坊置闾塾,普教童稚。县县开乡学,广导青衿。是故,才子满城,艺士盈国。今是华城,但有一大学,无有闾塾,是故贫贱子弟,无所问津,远坊好事,往返多疲。今建此一院,普济童蒙,不亦善乎。"①空海批评当时贵族本位的学校教育,并从佛教的普度众生

---

① 参见空海:「綜芸種智院式並序」。

和一切无差别的思想出发,提倡无差别的教育。这种思想富有浓厚的宗教色彩,在当时的社会政治条件下具有一定的空想成分。但是,综艺种智院在日本教育史上是有进步意义的,它开创了有组织儿童启蒙教育的先河,因此后世学者横山达山在《日本教育史》中认为"综艺种智院是本邦国民学校之嚆矢"[①]。

空海殁后十年,综艺种智院停办。1192年,源赖朝被任命为"征夷大将军",镰仓幕府正式建立。贵族势力逐渐衰退,地方武士跳梁跋扈,反目争乱连绵不绝。在此战乱之世,佛教却发达起来。从权势的角度而言,除去朝廷、幕府之外,就是佛教寺院的王国了。它不仅凭借强大的经济实力和政治上的特权影响着当时的社会生活,而且在很大程度上支配了从皇室、武士到平民的精神生活。在教育上,寺院不仅成为培养僧侣的场所,也成为教授世俗知识的"学校"。

佛教寺院之所以能够成为提供世俗教育的社会组织,原因有三:其一,佛教进入日本之后,经历了一番较为彻底的改造,它逐渐由注重来世与彼岸的极乐世界,转而较多地注重今世的现实世界,被日本人赋予了治病、求官、克敌、生育、教子等多方面的现实任务。因此当时的情况是,"小儿习字之时登寺,学问之时登寺,疾病治疗、卜筮占卦、祈求书画等,皆登寺以成世用"[②]。其二,从政治的角度看,佛教之所以得以立足和发展,是因为在进入日本之后其本不突出的护土守国思想被改造成镇护国家和王法的教义。历代皇室、重臣、武将都将佛教作为政治斗争中战胜对手的重要力量。特别是中世的禅宗、净土宗等佛教新派由于教义和修行方式的简约化、大众

---

① 横山達三:『日本教育史』,同文館1959年版,214ページ。
② 『仮名物語』。转引自大岡成美:『寺子屋に関する教育文化学的研究:その教育理念の淵源とその歴史的展開』,講談社2003年版,326ページ。

化,深得武士青睐,得到统治者阶层的信任和尊崇。其三,佛教寺院本身有进行文教活动的实力。佛教寺院很早便成为日本的学术重镇,奈良时代便有大量留学僧学习汉唐文物制度。僧侣不仅学习佛教经典,而且也攻读儒家典籍、诸子百家以及其他文学作品。因此,在兵荒马乱、文教衰微的时代,佛教寺院自然成为武士子弟的文化殿堂。

关于寺院课程的具体安排,从反映中世武士教育状况的《世镜抄》一书可略知一二:

> 上午:看经,卯时至辰时(上午6点至9点);
>   习字,巳时至午时(上午10点至下午1点);
> 下午:读书,午时至未时(下午1点至3点);
>   游戏,申时至酉时(下午4点至7点);
> 晚上:和歌、人情事理、故事、笛箫、管弦、乐器等,酉时至戌时(晚上7点至9点);
>   自由活动,戌时至亥时(晚上9点至11点)。[①]

从以上课程安排可知,武士子弟每天学习佛教经典("看经")的时间并不多,练字和读书是每天学习活动的主体,并且安排了其他学习活动,例如乐器、和歌等,反映出寺院教育以世俗文化修养为主导的特点。

在写字、读书方面,寺子[②]学习的内容中有不少启蒙教材。战

[①] 参见梅根悟编:『世界教育史大系1·日本教育Ⅰ』,講談社1976年版,83—84页。

[②] 寺子:在日本中世,佛教寺院成为武士子弟接受启蒙教育的主要场所,其接纳的武士子弟被称为"寺子"。

国武士玉木吉保在自传《身自镜》中,对自己在真言宗胜乐寺中所学课程作了如下总结:

1564年(永禄七年),13岁,登山第1年:
  习字:伊吕波歌、假名文;
  阅读:《先心经》、《观音经》、《庭训往来》、《实语教》、《童子教》等。
1565年(永禄八年),14岁,登山第2年:
  习字:草书、行书;
  阅读:《论语》、《朗咏集》、四书五经、六韬三略等。
1566年(永禄九年),15岁,登山第3年:
  习字:楷书;
  阅读:《古今集》、《万叶集》、《源氏物语》、《伊势物语》等。

寺子习字从最基础的假名为始,然后是日常实用的草书、行书,其后方为楷书。在阅读方面,《庭训往来》、《童子教》、《实语教》等传统启蒙教材是启蒙阶段的主要教材,学习这些东西之后,寺子方可学习《朗咏集》、《万叶集》等较深奥的古典作品。

从上述课程以及学习内容可以看到,一方面,寺院教育具有明显的世俗性,以满足武士子弟的日常实用为出发点;另一方面,寺院教育也有一定的贵族性特色,有很多内容是以前只有贵族才能学习的东西,例如和歌、乐器等,并不传授与普通百姓日常生活息息相关的生产技能知识。

中世的寺院教育在日本教育史上具有重要的过渡作用。它一方面继承古代教育的贵族性,另一方面又为近世教育的大众化奠定了基础。到室町时代末期,一小部分家境富裕的平民子弟也开始在寺院中接受教育。与中世之前的贵族教育相比,寺院教导了广大武士子弟,并将教育向平民、向实际生活推进一步,从而在一定程度上扩大了教育的接受面,有利于社会整体文化水平的提高。

二、寺子屋

寺子屋,又称为寺小屋、寺屋、手习所,是明治维新之前民间自发形成的儿童初等教育机构。"昔时习字于寺中之故,习字之子谓为寺子。今田舍、市井习字师匠之所,谓之寺子屋是也。"[①]《古事类苑》中也这样解释:"古来儿童手习者赴寺院学习之故,今童蒙之书家谓之为寺,言为寺屋。"[②]可见,由于中世寺院世俗教育之故,后来民间开设的启蒙教育机构也被称为"寺子屋"。仅从这一点就可窥知中世寺院教育与近世寺子屋教育的传承性。

寺子屋作为民间教育的社会组织,经历了一个从无到有、从少到多的过程。江户时代前期寺子屋数量尚少,但是到江户中后期,寺子屋迸发出强劲的发展势头,以每年开设上百家的速度增加。其主要原因在于町人势力的扩大以及社会文化的发展。当然,幕藩政权出于教化民众的需要,通过各种手段鼓励寺子屋在道德方面的教学活动,也在一定程度上促进了寺子屋数量的增加。天保年间(1830年—1844年)之后,寺子屋快速在日本全境普及,据统计,江户时代15000余所寺子屋中,有2/3以上是这一段时间兴办起来的。特别是在开港之后,民间经济活动更为频繁,普通民众求知热情极为旺盛,短短十余年间(1854年—1868年)就新开设4293所寺子屋,为明治维新之后初等教育的发展奠定了坚实的基础。

---

① 乙竹岩造:「日本教育史研究」,目黒書店1935年版,485ページ。
② 参见「古事類苑」,「寺子屋」条。

表 5.5　江户时代寺子屋年均开业数量①　　（数量单位：校）

年代	开业数量	年均开业数	年代	开业数量	年均开业数
1469—1624(文明至元和)	17	0.1	1789—1801(宽政)	165	13.75
1624—1681(宽永至延宝)	38	0.67	1801—1804(享和)	58	19.32
1681—1716(天和至正德)	39	1.11	1804—1818(文化)	387	27.42
1716—1736(享保)	17	0.85	1818—1830(文政)	676	56.33
1736—1744(元文至宽保)	16	2.00	1830—1844(天保)	1984	141.71
1744—1751(延享至宽延)	14	2.00	1844—1854(弘化至嘉永)	2398	239.80
1751—1764(宝历)	34	2.62	1854—1868(安政至庆应)	4293	306.64
1764—1772(明和)	30	3.75	1868—(明治)	1035	129.38
1772—1781(安永)	29	3.22	年代不明	4175	
1781—1789(天明)	101	12.62	合计	15506	

在寺子屋的发展过程中，有几个值得注意的问题：

第一，地区差别显著。江户时代二百六十余年，寺子屋几乎遍及日本各地，但它在日本各地的普及程度并不相同。一般而言，城市比农村多，经济发达地区比偏远落后地区多。

例如长野、山口、冈山等地经济较为发达，商业和农业都有很大发展，普通大众接受启蒙教育的需求高，因此这些地区都设有上千所寺子屋。而在宫崎、鹿儿岛等偏远地区，寺子屋数量极少。鹿儿岛市内仅有一所寺子屋，令人难以想象。之所以出现这样的情况，原因大体有二：其一，农民负担十分沉重，无力接受教育。鹿儿岛所在的萨摩藩是一个武士比例极高的地区，武士达20万人，占总人口的26%。这些武士大部分分散于藩内各地，并未脱离土地，直接控制和支配农民。农民要将收获的八成作为租税上缴，承

---

① 参见石川谦：『寺子屋』，至文堂1960年版，88ページ。

担的公役也十分繁重。农民在这种严酷的经济剥削下,没有余力和精力接受教育。其二,当地政府对商品经济的垄断使町人阶层的发展极不成熟。萨摩藩将各种重要物资如砂糖、布匹等作为专卖品,严格控制商品流通,因此商业资本在这个地区的发展十分缓慢,人们对读、写、算的需求自然就少。可见,寺子屋作为庶民自发形成的教育机构,与庶民的经济能力、社会地位以及政府行为等有极密切的关系。至于交通不便、自然条件恶劣的东北山区,百姓极为贫困,根本不敢侈谈上学读书,寺子屋的数量自然也就更少。

第二,城乡寺子屋规模差别显著。下表将江户府与丹后国竹野郡(现京都府竹野郡)作为城市和农村的代表,列举了1854年—1860年(安政年间)其寺子屋的规模。

表5.6　1854年—1860年江户府15区与竹野郡的寺子屋规模对比[1]

江户府15区寺子屋规模			竹野郡寺子屋规模		
学生人数	寺子屋数	百分比	学生人数	寺子屋数	百分比
<10	—		<10	20	26%
10—20	3	1%	10—20	29	38%
20—30	15	5%	20—30	18	23%
30—40	19	6%	30—40	4	5%
40—50	10	3%	40—50	2	3%
50—100	97	33%	50—100	4	5%
100—150	67	23%	不明	1	—
150—200	37	12%			
200—300	26	9%			
300—400	20	7%			
400人以上	3	1%			
合计	297	100%	合计	78	100%

[1] 参见海原徹:『近世の学校と教育』,思文閣1988年版,267ページ。

从表5.6可知,在江户这样的大城市,寺子屋有大规模经营的倾向。江户府15区内开设的297所寺子屋中,寺子100人以上的有153所,达总数的51%。城市中寺子屋规模如此之大,显然是与城市人口稠密、从事商业活动的町人较为密集,教育需求增加分不开的。另外,城市中将寺子屋师匠作为专职工作的人为数众多,一名师匠可召集数百人前来学习,经济收益不小。例如江户的寺子屋有"五节句"风俗,寺子在每年1月7日、3月3日、5月5日、7月7日、9月9日这5天向师匠奉送"谢仪"(即感谢金)。"谢仪"分四等,最上等为金1分,上等为金2朱,中等为金1朱,下等为钱2000文或3000文。另外还有月钱、盆暮谢仪(糖、年糕、面等物品)、燃料费用(每年2次各2000文左右)以及其他感谢金。"有200名以上寺子,相当于当时年俸20石",达到一般武士的收入程度,师匠因此"家道稍微有所宽裕"。[①] 庶民学者以及生活无着的浪人之所以愿意经营寺子屋,能够获得较好的经济收益是其中原因之一。

在农村,人口稀疏,适龄儿童较少,加之山间僻地交通不便,很少出现一所寺子屋上百人的情况。表5.6中竹野郡的寺子屋以30人以下居多,占总数的87%,规模之小可见一斑。另一原因在于专业师匠较少,有许多是僧侣、医生、神官。他们在本务活动的闲暇召集儿童进行启蒙教育,将启蒙教育作为第二职业,这也影响了寺子屋规模的扩大。

第三,男女共学的特点显著。以1854年—1860年(安政年间)江户府15区的寺子屋为例:

[①] 海原徹:『近世の学校と教育』,思文閣1988年版,303ページ。

表 5.7　1854 年—1860 年江户府 15 区寺子屋女童入学情况①

区名	寺子屋数量	女童总人数	每校平均女童数	与男童的百分比
麹町	19	1311	69	72%
神田	15	1136	76	98%
日本桥	36*	2180	61	114%
京桥	20	1479	74	93%
芝	35*	1556	45	90%
麻布	13	612	47	91%
赤坂	4	305	76	102%
四谷	9	733	81	71%
牛込	7	603	86	57%
小石川	17	1116	66	74%
本乡	19	1415	75	102%
下谷	22	814	37	84%
浅草	34	1745	51	98%
本所	18	916	51	77%
深川	27	1583	59	100%
总计	295	17504	59	90%

注：带 * 的日本桥、芝两区的寺子屋总数为 37 所、36 所，由于这两区各有 1 所寺子屋没有女童就学，因此此表中的日本桥、芝两区的寺子屋总数各减少 1 所。

　　从表 5.7 可知，寺子屋几乎都有女童入学，且女童总数相当可观，甚至在日本桥、赤坂、本乡等区女童数量超过了男童。从总体而言，在江户城区内，女童的就学率是相当高的，男女共学是十分普遍的现象。当然，江户城区女童就学率高有其自身的地区特点。在江户城区，町人聚集，在这些町人家庭中，女孩长大之后要辅助丈夫管理家业，也要担当家庭教育的重任，因此女子"如不晓文习

---

①　参见海原徹:『近世の学校と教育』,思文閣 1988 年版,266－268ページ。

字,见识浅薄,便难于相夫教子"①。以1854年—1860年(安政年间)为例,江户府15区以及周边6郡共488所寺子屋,除4所没有女童就学之外,其余全部招收女童。其中,女童数量超过男童的有114所,占寺子屋总数的23%。每所寺子屋平均44名女童,共21409人,占总学生人数的45%。

与城市相比,在人口稀疏、经济落后的农村,寺子屋数量较少,能进入寺子屋学习的女童数量少了许多。如长州藩35所寺子屋中,男女共学的寺子屋有26所,在1790名学生中,有女童347人,占19%。即每4个男童才有1个女童就学。虽然这个数量远比不上现代小学教育中女生的就学比率,但在男尊女卑的封建时代已难能可贵。

据统计,在江户时代末期,日本全国寺子屋总数为15506所,其中学生数量有明确记载的为13816所。在这些寺子屋中,有女童就学的共8636所,占总体的63%。女童总数为148138人(男童为592754人),占学生总数的20%左右。②可见寺子屋容纳了为数不少平民百姓的女孩。正是有了这样的基础,近代以后女子教育才能够较快发展并普及。

第四,儿童就学率比较高。据教育史学家乙竹岩造的考证,1845年(弘化二年)江户市区总人口约70万人左右,其中学龄儿童约为总人口的12%,即87000人。根据《有德院御实录》记载,1719年(享保四年)江户市区有寺子屋师匠800人,《维新前东京市私立小学校教育法及维持法取调书》中也有东京市内私立小学

---

① 『女式目』。
② 参见海原徹:『近世の学校と教育』,思文閣1988年版,267ページ。

约900余所的记录,乙竹岩造据此估计安政之后(1854年—1868年)江户15区至少有1000所寺子屋。如果按每校平均75名学生计算,寺子屋学童约为75000人。这一数量是适龄儿童数量87000人的86.2%。也就是说,根据估算,每10个适龄儿童中就有8人在寺子屋里接受启蒙教育。

那么,在地广人稀的偏远农村,寺子屋的就学率会达到多少呢?对教育史颇有研究的广冈亮藏以京都府北桑田郡为例,推算了农村寺子屋的就学情况。北桑田郡位于京都府东北部,是一个非常偏僻的山区。虽然面积达600平方公里,但人口仅22147人(1907年的数据)。根据《日本教育史资料》记载,江户时代末期桑田郡共有寺子屋27所,寺子总数716人(男童573人,女童143人)。广冈亮藏以1951年桑田郡所在地区的小学生总数2042人(男1036人,女1006人)作为适龄儿童数量,推算出江户时代末期桑田郡寺子屋儿童就学率约为35%(男童55%,女童14%)。广冈亮藏指出,适龄儿童数量的计算参考的是1951年的小学生人数,由于人口增加、就学年限增长等原因,实际的寺子屋就学率应高于35%。①

对于全国范围内的寺子屋就学率,乙竹岩造根据1920年对1300名老人的问卷调查推测,在江户时代末期,日本全国约有一半或略低于一半的就学率,其中江户、大阪、京都周边地区就学率最高,而日本北部、九州地区就学率最低。② 英国伦敦大学教授多

---

① 広冈亮藏:「封建反動の教育」,海後勝雄、広岡亮藏編:「近代教育史Ⅰ—市民社会の成立過程と教育」,誠文堂1952年版,318—320ページ。

② 乙竹岩造:「日本庶民教育史」(下卷),臨川書店1970年版,926—932ページ。

尔(R. P. Dore)根据《文部省第三年报》(1875年)的记载,推算出1868年日本全国就学率为男童43％、女童10％。①

由于上述学者在计算就学率时使用的资料来源、计算方式以及对寺子屋修业年限、修业状况的理解程度等各有不同,因此所得数据并不一致。但是,从各种数字中都能让人感受到,在江户时代中后期,已经有不少儿童在寺子屋中接受文化教育。日本在《学制》颁布后,仅在两年时间内就达到41.1％的较高的小学就学率。如果没有寺子屋时代奠定的基础,这样的记录是难以想象的。

第五节　儿童启蒙教育的课程与课堂教学

所谓"课程",是指学生在学校所应学习的学科总和及其进程和安排,它是教育教学活动的基本依据,也是实现学校教育目标的基本保证。与现代教育不同,日本的传统儿童启蒙教育没有如语文、数学、历史、地理这样明显的分科,但大体可分为写、读、算三部分。

一、教育课程

习字

日语称之为"手习",就是通过反复练习掌握文字书写。不过,在日本传统启蒙教育中,习字并非单指一种基本的学习形式,而是作为重要的教学科目,成为启蒙教育的核心课程。人们之所以重

---

① ドーア:「江戸時代の教育」,松居弘道訳,岩波書店1965年版,300ページ。

视习字,其原因主要有三:

第一,在日本,书法很早便被赋予极高的文化价值。在古代日本,文字是作为公卿贵族垄断性的文化象征出现于历史舞台的,普通百姓根本无法进入官学机构学习文字。文字作为文化最为具体的象征符号,能够写得一手好字便成为体现文化权威的一种方式。"从上古,扬名天下、显德四方者,无过笔迹能书。"①中世的《游学往来》八月状中也有"手习学文者,扬名显德之基也"的字句,认为习字是显亲扬名的基础,儿童必须重视文字书写。

第二,书法被认为是一种显露个人道德素养的文化修为,甚至被赋予某种神秘色彩。如南北朝时代的书法论著《麒麟抄》所言,"夫笔艺者,显心性。点画者调威仪,字体者现理体"②,意即文字具有来自"佛体"的神秘威力,体现人的心性,显示人的威仪。江户时代儒者贝原益轩也说:"古人云:书乃心画。所谓心画,即心中之事,画于表外。故手迹之邪正,可明心之邪正。"③可见,书法成为验证文化素养的工具,是道德品质优劣的标志。

第三,日本人十分认可习字在儿童启蒙教育中的特有价值。习字本为一种基本学习形式,是儿童进入阅读、作文等较复杂的学习阶段的前期准备。但自中世以来,人们都将习字作为与阅读、作文等更高层次的学习齐头并进的课程,并且认为习字是提高儿童理解能力的最佳方式。如中世的文学作品《村庵小稿》便明确指出:"读书不如写书。一更写书,则永不忘。是乃后生为学之术

---

① 『鳥羽玉霊抄』。
② 『麒麟抄』。
③ 『和俗童子訓』。

也。"①事实上，无论是在中世寺院，还是在近世的寺子屋，儿童有很大部分时间都是手执毛笔，临帖摹写各类启蒙教材，以此来加深对教材的理解。

由于上述原因，习字在儿童启蒙教育中体现了独特的学科定位。它是一门具有道德修养性质的学科，能够培养儿童的文学修养和高尚品质。同时，它又作为实用性的学科，可以促进儿童掌握文字，加深阅读理解能力。正因为习字被赋予如此重要的作用，日本人才逐渐形成将习字作为学问本身的思考方式。儿童启蒙教育的课程以习字为核心，其思想基础便在于这种思考方式。

不过，习字科目在各时代也有不同特色。在日本中世，习字体现了较多神秘主义色彩，具有一种难以言表的道德抽象性。人们十分注重笔法以及书法流派，认为只有学会正宗的书道，才能够明察义理、修得正道。如《百也往来》中讲道："夫笔研之道者，倭汉共重之。学斯道，则庶人之子成君子。不学斯道，贵介之子成庶人。"②《异制庭训往来》也有言："夫读书作文，先可知文字之写法、点划之划法者也。若鸟焉成马、鱼鲁成蛋，则经典不可引据，义理何得明察乎？"③

由于中世没有如近世发达的印刷技术，启蒙教材往往由编者或书法名家写成以后，再通过刻版印刷后流传世间。例如《明衡往来》出现之后，成为当时书法名家如尊圆亲王、尊道亲王、良恕法亲王等在公务之余书写的对象，这些书法作品流传出去，成为儿童学习书法的重要资料。又如日本著名的书道流派"尊朝流"的开山始

---

① 『村庵小稿』。
② 『百也往来』。
③ 『異制庭訓往来』。

祖尊朝亲王（1552年—1597年）为寺院僧侣书写多本《庭训往来》，他在1579年（天正七年）所书《庭训往来》的底页写有"右一册者，依往生院所望。染愚翰者也"的字句，而1598年（天正十四年）所书《庭训往来》中也有"此一册者，依知恩院所望。染秃笔迄"的记载。可见尊朝亲王是在往生院、知恩院等寺院的僧侣的恳请之下书写的。这些作品中有数部保存至今，成为日本的书法瑰宝。

另外，这段时间出现了诸多以文字书写本身为主要内容的启蒙作品。如前面我们所说的《尺素往来》、《拾要抄》、《琐玉集》、《杂笔往来》等作品作为儿童启蒙教育中"集中识字"阶段的主要教材，都是当时儿童手习识字的重要工具书。此外还有专门讲述书写方法的作品。其中著名的有《手习觉往来》。它以僧侣询问、俗人回答的方式将与习字有关的知识和学习心得、学习顺序等列举出来。其具体内容如下：

一月状、二月状：楷、行、草三体之内，应从行书开始手习；

三月状、四月状：楷、行、草三体的起源以及字形十八种；

五月状、六月状：关于字形、着墨、墨之厚薄等的心得；

七月状、八月状：额匾、色形纸、扇、经书之外题等文字的书写方法；

九月状、十月状：料纸与笔的关系；

十一月状、十二月状：假名文字的标注方法等。

自室町时代末期起，人们逐渐从实际生活出发认识习字的重要性。由于武士没有太多时间和能力去像古代贵族那样玩赏书法、倾心书道，但其精神修养也可以托付于禅宗这样的新兴的佛教教派。此时武家的学问日益实用化,愈发接近日常社会生活。当时的启蒙教材《手习往来》如此强调习字的重要性:"初学之儿童,登山之时者,如武士在战场。师匠者,如大将军。砚墨纸等者,如武具之类。笔者,如刀剑也。……儿童向习字范本,以武器之笔讨伐敌人,习取知行所领也。"①将习字比喻为武士获取身家所领的战争,并告诫武家子弟"不学一字一文者"就如同"向敌阵之武士逃离战斗",从而会导致"失家之所领,无立身之所",体现出当时武士对习字能力的极端重视。室町武士多胡辰敬在教训自己的子孙时这样说道:"第一手习学文。书写之事,称'手半学'②。生而为人却不能书写,诚足怪讶。虽可雇人代笔,亦要因时因事。比如有头等机密大事传书而来,我不能读,不得不请人代阅,则失秘传之义。人皆有秘事,非亲子不得与闻,目不识丁,不如盲目之人。书法高下,或是前世修得,然若文中所述经纬亦不能明白,私期密约之假名文字亦要借他人手笔,使达于汝处,则与身披人皮之畜类无异。……所以要趁年少,夙夜用功,手习学文。"③多胡辰敬从实际出发,认为子弟如果不会写字,机密文件请人代阅,势必影响武士的奉公之事。

进入江户时代之后,实用主义的习字观更是风靡于世。庶民大众从生活与生产的实际需要出发,十分注重寺子屋中的习字课程。《商卖往来》有言曰:"生于商卖之家者,自幼小之时,先习字、算术,至为重要也。"④《百姓囊》也言:"虽为百姓,亦要顺应当今之

---

① 『手習往来』。
② 参见《世镜抄》中"笔乃文之半能,弓乃武之半能。是乃云笔为半学文,弓为半兵法"。这也是在说文字书写是学问的重要部分。
③ 『多胡辰敬家訓』。
④ 『商売往来』。

时世,适应自身之本分,习字、向人询问学问之事以正本心。"①此类话语在近世书物中不胜枚举。寺子屋又名"手习所",寺子屋教师又被人称为"手习师匠",足见寺子屋教育课程中习字的重要性。

近世庶民已无心思如中世贵族那般去注意书法艺术中的规矩,对于他们而言,通过习字学会"适应自身之本分"的实用知识才最为重要。因此,近世的启蒙教材中少了书法流派的讲述,多的是规劝儿童学习文字以应世用。《农家手习状》便讲道:"夫习字者,世上诸艺第一也。无论为人为己,都无超过习字之事。另习字有诸品。为士之人,习士所知善书也。经商之人,习从商方便之文也。若为百姓,应习有益百姓之事也。"②可见,习字科目的教育内容根据士、农、工、商身份的不同出现分化,习字之效乃在于满足自身实用。

那么,习字这一课程有没有规定具体学习内容呢?

在中世,儿童应先学习伊吕波歌。《日本纪撰疏》如此总结儿童习字的顺序:"幼稚之人,学书以和字为始者,乃我国之俗也。今书本,始写四十七字(即《伊吕波歌》)。末写一十百千之数者,盖似父母也。先和字,后数字者,贵吾国字而首书之也。"③可见自古以来儿童习字之时,先是假名,后为数字,最后才是比较复杂的其他内容。镰仓时代的大书法家尊冈亲王给当时的贵族子弟规定了习字材料,即"变体伊吕波歌、难波津、浅香山、汉诗两首、和歌五首、明衡往来第十五条"④。尊冈亲王所列举的材料很少,实际上是为

---

① 『百姓囊』。
② 『農家手習状』。
③ 『日本紀纂疏』。
④ 梅根悟編:『世界教育史大系1・日本教育Ⅰ』,講談社1976年版,36ページ
"变体伊吕波歌、难波津、浅香山"都是当时十分流行的假名学习材料。

贵族子弟在短时间内掌握书法技能而规定的。而中世寺院的世俗教育却并非短时间的集中性学习，需要三年或更长时间。参照前面列举的玉木吉保在寺院的学习课程，可以看到，关于习字内容，除第一年为伊吕波歌以及其他假名材料，其后两年并无具体内容，仅规定了学习书写的字体，原因便在于中世十分流行"以写代读"或"以写兼读"的学习方法。这期间出现的启蒙教材无论内容为何，都是大字书写，每页四五行左右，以利于儿童临摹和仿写。因此，可以说，在日本中世，无论什么启蒙教材都可作为字帖使用，儿童既通过它们习字，也将其作为阅读材料。

到了近世，开始出现大量集中识字的启蒙教材。例如巧妙利用伊吕波歌编成的《伊吕波尽》、《七体伊吕波》，以列举实用词汇为主的《累用字尽》、《童学万用字尽》等。虽然它们在内容上已出现分科倾向，但往往还是使用大字书写，每行字数甚少，为儿童临摹习字提供了一定便利。儒者室鸠巢在编写《五伦五常名义》一书时便说："若幼学之徒以此代习字之帖，晨夕暗诵，手玩耳熟。庶几开发良心，以助养正之功。"[1]他希望儿童用此书作为习字材料，以此习得五伦五常之德行。从这一点而言，中世那种"读书不如写书"的学习观仍有一定影响，寺子屋也往往用书写来促进阅读。即使到了现代，日本人仍然重视在低年级开设习字课程。当今日本人整体书写水平较高，尤其是不少女性的书法十分规范，令人生叹，其中的原因之一便在于自中世而来的对临摹习字重要性的认识一直持续下来，使习字成为儿童启蒙教育的必修项目。

---

[1] 『五倫五常名義』序。

阅读

一般而言，儿童在识得一定数量的文字之后，就应该进入阅读阶段，学习较为高深的学问。例如在中国传统启蒙教育中，儿童学了《三字经》、《百家姓》、《千字文》之后，就要学《弟子职》、《太公家教》、《昔时贤文》、《名物蒙求》等阅读材料了。在日本情况有所不同。儿童在识得文字之后，习字课程并未停顿，而是与阅读课程并行发展。"能书者，以读书为实。读书者，以能书为花。"①也就是说，习字和读书具有密切关系，互为补充。大多数启蒙教材既是写字范本又是阅读材料便很好地证明了这一点。

不过，在中世寺院教育中，除了启蒙阶段的阅读材料之外，武家子弟还需要阅读更多其他方面的书籍。《异制庭训往来》有言：

> 抑天生万物，人最为灵也。所以为灵者，以修身而成圣，教民而趣仁也。趣仁成圣者，实可依学问稽古之力也。庠序之道废，人皆类瞽聋。……故穷内外之典籍，窥圣贤之奥枢也。内典如实，外典如花。花实相兼，方可尽美也。虽然先发其花后结其果者，草木之常也。然者，暂搁内典，欲学外典也。②

此处内典指佛教经典，如《观音经》、《先心经》等；外典指各种汉学典籍以及本土经典著作。以《异制庭训往来》所列举外典为例，大致有四书五经、诸子百家、《史记》、《汉书》、《吕氏春秋》、《战

---

① 『異制庭訓往来』。
② 同上书。

国策》、《山海经》、《神仙传》、《列女传》、《太平御览》、《群书治要》等数十种,另有《万叶集》、《古今集》、《源氏物语》等日本本土著作。因此,如石川谦所说的,中世寺院的世俗教育具有较明显的贵族"教养主义"特色,[①]武士子弟所学内容包含许多以前贵族子弟才会学的书籍。

江户时代的寺子屋教育与前代截然不同。由于接受教育的主体身份发生根本性变化,庶民子弟从自身实际出发,没有必要学习上述深奥难懂的汉籍和佛典,仅仅是阅读一小部分较为简单且世代传诵的经典著作,如《论语》、《大学》、《孝经》等即可。这时期的阅读教育主要以实用性为特色,传统启蒙教材是主要阅读材料。在江户时代末期的寺子屋教育中,最常用的阅读教材是《实语教》、《庭训往来》、《商卖往来》、《童子教》、《今川状》等,四书五经中仅有《小学》、《论语》等少量汉籍。据统计,当时农村地区寺子屋的阅读顺序大体是,先学《初登山手习状》、《农家手习状》,然后读《子供早学问》、《近道子宝》以及《实语教》、《商卖往来》、《庭训往来》,此后才是《小学》、《孝经》以及《史记》。[②]

可见,"阅读"课程已由中世"教养主义"向近世"实用主义"演变,广大民众在自身生活状态以及文化需求的基础上,找到了适合自身需求的教育内容。并且这些教育内容反映在寺子屋的教学活动中,体现为很多地区采用大致相同的阅读顺序,使用大致相同的阅读材料。从这一点而言,江户时代中后期的寺子屋教育开始具有近代国民小学教育的雏形。

[①] 石川謙:「日本庶民教育史」,玉川大学出版部1998年版,214ページ。
[②] 関山邦宏:「宮城県の寺子屋における教科課程について」,文部省1996年調査報告。

算术

中世寺院的世俗教育没有算术课程。在武士眼中,算术乃雕虫小技,不值一觑。即使到江户时代,武士仍对算术抱有蔑视态度。明治时代思想家福泽谕吉在自传中如此描述:"藩主的货栈方面请有教师,在那里学习的还有一些商家子弟。本来那里应该教些日文字母,但因是在大阪,所以教的却是二二得四、二三得六的'九九歌'。这虽是一件很平常的事情,可是父亲知道以后,马上就把哥哥姐姐们叫了回来。他当时曾这样说:'尽教这些无聊的东西!叫小孩子学算账,实在荒唐!我不能把孩子送到这种地方去。'"①福泽谕吉的父亲福泽百助仅是一个较"足轻"稍高一些的下级武士,但他却对武家子弟学习算术持抵制态度,足以证明武士阶层对算术的轻视。

但是,町人对于算术却情有独钟。在那个"武士舍利求名,町人舍名取利、积蓄金银"②的时代里,出于生存需要,生于商卖之家的儿童,从幼年之时必须修得算术之业。因此,许多寺子屋都开设了算术课程。据统计,从江户时代到明治时代初期,设有算术的寺子屋为3575所,占寺子屋总数的23%,其中有125所寺子屋专门传授算术知识。③ 这些设置了算术课程的寺子屋多位于城市,町人子弟占学生大多数。当然,农村寺子屋也有不少设置了算术课程。例如青森县共154所寺子屋,其中教授算术的有53所,占总数的1/3。一些农民已不仅是日出而作、日落而归的耕田人,他们

---

① 〔日〕福泽谕吉:《福泽谕吉自传》,马斌译,商务印书馆1995年版,第3—4页。
② 近松門左衛門:「山崎与次兵衛の門松」,『日本古典文学大系』(第49卷),岩波書店1958年版,308ページ。
③ 石川松太郎:『藩校と寺子屋』,教育社1989年版,209ページ。

种植桑、麻、棉花、油菜等经济作物,经常与收购农产品的商人打交道,因此掌握算术知识十分必要。

在算术课程中,珠算最占分量。当时,珠算方面的启蒙教材已出现好几种,其中使用较多的是《尘劫记》。但是由于此书内容过于复杂,因此多为寺子屋师匠的教学参考书。学生多用《算法明粹记》、《改算尘劫记》、《广益尘劫记大全》等简单介绍珠算知识的启蒙材料。

从具体内容而言,从加减乘除至平方立方,程度不等。据日本学者统计,讲授到"八算"(一种珠算除法口诀)内容的占开设算术的寺子屋总数的45%,讲授到"见一"(两位数以上的珠算除法)内容的有22%,教到"开平方"和"开立方"的各有7%等。[1] 可见,寺子屋珠算课程大多是从加法开始教到较为实用的"八算"、"见一"这样的除法为止,很少涉及难度较大的珠算知识。

寺子屋中的算术课程多从实际生活和生产出发,而并非单纯的数学知识的灌输。在《尘劫记》、《改算记》这样的教材中,举的例子全部来自实际生活,如丈量房屋面积、计算粮食价格、换算金银货币、计量容器体积等。在这些教材中,同一种计算方法往往会罗列不同领域的生活实例,重复出现多次。例如对商品价格的计算,就有米、油、木材、布匹、酒等多个例子。从这一点而言,近世的数学教育从生活实际出发,而非如现代数学教育从数学科学的学科规律出发。这一方面体现寺子屋的数学教育尚不先进,另一方面也体现当时寺子屋教育的总体特色:贴近生活,实用为主。

---

[1] 大岡成美:「寺子屋に関する教育文化学的研究:その教育理念の淵源とその歴史的展開」,講談社 2003 年版,387ページ。

二、课堂教学

　　学校的教育活动以课堂教学为核心。虽然日本传统启蒙教育并不是在现代意义的小学课堂中进行的,但从广义而言,在寺院以及寺子屋中所进行的教育活动仍类似于学校课堂中进行的课堂教学。儿童启蒙教育的各种因素,例如前面讲到的启蒙教育思想、教科书、教师、学生、教育场所、教育课程等,都会直接或间接地在课堂教学中相互作用,并最终对学生的学习产生影响。

　　下面列举寺院以及寺子屋在课堂教学方面的数条特征,以加深我们对日本传统启蒙教育的认识。

　　第一,寺院和寺子屋的课堂教学都建立在较高的教师权威之下。

　　如法国社会学家涂尔干(Emile Durkheim)所指出的,教育在本质上是一种权威性的活动。教师乃是社会的代言人,是他所处的时代和国家的重要道德观念的解释者和传授者,必须具有一定的权威。[①] 对于权威,德国社会学家韦伯(Max Weber)认为,存在着因合法性获得来源而异的三种权威。第一种是传统的权威,即在长期的传统因素影响下形成的权威;第二种是感召的权威,即由个人魅力所获得的权威;第三种是合理——合法的权威,具体分为两类,一类是官方的或法定的权威,一类是专业的或理性的权威。[②]

　　具体到日本而言,日本很早便接受中国传入的尊师重道的思

[①] 参见〔法〕涂尔干:"教育与社会学",张人杰主编:《国外教育社会学基本文选》,华东师范大学出版社1989年版,第21—23页。

[②] 参见吴康宁:《教育社会学》,人民教育出版社1998年版,第209页。

想,形成一种在传统文化因素长期影响下的传统的教师权威,《实语教》中"父母如天地,师君如日月"便体现了世人对教育工作者的尊重。还应看到,在日本的中世时期,佛教的社会地位很高,寺院成为武士和贵族在精神上的庇护所,僧侣本身也成为宗教和道德观念的传布者。在这样的情况下,世人尊崇的佛教僧侣担当起对武士子弟的世俗教育自然便具有一种极高的个人魅力,因此便形成韦伯所说的感召的权威。在传统和感召的权威的综合作用之下,中世寺院教育格外强调在课堂教学中教师的权威性。另外,佛教本身就有四恩之说,即佛恩、师恩、国恩、父母恩,"上须求佛道,中可报四恩",儿童必须尊敬师长,努力报答老师的恩情。《童子教》中便有这样的诗句:

  师不训弟子,是名为破戒。师呵责弟子,是名为持戒。畜恶弟子者,师弟堕地狱。养善弟子者,师弟到佛果……一日师不疏,况数年师乎。师者三世契,祖者一世眠。弟子去七尺,师影不可踏。观音为师孝,宝冠戴弥陀。①

  可见,在寺院之中,弟子必须老老实实尊重老师。老师可以训斥弟子,弟子却连老师的影子都不可以踩到。老师如果放纵弟子,就会受到下地狱的惩罚。老师如果使弟子学善则能修成正果。这种佛教色彩的规定将宗教修养与实际的世俗教育联系在一起,告诫僧侣要严格管教弟子,同时也提醒弟子时刻以虔诚的态度尊敬师长。

---

① 「童子教」。

到了近世,寺子屋师匠的身份各有不同,多为下层武士和庶民学者。他们的权威性主要来自儒家尊师重道的传统。另外,由于幕藩政权对寺子屋采取间接控制的方法,许多寺子屋师匠得到幕藩统治者的奖励和认可,因此他们得到一种类似于官方赋予的合法性权威。寺子屋师匠吉田顺庵受吉宗将军奖赏,于寺子屋中讲述《六谕衍义大意》即为一例。江户时代末期,一小部分庶民出身的寺子屋师匠受到幕府嘉奖,可以拥有姓氏,能够住进武士聚集的居民区,这也从一个方面体现了当时幕藩政权对寺子屋教学的重视。

正因为教师具有较高的教育权威,大多数寺子屋都有严格的条例。《杉山佑三郎寺子屋掟》便是典型的寺子屋学规。它规定:"(1)遵守父母之命令;(2)遵守师匠之训诫;(3)必须早起;(4)在教室中不许大声说话;(5)登校退校时必须向师匠寒暄……"①可见,儿童在师匠所能控制的教育活动中必须尊重教师的权威,时刻遵守训诫学规。至于儿童向寺子屋师匠奉送"谢仪"也是尊师的表现之一。

第二,寺院和寺子屋的课堂教学都以"渗入型"为主。

日本心理学家东洋将低幼儿童的教育方式分为"渗入型"与"教导型"。② 在"教导型"中,美国人的教育方法是其典型。教育者具有较高的语言能力,能够确定儿童对语言的接受能力,然后详尽解释相关知识,使儿童在充分理解的前提下获得知识。而在"渗入型"教育中,教育者普遍不具备较高的语言能力,他们相信学习者重复训练自然可以获取知识。无论是教师还是父母并不充分解

---

① 「杉山佑三郎寺子屋掟」。转引自渡辺信一郎:『江戸の寺子屋と子供たち』,三樹書房 1995 年版,211ページ。

② 東洋:『日本人の礼儀と教育』,東京大学出版会 1993 年版,10ページ。

释相关知识,仅用"真好啊"、"要加油"等鼓励性语言来激励儿童。日本低幼儿童的教育就是"渗入型"的。儿童为了得到称赞和认可,只有通过自身努力不断进行练习,最终理解并获得知识。

上述看法虽有一定片面性,不过日本传统启蒙教育的课堂教学确实有较明显的"渗入型"特色。以习字课程为例,传统启蒙教育中的文字教育多呈现为技能性的习字训练形态。儿童不断通过临摹字帖来加强对文字的掌握能力,教师在课堂中较少进行讲解,更多的是让儿童反复练习。儿童每天早晨 8 点左右来到寺子屋,师匠在很短时间内将当天应该练习的内容告诉每个儿童,然后便让他们坐在自己的座位上,将那些内容一字一字反复临摹练习。町人家庭出身的儿童习字多使用纸质粗糙的记账用纸,直到纸的两面完全被墨渗黑为止。而在一些贫困的农村,儿童因为家庭经济条件不好,就带着装满沙子、炭灰的盆子或涂了土漆的木板,用这些道具来代替纸张进行习字练习。当练习到一定程度时,师匠便会叫儿童来到其面前进行书写演练并用红笔进行批改。然后,师匠对运笔顺序、汉字读法以及教材内容进行提问,要求儿童尽快作答。

即使是阅读课程,儿童的学习也体现了"渗入型"的特点。当时很多人都认为"读书百遍意自通",通过反复高声朗读和背诵可以达到对文章意思的理解。在中世的寺院,武士子弟被要求阅读大量深奥难懂的汉籍经典,许多儿童都采用"素读"方式进行学习,意义的理解被搁置一边,首要的便是高声诵读。在寺子屋的课堂教学中,老师在放学之前的一个小时里,将儿童召集在自己面前,带着学生高声朗诵启蒙教材的一部分章节或是"九九乘法表"之类的东西。这些方式都十分强调儿童在不断的机械练习过程中使知识自然"渗入"自身的认知体系。传统启蒙教材中之所以出现那么多模仿汉诗或采用和歌形式的作品,原因之一便在于诗歌形式的阅读作品合辙押韵,利于儿童诵读,适合"渗入型"的儿童教育。

从教学法的角度而言,当时的人们都认为通过机械练习可达到真正掌握知识的目的,因此重视通过习字或者诵读来促进理解能力。这种教学论值得商榷。从儿童身心发展的角度而言,中世以来的这种"渗入型"的教育文化实际上仅将注意力集中在开发儿童记忆能力之上,诸如判断能力、推理能力、批判能力等其他方面的能力并没有得到相应重视。在儿童所具有的各种能力中,仅仅是记忆力得到很大发展,并不利于儿童身心的均衡发展。

第三,日本传统的儿童启蒙教育有因材施教的特色。

由于寺院的世俗教育和寺子屋的庶民教育都是自愿性质的教育,并非现代具有法律强制性的义务教育,因此,儿童就学年龄不一,学力不同,家庭条件也有所差异。在这样的前提下,教师只能按照每个儿童的实际情况进行具有一定"因材施教"色彩的教育。所以,在这些传统教育机构中尚不能使用现代教育中的班级授课方式,只能以教师与学生点对点的交流为主。

在寺子屋中,教师布置给学生的学习内容并不完全一样。另外,在进行个别提问时也遵循儿童自身的学习进度、内容、性格、兴趣、家庭情况等多方面因素。幕府统治末期经营名为"九十九庵"的寺子屋的师匠船津传次平就说:"子弟教育如耕作。如要萝卜粗壮则用米糠,如要白菜繁茂即施麦麸,如繁殖桑苗则用簾伏,顺应各自之用途,适应种子之特性,勿失耕作之时节,子弟教育应如此。"[①]可

[①] 上野教育会编:『船津伝次平翁伝』,上野教育会1907年版,21ページ。

见当时的寺子屋师匠已经意识到因材施教、个性教育的重要性。

第四，寺院和寺子屋的儿童教育有忽视儿童特性的一面。

如前所述，中世的人们多将儿童视为"小大人"，要求儿童自小"登山"学习，而且要"除眠通夜诵，忍饥终日习"。儿童在寺院里面自上午6点到下午3点都是习字、看经和读书时间，只有下午两三个小时可以自由支配。可见在这样幼小的年龄，白天有2/3的时间是在学习。而在江户时代的寺子屋，学生多为走读。他们上午8点左右来到寺子屋，一般要练习写字至下午3点左右，白天基本上的时间有一半以上的时间是静坐在座位上习字训练。

从学习规律而言，在儿童时期，游戏就是学习，是促进其身心发展的最好方式。但是寺院和寺子屋却很少给儿童充足的游戏时间。而且，即便是游戏也多为将棋、围棋这种静止性、教养性的活动，缺少儿童真心喜欢、全情投入的游戏。这样，儿童每日所面对的便是枯燥的习字和读书，难以提起兴趣，教学效果也大打折扣。

这样的做法归根结底在于教育者受历史与时代的局限，还不能正确认识与了解儿童教育的规律与儿童心理特征，认为只要学习时间多就可以达到教育目的。江户时代的人们时时刻刻都在告诫子弟："幼时不学，徒送日月。老而后悔，既已愚也。昔车胤、宣士等者，聚萤积雪学习，古之苏秦、俊敬者，股刺锥、颈悬绳勤学。"[①]在他们看来，只有忍受"头悬梁、锥刺股"的痛苦，儿童才能够真正学到知识。另外，寺子屋都严格控制儿童在学校里的各种行为，例如《寺子制诲之式目》规定："不许无精打采、打瞌睡、咬笔

---

① 『新撰遊覚往来』。

管、高声喧哗、大笑、弄坏拉窗、弄脏柱子、毁坏墙壁，或是不问而答、告密、说越格的话、盘根问底、背后说人坏话、抓人话柄呵斥人、以说谎的方式掩盖缺点……"①这些戒条有些是合理的，有些则超过了儿童心理或生理的承受能力，过于严格了。教育学家石川松太郎曾用戏谑的语气说道："江户时代掀起的教育风潮，与其说是严厉，还不如形容为苛酷。可是这种风潮却得到江户时代大人们的交口称赞、热烈欢迎。"②当然，对于这种严苛的教育，儿童却怎么也高兴不起来。当时的一首"川柳"（一种日本独有的短诗形式）曾经这样描写寺子屋中儿童的样子："刚刚借口小便请假归来的习字童子，老师才走出七尺便又开始画小人。"可见，小孩还是改不了顽皮的天性，老师转过身去便去玩自己的了。

　　综上所述，日本的儿童启蒙教育具有尊敬师长的传统，"渗入型"教育形式重视儿童在练习中获得和巩固知识，而且，在教学中师匠会按照儿童特点因材施教，这些都是传统教育可资借鉴之处。但是，另一方面，严苛的学校规章、过于偏重机械式的记忆练习、游戏的缺乏等都说明日本近代之前的儿童教育有诸多不足，这些值得我们引以为鉴。

---

①　『寺子制誨之式目』。
②　石川松太郎：『藩校と寺子屋』，教育社 1989 年版，239ページ。

第六章 传统启蒙教材的主要功能

传统启蒙教材是为满足和适应社会的某部分人群的基本教育需要而形成的。它作为儿童启蒙教育这一系统的重要组成部分，确保了文化的传承，并与其他事物系统例如政治、经济、文化、宗教等产生了多方面的相互关系与相互作用。因此，对于传统启蒙教材功能的分析，有利于理解它们所在的整个社会大系统中的各种因素是如何相互作用的。

启蒙教材作为教育的重要因素，其功能从作用对象来分，大体为两个部分：育人功能和社会功能。育人功能是启蒙教材的本体功能。它们通过教育活动将社会文化和行为规范传递给新生一代，使他们获得未来社会结构中的相应角色，以维持社会运行机制和延续社会结构。启蒙教材的社会功能，指的是它们在整个社会系统中所发挥的工具性的功用，大体可分为文化功能、政治功能、经济功能三类。

第一节 启蒙教材的育人功能

从社会学的角度而言，教育的主要功能在于使个人社会化

(socialization)。所谓社会化,简言之,就是个人学习某一特定社会或社会团体的生活方式,使其能够在这个社会或社会团体中履行其社会角色的过程。

教育与人的社会化具有十分密切的关系。著名哲学家康德说过:"人完全是教育的结果。"[1]法国教育社会学家涂尔干进一步指出:"教育是年长的几代人对社会生活方面尚未成熟的几代人所施加的影响。其目的在于使儿童的身体、智力和道德状况都得到某些激励与发展,以适应整个社会在总体上对儿童的要求,并适应儿童将来所处的特定环境的要求。"[2]传统启蒙教材作为近代之前启蒙教育活动的基本内容,是特定社会的知识、技能、行为模式和价值观念等的具体表现,是个人社会化过程中接受周围环境的文化和价值观的重要媒介,也是体现教育者对受教育者施加何种影响的最生动、最具体的材料。

一、生活和生产的基本知识与技能的指导

对于儿童而言,生活、生产方面的基本知识和技能并非与生俱来。儿童只能通过与外界社会环境的交互感应或者学习模仿,才能获得社会上的各种知识和技能,以致能够履行社会角色,参与社会生活。

在原始社会,儿童主要在实际日常生活中获得生活技能,养成生产习惯。但是随着时代演进,社会生活日益复杂,人类在生活和

---

[1] 〔德〕康德:《论教育》。转引自胡德海:《教育学原理》,甘肃教育出版社2000年版,第343页。

[2] 〔法〕涂尔干:"教育及其性质与作用",张人杰主编:《国外教育社会学基本文选》,华东师范大学出版社1989年版,第9页。

第六章 传统启蒙教材的主要功能

生产中所必需的知识已经无法完全在自然状态下习得。儿童必须在家庭或特定的教育系统中接受有计划的教育,以习得文化规范,形成人格特征,养成社会生活的能力。

日本的传统启蒙教材出现在日本正式的教育制度产生之后。最早出现的《明衡往来》目的在于促使贵族子弟学习贵族阶层的社交礼仪,了解平安贵族的生活、政务以及各地风土人情。这些知识是当时贵族文化的具体表现,也是贵族子弟在将来的社会活动中必须具备的文化素质。以《明衡往来》为例,其209封书信的内容和题材大体如下:

一、贵族之间的交际(共121封书信):

(1)宴会活动(57封):新年宴会、蹴鞠、文会、赏花、赏月、避暑、相扑、初冬野游、和歌会、野外赏景、管弦会等;

(2)礼尚往来(6封):赠送绢匹、赠送土特产等;

(3)请求(24封):拜托对方推荐绘师、修改和歌、收集舞姬装束、推荐舞师、推举晋升、照顾友人等;

(4)借贷(21封):借书籍、借拉牛车之牛匹、借下属士兵、借供奉用之马匹、借春日出行马匹等;

(5)询问(13封):询问药的用法、遗产处置的条令、典故出处、祭礼的服装和马具、对盗瓜人的警戒措施、敬献舞姬的心得等。

二、贵族政务(共58封):

(1)晋升(20封):晋升的内部信息、请求晋升的申请书写

法、叙位与晋级的规则、晋升的喜讯(如升任为中将、参议、大纳言)等;

(2)公务文书(18封):督促年贡的文书、询问谣言真相的公文、请取贡米的申请书、隐居①通知、协调公务日程的文书、请假的公函等;

(3)对地方事务的交流(13封):赴九州上任之心得、舶来的珍禽异兽、督促地方向上级贡献名物、地方官员的学力、为官心得、地方官员的辞令、各地风土人情等;

(4)其他(7封):对官厅不实记录的指责、关于位田的选择、对痴迷"双六"②游戏的批评等。

三、贵族的日常生活(共30封):

(1)祭礼(8封):贺茂祭、稻荷祭、石清水祭等;

(2)佛事(14封):仁王讲、御八讲、三十讲、读经、寺院的佛教活动等;

(3)占卜(6封):占卜是非成败、占卜山庄地形等;

(4)诗文创作(2封):诗文的作法等。

《明衡往来》主要内容分为贵族之间的交际、贵族政务以及日常生活三部分,体现了当时贵族的社会生活实态。其中宴会活动的相关书信多达57封,这些宴会除少部分在皇宫之内举办之外,

---

① 隐居:日本古代朝廷官员70岁退任被称为"隐居"。
② 双六:为古代一种赌博游戏,又称为"双陆",源自天竺(今印度),三国时已在中国流行,唐代传入日本,成为当时贵族之间盛行的游戏之一。

第六章 传统启蒙教材的主要功能

大多数都是那些为官从政的贵族根据节令私人承办的。在这些以赏花、赏月或欣赏音乐、创作诗歌等为主题的宴会上，贵族们不仅纵情歌赋、附庸风雅，而且也利于这样的机会攀附权贵、笼络人心。因此，这种频繁的宴会活动成为平安贵族之间重要的交际场所，是决定其将来是否飞黄腾达的重要舞台。于是，关于这方面的知识也就必然成为贵族子弟必须了解和掌握的基本常识。

在中世之前的日本，贵族位于国家权力的顶端，他们没有必要掌握社会最底层的那些生产技能。对于他们而言，最为重要的技能之一也许就是如何使用书信向下级传达命令、向上级汇报工作，以及相互之间的信息交流。因此，书信之中能否使用得体的语言、适当的文章技巧来体现上下尊卑、传达各类信息便成为十分重要的内容。《明衡往来》这样的启蒙教材之所以能够在平安时代末期产生，然后流传下来，便在于书信礼仪对于贵族而言具有十分重要的实用价值，是他们在当时社会环境中赖以生存、得以发达的重要技能之一。

到了中世，启蒙教材的读者由贵族子弟向武士子弟演变，编撰者也多为寺院僧侣。在这一时期，武士子弟需要的知识大体包括四个部分。其一为武士赖以生存的武家所独有的知识，例如武具、武家心得以及行兵打仗的常识等；其二为受贵族文化影响，这期间的武士多要掌握一部分前代贵族的教养以及文学知识；其三为武士子弟需要掌握的一定的佛教知识；其四为武士需要了解的社会生活中衣食住行等方面的常识。流传甚广的《庭训往来》便介绍了当时武士所需要的各种知识。由于各项知识所涉及的词语数量各不相同，以下按从多到少的顺序分类列举。

(1) 衣食住行(370词)：其中，衣物79词，食物140词(原料71词，调味品29词，点心33词，其他7词)，住宅151词(住居105词，家具、家饰22词，庭园24词)；

(2) 等级职责(217词)：其中，官厅法令用语41词，农14词，商83词，百工·诸艺人79词；

(3) 佛教(179词)：其中，僧位僧官40词，迦蓝11词，佛家讲师12词，佛法效用50词，布施物38词，佛具18词，寺院装饰品10词；

(4) 武具(75词)：其中，足具23词，大刀7词，弓矢14词，马14词，马具17词；

(5) 贵族教养(45词)：其中，茶24词，游戏、艺术8词，音乐13词；

(6) 养生(44词)：其中，药种3词，治疗法4词，病名19词，保健上的禁忌18词；

(7) 司法行政用语(17词)；

(8) 文学(16词)：其中，和歌、连歌10词，诗6词。

从上可知，中世武士所掌握的知识体系与平安时代有极大不同。《庭训往来》所收共963词中，反映各阶层家庭生活实态的衣食住行方面的词语最多，而古代贵族所必备的教养、文学等词仅61个，这体现了中世的文化氛围已从古代贵族那种讲究高雅、不求实用的风气向生活本位、实用主义发展。另外，武士作为统治阶层，他们需要处理和裁决各阶层出现的问题，对于各身份等级的职责本分以及法律诉讼必须有所了解，因此这方面的词汇数量不少。佛教相关的词汇达179个之多，原因在于佛教寺院在中世作为重

第六章 传统启蒙教材的主要功能

要的宗教组织以及文化传播机构,对当时武士的社会生活产生了巨大影响。此外,武艺作为武家立家之本,相关词汇也是武士子弟启蒙教育中必不可少的部分。只是由于寺院中接受教育的儿童年龄尚小,那些六韬五略等行军打仗的知识要在其年龄稍大后方才传授,因此在启蒙阶段主要是学会武具、兵器等最基础的词汇。

《庭训往来》这样的启蒙教材出现在武士掌权的政治背景之下。儿童启蒙教育的内容适应武士刚健实用的文化需求,出现了与纯粹教养主义为特色的贵族文化截然不同的发展趋向。它们作为武士子弟在寺院中世俗教育的主要教科书,为其提供实用性的、贴近生活的知识,以便将来投身社会时能够更好地适应武家的社会生活。

不过,进入江户时代之后,启蒙教材的受教群体发生了很大变化。普通百姓子弟所需要的社会生活、生产方面的知识和技能是与贵族子弟、武家子弟不同的。他们作为被统治的社会人群,没有掌握唐诗和歌、管弦将棋之类的才艺,也不必强行记忆佛教经典中的词汇。他们迫切需要学习的是那些与农、工、商各阶层的价值体系相配套的生活常识和生产技能。

以 1758 年刊行的《田舍往来》为例。此书乃民间农家子弟的重要启蒙读物。共收录词语 1002 个,主要分为以下几类:

表 6.1 《田舍往来》收录词语分类

项目	与农耕直接相关的项目			与农业间接相关的事物				其他有关项目		
	农作物	农具纺具	肥料	牛马	被服	鱼贝	鸟类	兽类	矿石	诸艺诸职	新年饰物
收词数	395	185	12	35	29	114	16	8	7	20	181

流行甚广的《商卖往来》共收词361个,其大致可分为以下数类:

表6.2 《商卖往来》收录词语分类

项目	与商业贸易直接相关的项目				商品名称				其他有关项目		
	商人心得	贸易用语	贸易记录	货币	被服	食物	家具杂具	药材香料	武具	动物	其他
收词数	32	16	9	8	73	23	70	45	38	43	4

从上面两表可以看到,无论农民还是商人,他们都是从自身的生活、生产实际要求出发来编排启蒙阶段的学习材料。《田舍往来》中与农耕作业直接相关的词汇共627个,占总词数的六成多。《商卖往来》关于商业贸易以及商品名称的词语共276个,占总词数七成还多。

在这些书籍中,涉及生产技能的记述不胜枚举。例如《农业往来》告诉儿童"农家耕作之事,先要考察土地的高低干湿,以准备灌溉用水","早春应做之事,乃准备干鰯、油粕、粪等肥料,择吉日播种"等。[①]《商家往来》也教育子弟:"夫商卖之业,虽有多种,总之早上早起,开门,仔细打扫门口、店前,洒水,摆好招牌、布簾等,打点账房、柜台、算账台,安排总管、购物人、标价员,考虑采购等,事无疏略。"[②]有关职业技术方面的启蒙教材在江户时代中后期出现数百种,可见当时普通百姓对这些与实际生活密切相关的生产技能常识有很高的教育需求。

可以说,日本自古以来的儿童启蒙教材适应了各时代的文化

---

① 『農業往来』。
② 『商家往来』。

发展状况,迎合不同时代受教育群体的基本教育需求。特别是由于它很早就具有实用性特征,因此在指导儿童生活、生产的知识技能方面要远远超过那些被奉为经典的文学作品。这些启蒙教材的出现,为日本人世代之间传递社会生活、生产的基本知识和初步技能提供了可能性。儿童通过对它们的学习,获得社会文化的必备知识,进而顺利接受社会以及本阶层的文化影响,最终成为社会的一分子。

二、社会规范的传递

社会规范是调整人们各种行为、具有普遍性的规则和方式。它包括各种风俗习惯、道德规范、生活准则、政治法律、宗教戒条以及各种规章制度等。社会规范是维护社会秩序的重要工具,对人们的行为和各种社会关系起着调整和导向的作用。因此,社会化的重要内容之一便是通过各种形式的教育,使人们逐渐形成一种信念、习惯和传统,从而能够比较自觉地约束个人行为,调整个人与他人、群体以及社会之间的关系。

日本的传统启蒙教材从一开始出现,可以说就较好地体现了当时社会的各种风俗习惯以及道德规范、生活准则。而且,在这些读物中,包含了不少根据社会秩序以及社会关系的需要进行理性思考和价值评判的内容。例如,在平安时代末期出现的《东山往来》一书中,一位施主希望收留邻家于五月出生的孩子,在犹豫不决之际,就当时社会流传的"丢弃五月所生子女"的风俗,询问清水寺定深法师:

临宅有女,昨日产男子。其母叹曰:呜呼,五月生子,不利双亲。乃窃作舍隐之企。此事如何？乍见此事，若不制止，尤成罪业。加之彼乃男子，圆三乐之一，况生时得阳，音势彻云，吉相尤足，岂不惜乎。但至于不利之条者，未知虚实。若无过者，欲令留养。复检旧记，可仰遣者也。谨上。

定深法师得知此事，遂回信曰：

阁下素存慈性，有此善心，深为喜悦。不论是非，此子可收留也。晋书云，孟尝君五月生，然无害。还每日飨三千人客矣。王镇恶五月生，于亲有利。西京杂记云，田夫五月生，又王凤五月五日生，皆于双亲无害云云。凡人依宿业，不可依生月。且察之所望也。谨上。[①]

定深法师用史书记载之孟尝君、王镇恶、王凤之例，批判丢弃五月所生子女的社会恶俗，认为"凡人依宿业，不可依生月"。除此之外，《东山往来》中还列举了当时毫无科学依据的社会风气，例如避免五月结婚（第11条）、将头发割断弃于路旁则病患痊愈（第22条）、柑橘树第一次结果对主人有害（第34条）等。对于这些民间风俗，定深法师引经据典，或批判之，或否定之。尽管这些启蒙教材在批判或否定这些恶俗时常用佛教教义加以证明，但在当时普遍存在愚昧和迷信的社会风气下，这种具有宗教性质的批判精神对于儿童辨别社会习俗有一定正面的影响。

当然，由于当时社会文化的发展状况以及社会生活的限制，儿

[①] 『東山往来』。

童所接受的文化规范是有一定时代局限性的，因此启蒙教材在传递社会规范时也难免会出现一些毫无科学依据的东西。例如在《东山往来拾遗》中僧侣这样告诉俗家子弟："若人来访，出还之后，其家主以帚扫其迹者，其客后日复难来。是故扫其家内之法则，早朝人未到之时扫之。若人来坐之后，不扫也。"①在客人来访之后打扫他坐过的地方，这个客人以后就不会再来。因此打扫房间之法则在于早晨客人未到之时进行。

又如，当时的僧人对于"公鸡晚上打鸣"的解释是："至于鸡夕啼者，谚曰乡灭，未云家灭。爰一神人曰，夫鸡有五德，与他胜时必鸣。而则若夕时啼，其家不凶。而其鸣向方之乡有凶也。得胜出声，故其家得胜。以向方乡，为负致凶。是故云乡灭也耳。"②其大意为，公鸡在胜利之后必要打鸣。如果晚上啼叫，并非其家不祥，而是说明其鸣叫的方向有凶险之事发生。

这些没有科学依据的说法被当时的知识分子——寺院高僧写在书中，成为儿童家庭教育或是寺院世俗教育的启蒙教科书。而儿童处于智慧初萌之时，对于这些教义，自然言听计从。从这一点而言，社会规范并非都是科学、健康的，它们随时代社会的发展而变化。就如同寺院高僧经常引用现在看来并无多少根据的佛经来批驳或证明社会风俗的合理性一样，某一个时代的社会风习与当时的社会文化状况有极其密切的联系，那些并非科学的风俗习惯在当时却被加以推崇，成为儿童社会素养训练的重要内容。

进入江户时代，法律条文成为必不可少的启蒙教材。这些体

---

① 『東山往来拾遺』。
② 同上书。

现统治意识和社会利益的东西对社会成员具有普遍的约束力和规范性。如何让这些法律条例渗入社会大众的自我道德要求之中,是幕藩统治者极为关注的课题。在认识到民间教育机构的重要性之后,他们大力进行意识形态方面的扶植。18 世纪前期执政的德川吉宗就曾经下谕要求启蒙教育应该以书写幕府颁布的法律文书为始。在这种外力推动下,以法律戒条为主要内容的启蒙读物如雨后春笋般涌现出来。如最早出现的《御成败式目》便是将镰仓幕府在 1232 年(贞永元年)制定的基本法典改编为儿童字帖并广为使用的启蒙作品。

表 6.3　江户时代《御成败式目》的发行状况

年代	刊本	手写本	注释本	合计
1603—1660	30	1	8	39
1661—1710	35	2	4	41
1711—1750	14	2		16
1751—1780	8	1		9
1781—1803	14		1	15
1804—1843	22	2	6	30
1844—1867	11	2		13
总　　计	134	10	19	163

注:"刊本"是指木版印刷而成的书籍,"手写本"指的是手写而成的书籍,这两种《御成败式目》都是直接将法律条文作为字帖,无注释部分。"注释本"在法律条文之外另加注释部分。

从上表可知,《御成败式目》在江户时代出现 163 种,其中木版印刷的有 134 种。随着印刷术的进步,江户时代每版可印数百甚至上千册,可知当时《御成败式目》发行量大、普及甚广。另外,《正德御条目》、《五人组账前书》、《郡中制法》、《村庄屋心得条目》、《法令习字本》等都被改版成为寺子屋的习字教材。通过这些教材,儿童在习字的同时知晓幕藩统治者的法律条文,并自觉遵守这些法令规定,可谓毕"化民成俗"之功于一书也。

除了风俗习惯和法律条文以外,还有一类十分重要的内容,即道德规范。儿童只有将社会允许的道德规范内化为自身的态度与习惯,才能形成自觉遵守与维护社会秩序的价值观念和行为方式,从而顺利参与社会生活。

其实,宣扬忠孝仁义等伦理纲常的汉籍经典著作在日本早已有之,但是它们的读者多为贵族和上层武士的子弟。对于仅仅具备识字能力的庶民大众,这些文化典籍无疑思想过于深刻、表达过于高雅。要将复杂庞大的伦理道德思想普及到民间,将道德的基本内容传递给社会的最底层成员,就需要一种通俗易懂的形式,能够将丰富玄奥的道理转换为浅显的语言。民间自发编撰的启蒙读物,其文化魅力就在于此。它形式简洁、便于记忆。在内容方面,对各种伦理道德的描述丝毫不亚于表达复杂、论证周密的儒学经典。正如江户时代儒者室鸠巢在《五伦五常名义》序言中所说的那样:"夫五伦,人生德行之道,天下之大经也。天生蒸民,必有五常之性,则有五伦之道。圣人之教,亦修此而已。……若幼学之徒,以此代习字之帖,晨夕暗诵,手玩耳熟。庶几开发良心,以助养正之功也。"①《金言童子教》序言也指出:"初学的幼童,通过学习本书,便不会疏远圣贤。也就是说,如果用心去读这些圣贤之要语,对儿童而言,就会十分有益。"②

----

① 「五倫五常名義」序。
② 「金言童子教」序。

从道德规范的内容而言,宣扬尽忠尽孝、忠孝一致的内容最为突出。如"夫孝百行源,又万善长也。忠者自孝出,孝至德要道"①;"以孝事君忠,以敬事长顺"②;"在此乱世之时,遵守道义,以忠为先,报答君恩之人,方为人之楷模"③之类的训诫为儿童耳熟能详。"忠"与"孝"一起得到强化,以致作为家族道德主纲的"孝"和作为政治道德主纲的"忠"实现高度统一。当然,除了忠孝内容之外,启蒙教材还包含其他道德行为准则,例如尊敬师长、注重礼仪、慎言谨行、隐忍退让、勤俭节约、讲求信誉等。这些都是儿童从家庭步入社会与人交际的行为法则,是长辈通过启蒙教育传递给后一代的重要内容。

总之,作为社会规范与个人道德行为修养的中介物,传统启蒙教材担当起传递社会规范的重要作用。它们用通俗易懂的形式,将丰富繁杂的社会风俗、伦理道德、生活准则以及各种规章制度体现出来,使儿童逐步形成适应社会生活的道德信念和行为习惯,从而为将来更好地融入社会生活做好充分的准备。

三、社会角色的培养

社会学家霍顿(P. B. Horton)和韩特(C. L. Hunt)在其合著的《社会学》一书中强调,个人主要是透过角色的学习与地位的获得而社会化的。角色学习至少包括两方面:学习与角色有关的权利与义务;养成适合于角色的态度、情感与愿望等。④ 社会化的结

---

① 『孝子教』。
② 『金言童子教』。
③ 『楠教訓状』。
④ 参见陈奎熹:《教育社会学》,(台湾)三民书局1982年版,第59—60页。

果,代表一个人已经能够适当享受权利和尽义务,可以作为社会一分子参与社会生活,而且能够运用适当的态度与方法更有效地行使其角色所拥有的社会功能。

作为身份文化的教育,教育设施的主要活动便是教学生接受特殊的、与其社会角色相符的文化内容。在前近代日本这一封闭的身份制社会中,社会角色多指归属性的角色,即社会阶层或性别。这种社会角色在出生之后即被社会加以认定,与个人的先天智力以及后天努力无关。因此,儿童自出生之际即有一套与自身角色相应的权利以及义务的规定需要学习,并要尽快养成适应其身份或性别的态度和情感。可以说,在身份制时代,社会角色的培养更具有特殊的意义。

在中世,传统启蒙教材主要便是帮助武士子弟培养其相应的社会角色。此处举室町时代中期的《贤济往来》为例。此书由12封书信构成,其中6封为询问,6封为回答,形成6个一问一答的学习单元。其内容大体如下:

第一单元(第1、2封信):正直
问:如不通文武二道,为实现武家之忠义,应该如何做?
答:正直忠心,有益于武士之业。不顾自身安危,以完成主君之命。

第二单元(第3、4封信):武艺
问:生于弓箭之家,不知武门之法(射、御、蹴鞠、连歌、料理、庖丁等艺能),对奉公之武士是否有益?
答:武艺为武士之嗜好,学问为人之教养,均切实重要。无欲、正直为武士基本之资格。

第三单元(第5、6封信):尽忠

问:武士者,何为忠节之极致哉?

答:战场弃命,乃武士之业也。无此业者,以何可谓武士哉。故对主君尽忠,而忘性命,方为武士之本也。

第四单元(第7、8封信):逢敌之心得

问:逢敌之时,应该如何行动?

答:参加战斗,应忘记三件事。先忘家,第二忘妻子,第三忘命。

第五单元(第9、10封信):重名

问:如何根据所领之身份行事?

答:应遵守所领之身份,重视名誉,不事娇纵,勿恣好饮酒、博弈、女色等。

第六单元(第11、12封信):专心奉公

问:明了理之宗旨,而不按理行事,可乎?

答:如练习弓箭,起初虽不中的,依磨炼之功,之后便可射中。武士应专心奉公,不离主君,渐渐可知奉公之正路也。

从上可知,《贤济往来》中心内容便是武士生活中的道德理念和奉公心得。其中正直、尽忠、尚武、重名等都是基于武士的社会生活基础之上产生的武家伦理。这些是当时在寺院习字的武家子弟应该培养的行为规范以及武士角色所独有的生活态度。

到了近世,启蒙教材的读者从统治者的后代扩大到普通大众的子弟,因此这一期间的启蒙教材多与庶民子弟的培养有关。例如1829年(文政十二年)刊行的《农民教训状》中这样写道:

第六章 传统启蒙教材的主要功能

身居高位、身份尊贵之人,以及田夫、野人、樵夫、渔民、工、商,五谷不成,则身命可经世安乎。苍生谁可忘却哉。尤其农家之辈,应当仰天地神明,上蒙君之恩泽,遵守官府法令,承御地头万事无私曲。不争越境,不贪用水,不忘礼仪,不妆轻薄,不欲华美,不溺游兴,不耽盘将博弈。从幼少可学者,书与数术也。尊敬长上,孝者百行之本。侍奉父母可尽其力。家内和睦,怜悯下人,精心耕作,勤励而无懈怠者,子孙繁昌家业丰饶也。①

这里既陈述了农家的重要性以加强农家子弟对本业的认同感,又列举了农家子弟应尽之义务,如遵守官府法令、不争越境、不贪用水等,另外还详细地将农家子弟的生活行为准则以及道德要求表述出来,例如不忘礼仪、不欲华美、不溺游兴、孝敬父母、精心耕作等。

又如《商家往来》也告诫商家子弟:

夫商卖之业,虽有多种,总之早上早起,开门,仔细打扫门口,店前,洒水,摆好招牌、布簾等,打点账房、柜台、算账台……为商者,融通万国之产物,所以资民生日用也。苟为一己之私,囤积货品高价而沽、走私、倒卖赃货,或者玩弄秤斗,或者销售假货等,以及其他如骗取货款、骗取货物、诈骗同道之人等行为者,违天命,蒙冥罚。虽一时得势,荣华欢乐,然浮云之富耳,终贫困迫身,遗恶名于子孙。正直者非一旦之依怙,遂

---

① 『農民教訓状』。

神明之怜。家门长久无疑也。①

  此书首先明确地将商家子弟从商应该做到的事情一一列举，诸如早起、打扫、打点账房、考虑采购等，这些作为商家子弟的生活技能是其长大之后必须掌握的。此后又将商家禁忌之事详细列举，希望后代在从事商务活动的时候避免那些有违商人之道的行为，以正直之心从事商业活动，获得神明之庇护，以致家门长久。

  从上面分别以士、农、商子弟为教育对象的三例启蒙教材可以看到，作为民间私学的教学用书，它们的内容十分宽泛，既有生活常识，又有社会规范、道德准则等，但是这些生活常识或道德准则、生活态度都与某一种社会阶层的身份和地位有密切关联。中世武士子弟的启蒙教材中不可能有要求精心耕作、正直从商的内容，近世农民或商家子弟也不会去学习沙场逢敌、舍命尽忠等教条。可见，某种社会角色有其独特的权利和义务，有适应其自身社会地位的生活态度和追求目标。因此，根据读者身份不同，各时代的启蒙教材在协助培养社会角色的功能方面会呈现出不同的内容，体现不同的生活准则。

  在社会角色的定位中，还有一种不以社会阶级为依据，而以性别来确定的社会角色。日本人虽然接受儒家男尊女卑、三从四德的社会意识，但是"女子无才便是德"的观念却没有在日本生根。从奈良、平安时代开始，贵族社会内部就形成了让女孩从小接受教育的传统。只是，普通百姓家庭的女孩能够进入学堂接受正式教育是从江户时代中期寺子屋兴盛之时才开始的。

---

① 『商家往来』。

第六章 传统启蒙教材的主要功能

在江户时代,普通百姓的家庭也开始注重女人在家业维护以及子女教育方面的作用。《女式目》认为:"如不晓文习字,见识浅薄,便难于相夫教子。"[①]《女子手习状》中也写道:"出嫁女子,若不通文字,即使容貌娇美,娘家富足,也会被丈夫及其亲族蔑视。"[②]在町人家庭中,妻子的重要职能之一便是分担丈夫维持家业的工作,特别是在家中人手不够或丈夫有事出门的时候,妻子必须代替丈夫打理家业。庶民,特别是町人家庭的女子初识文字、懂得算账便十分必要。所以在江户时代中后期,进入寺子屋学习初步读、写、算知识的庶民家庭的女孩日益增多,甚至在江户这样的大城市,一些寺子屋中女童的数量要多于男童。

由于性别角色不同,男女在启蒙教育方面的要求也不尽相同。这个时期出现了大量女子专用的启蒙教材。既有如《女今川》、《女训抄》、《女实语教》等以女子道德为中心的"教训型"教材,又有如《女庭训往来》、《女用文章纲目》、《女消息荣文库》这种以传授女性社交礼仪方面知识的"书信型"教材,也有如《世界妇女往来》、《女初春往来》、《御家假名往来》等讲述女性应该了解的风俗习惯、祭祀活动等相关常识的"社会型"教材,还有如《御江户名所方角书》、《女商卖往来》、《锦叶百人一首女宝大全》等传授历史、地理、产业等方面实用知识为主的"知育型"教材。为了说明江户时代女子用启蒙教材的兴盛,下面将江户时代女子用读物的发行情况用图表的形式体现出来。

---

① 『女式目』。
② 『女子手習状』。

表 6.4　江户时代女子用启蒙教材的发行情况①

类型(本)	年代	1687年之前	1688—1715	1716—1750	1751—1788	1789—1829	1830—1867	1868年之后	年代不明	合计
教训型		24	16	41	50	66	99	39	42	377
书信型		8	17	31	57	31	37	14	12	207
社会型		4	7	11	22	39	42	1	10	136
知育型	地理	1	5	6	32	114	64	45	56	323
	产业			1		3	9			13
	合集		10	5	12	7	13	4	2	53
合计		37	55	95	173	260	264	103	122	1109

书信型教材以传授社交礼仪为主，多出现在1716年—1788年(享保至天明)这段社会经济繁荣期。而以传授女子道德为目标的教训型在江户时代中后期得到极大发展，特别是1830年—1867年(天保至庆应)短短三十余年间出现99种之多。幕藩统治者以及知识阶层都认识到向普通百姓灌输道德规范对维护统治的重要性，因此这时期宣扬女性道德操守的启蒙教材广为流传。社会型教材以培养女性对社会生活规范的认同为重心，在各类型中数量最少，多出现在江户时代中后期。知育型以地理类作品最多，在1789年—1829年(宽政至文政)数量达114种，可见随着商品经济的发达，社会对于女性的要求已经不再是足不出户，而是要了解家庭之外的社会常识，以便在协助丈夫进行商品交易时能够更为顺利。

由上可知，可供女子使用的启蒙教材数量众多，那么，在培养女性社会角色的时候，它们又都提供了一些什么样的具体内容呢？首先，这些启蒙教材对女性的家庭义务作了严格规定。如《女大学》就

---

① 参见石川谦编:『日本教科書大系・往来編』(第15卷)，講談社1973年版，46ページ。

强调妻子必须对丈夫言听计从,并要对公婆有尽孝之义务:

> 妇人别无主君,以夫为主君,谨慎侍奉,不可轻侮。妇人之道,贵在顺从。对于丈夫,脸色言语均要殷勤谦逊。勿做不忍受不顺从之事。不能骄奢无礼。是为女子之第一要务。嫁于夫家,专行孝道于公婆。爱敬之心甚于自身父母。侍奉公婆不可有半点懈怠。公婆之命谨慎行之,不可背逆。凡事勿以自身父母为先公婆为后。①

《女实语教》也有"父母如天地,舅姑为明。夫若为主君,妇则犹从者。朝夕孝父母,恭敬事舅姑。夫妇争勿嗔,曲理顺夫心"②的告诫。不仅要求妻子孝敬父母,也要事事恭敬"舅姑"(即公婆),夫妻有争执也必须曲理顺从。当然,妻子在家庭中还要做各种家务,"缝裁工,问之姑。当习熟,谙识之。专第一,女务也"③;"女子早晨应当早起,夜晚应当晚寝。白昼不可睡眠。家事尤要用心。饮食调理、衣服裁剪、机织养蚕、其他女工等均仔细操作,不可欣赏无益之舞蹈、歌谣。"④

在强调妇德的同时,启蒙教材也讲授了不少女性应掌握的生活常识以及生产技能。《女商卖往来》、《裁缝早学问》、《女江户方角》等都是极具实用性的作品。例如《女商卖往来》模仿《商卖往来》的编撰形式和行文特点,以"凡商家之女子,不知何时便成为他

---

① 『女大学』。
② 『女実語教』。
③ 『女三字経』。
④ 『改正女大学』。

人妻子。凡商卖涉及之文字、商业日记、买卖证书、订购书、取货凭证等,都十分重要"[1]开始,先后列举钱币、五谷、药材、香料、山禽、海珍的种类,然后罗列烹饪调味之料、穿着日用之物、室内家具装饰等。全文虽仅千字有余,却涉及女孩在商家日常生活中必须熟记的各种基本词汇。

　　社会对其成员通常都有某些既定的角色描述,如武家子弟应该忠心奉公,女性在家里应该顺从丈夫、孝敬公婆等。假如某种教学材料能够简单易懂、清楚明了地讲述社会角色的各类特征,启蒙教育也就必然会借助这些材料来培养社会既定的角色定位。日本的传统启蒙教材便是这样的材料,寺院以及寺子屋中的教育活动便是使儿童将教材中的角色描述内化为其自身行为和态度的主要推动力。从这一点而言,儿童习字、阅读启蒙教材的过程便是社会角色的学习过程。

　　当然,实现人的社会化的具体途径不仅仅是学校教育,家庭以及社会都是使儿童社会化的重要场所。但是,学校作为一种专门的教育机构,它的教育活动比起家庭教育和社会教育来更具有规范性和目的性。因此,可以认为,作为前近代民间私学体系的学习教材,日本的传统启蒙教材在教育活动中为儿童提供了足够多的角色学习的资料,它们在儿童的社会化过程中发挥了重要作用。

第二节　启蒙教材的社会功能

　　启蒙教材是为满足和适应社会的某部分人群的教育需要而形

---

[1] 『女商売往来』。

成的。它作为儿童启蒙教育这一系统的重要组成部分，用以确保儿童顺利进行社会化的过程。除此之外，启蒙教材在数百年的发展变化中，作为儿童教育的重要表现形式，体现了教育与政治、经济、文化、宗教等所产生的相互关系与相互作用。

一、政治功能

传统启蒙教材的政治功能可以从以下三方面进行考察。

其一，统治者利用启蒙教材来统一思想、维护政权稳定。反映先秦儒家教育思想的《礼记·学记》有言："君子如欲化民成俗，其必由学乎。"[1]就是说，执政之人如果想要教化人民，培养良好的民风，只有通过教育才行。任何国家或政体为实现其政治理想，必须运用教育的力量培养人们的某种行为与信念。这一点在江户时代的教育中体现得较为明显。幕藩政权为有效地将伦理道德意识渗入社会大众的自我道德修养中，防止道德意识的全面混乱，其重要步骤便是对民间教育机构的教育内容进行指导和控制，从而建立利于维护统治的道德秩序。

江户时代初期的日本刚刚从战争混乱中恢复过来。在和平时期，武士不能只用武力来证明其政权存续的合法性，儒家伦理原则和道德规范正好为这种合法性提供了理论基础。儒家思想在沉寂数百年后，终于从佛教禅宗的寺院中走了出来，成为江户时代精神脉络中的主角。因此，幕府在指导寺子屋教育内容的时候，十分强调在民间的启蒙教材中添加儒家伦理道德方面的内容，以便使儿童在启蒙教育阶段就能够自觉地接受儒家伦理

---

[1] 《礼记·学记》。

思想的教化，接受以统治集团的思想和意志为主导地位的社会意识形态的统治。

德川幕府第八代将军德川吉宗曾下谕给江户府内的寺子屋师匠，要求他们"不仅笔道而已，正风俗、守礼仪、训忠孝也为重要之事，应时刻记挂在心"①，然后命令儒学大家室鸠巢编撰《六谕衍义大意》、《五伦五常名义》等，并以低价或赠送的形式交给寺子屋师匠进行教学。天宝年间，总理幕政的"老中"②水野忠邦(1794年—1851年)在1841年的天保改革中，对幕府直辖地内的寺子屋师匠发布了关于教育应以训育为主的指令，并且规定对优秀的寺子屋师匠进行表彰。他在1843年和1844年两年间，奖励了62名寺子屋师匠，并将《六谕衍义大意》作为奖品下发给这些教师，希望他们广为传授。

另外，幕藩统治者也十分强调对庶民子弟进行法制教育。1836年(天保七年)幕府"代官"③山本大膳开版印刷《五人组账》，颁给领内武藏、上野、下野各村，并且要求："五人组账之义，辨老幼男女善恶之差别，含民家永继之趣，习字师匠等不可忘却教导御法度之事。"④从这一点而言，民间自发形成的教科书体系中开始出现民众法制教育方面的内容，寺子屋也承担起民众教育的使命，这实际上体现了幕府欲将寺子屋的主要功能转变成为灌输道德与法律规范、培养驯良公民的愿望。不过，由于寺子屋在传授道德、法律等内容外，更多的还是传授地理、历史、实业、算术等方

---

① 文部省编:『日本教育史资料』(第19卷)，临川书院1970年版,10ページ。
② 老中：江户时代总理政务，监督诸侯的幕府官员。
③ 代官：管辖幕府直辖地，负责年贡收纳以及其他民政事务的地方官。
④ 『五人組帳』序。

面的实用知识,因此其民间教育机构的本质并未发生变化。但是,不可否认的是,幕藩统治者在不断对寺子屋教育施加影响,加以控制。

其二,启蒙教材在一定程度上培养了民众对政治事务的意识。日本学者深谷克己将近世的日本称为"说谕国家"①,意思是说江户时代的统治集团多是频繁地用"说谕"②和"利解"③的方式来进行民众教化。幕藩集团的统治开始从使用武力恣意支配和压迫民众转为寻求有法律依据的、具有公法性质的统治。从江户时代前期开始,德川幕府在建立幕藩体制的同时,便开始确立一种能够直接将"舆论"和"民意"向上传递的诉讼制度。幕府规定,农村如有控诉事件,可以书写"目安"(即诉状),然后自下逐级上告。不过,由于民众控诉的内容多与地方官横征暴敛有关,所以地方官总是不予理会,甚至迫害提起控诉的农民。因此,最后往往都是由担任村吏的农民带领群众或代表村民将"目安"直接呈递给幕府或者藩,进行越级控诉。

由于"目安"具有相对固定的格式,对于文化水平相对较低的民众而言,撰写一份合乎身份和礼仪的诉状比较困难。于是,从江户前期开始,出现了一种特殊内容的启蒙教材,它们为民众提供"目安"诉状实例,培养民众书写诉状的实际能力。这些教材被称为"目安往来物"。根据学者八锹友广统计,在江户时代流行最为

---

① 深谷克己:『百姓成立』,塙書房1993年版,112ページ。
② 说谕:教训、训导、训诫。
③ 利解:陈述道理以求对方理解。

广泛的"目安往来物"有六种,分别如下:

表 6.5　江户时代主要"目安往来物"一览①

名称	目安呈递日期	呈递机构	诉讼人	诉讼内容
白岩目安	1633.10.7（宽永十年）	幕府	白岩乡百姓	控诉领主酒井忠重的残酷统治
白峰银山目安	1642.4.26（宽永十九年）	幕府	奥州伊南伊北七村	关于上田银山的归属问题的争论
小国目安	1665.3.2（宽文五年）	米泽藩	小国百姓	控诉"代官"笹生久兵卫等的残酷统治
羽仓目安	1672.6.4（宽文十二年）	幕府	越后妻有庄羽仓村	关于羽仓村与森村的村界的争论
松川目安	1676.11.25（延宝五年）	仙台藩	松川村百姓	控诉"给人"②猪苗代长门的残酷统治
新潟目安	1697.12.12（元禄十年）	幕府	越后蒲原郡新潟町	关于信浓川中州的归属问题的争论

上表中的启蒙教材有几个值得注意的地方。第一,从内容上来看,这六种教材中有三种是控诉地方官员残酷统治的诉状,另三种为境界争论方面的诉状,都与当地官吏的统治有关。第二,这六种教材中有四种是直接将诉状呈递给幕府,属于越级控诉范畴。第三,从时间上来看,这六种教材都是在17世纪编撰而成,产生在江户幕府统治前期到中期。特别是白岩目安和白峰银山目安都出现在 1624 年—1644 年间(宽永年间),属于幕府诉讼制度的确立期。普通百姓对于如何书写诉状、如何进行诉讼不甚了解,因此这

---

① 参见八鍬友広:『近世民衆の教育と政治参加』,校倉書房 2001 年版,35ページ。

② 给人:江户时代从藩主处得到领地的武士。

第六章　传统启蒙教材的主要功能

一时期出现的"目安往来物"对于当时的民众具有特殊意义。

这里举白岩目安为例。白岩乡位于现山形县西川町,由寒河江川左岸 17 个贫穷小山村组成。自 1622 年(元和八年)之后,庄内藩的藩主酒井忠胜之弟酒井忠重成为白岩乡领主。白岩目安便是白岩乡村民反对酒井忠重横征暴敛而向幕府提出的诉状。由于白岩目安共 23 条,字数甚多,内容繁杂,这里就告发酒井忠重的大体内容总结如下:

(1)增加农民租税负担:强行征收土漆;强行将年贡由每石 5 斗 5 升增为 6 斗 3 升;强行增加山蜡上缴数量;借口检地增加 800 石地租负担;增加糠、蒿、薪的上缴量等。

(2)增加不必要的赋课:增收年贡用于东光寺住宅;增收农民上缴幕藩的侍奉金;征收赴大阪的夫银之外还征用农夫 6 人;让农民负担额外费用等。

(3)领主私用百姓财产以及私征百姓:擅自强令农民作厨师和马夫;私征农民砍树等。

(4)在流通领域低买高卖:高价出售大米和白酒;低价收购棉花和麻等。

(5)残酷迫害百姓:处死未进年贡的久次郎;处死从其他领地运米进来的百姓;处死小商人藤左卫门;严刑拷打未付米款的农民妻子;选年轻貌美的农民妻子软禁于城内等。

白岩目安提出之后一直没有得到幕府判决。因此白岩民众一再上诉,五年后的 1638 年才得到裁定,酒井忠重的 8000 石领地被收归公有，幕府给予其8000俵①禀米的补贴，收公之地由"代官"小林十郎左右卫门管理。应该说幕府对酒井忠重的处罚并不重，但是对于白岩乡村民而言，诉讼总算取得了一定的胜利。

正因为白岩乡村民利用诉讼制度成功解除了地方长官的官职，因此对周边地区影响巨大。"白岩目安"开始成为普通民众学习书写诉状的首选教科书。据统计，"白岩目安"在江户时代流传于日本东北各地，先后出现50种以上的版本，流布很广。

"目安往来物"对于提高民众的诉讼能力有一定的帮助，能够促进民众通过诉讼这种政治手段减轻过重的赋税负担。当然，这种所谓的"参与政治"，并非近代民主国家那种公民通过选举由下而上直接参与政治事务，而是在封建统治体系之内，将村民对地方统治的意见呈递给上级政府，希望得到上级政府的注意，进而由上而下施行一些利于当地百姓的政治措施。农民在身份地位、政治权利等方面都位于社会最底层，他们没有能力、也没有可能去要求当政者出让一部分参政权力，因此，他们希望的仅仅是地方官在经济上剥削得稍微"仁慈"、"人道"一些而已。

虽然民众的诉讼行为成果有限，但可以清楚地看到：民众开始有一种希望通过自我的行政诉讼行为在统治体系内改变现状的愿望，这种愿望是前所未有的。"目安往来物"这样的启蒙教材之所以在日本教育史上有不容忽视的地位，原因就在于它们使用儿童启蒙教育这样一种有效的传播形式，将艰深复杂的诉状变成儿童

---

① 俵：日本的大米计量单位。"俵"本义为"用稻草绳编织的袋子"，多为圆柱形，装运大米所用。日本人将1俵所装大米的重量作为计量单位。各时代俵的标准重量略有不同，江户时代1俵约为4斗即60公斤左右。而1石为10斗，可见酒井忠重虽然失去8000石领地，但仍有3200石大米的补贴，损失并非严重。

每天都要使用的习字教材,将这种通过诉讼以求改变现状的美好愿望继续下去。

除"目安往来物"之外,其他种类的传统启蒙教材也对培养民众政治意识有一定促进作用。例如民众通过对《五人组账》、《武家诸法度》的学习,了解政府的法律法令,以免自己的行为触犯法规。进一步而言,不论启蒙教材是何种类型,具有哪方面的内容,它们都使民众普遍增加了读书和写字的能力,使庶民成为初识文字的社会阶层。民众在政治上由完全被动转而具有一定的主观能动性,这对于维持幕府统治是有一定好处的。伦敦大学教授多尔(R. P. Dore)就如此认为:

> 正是因为基础性的读写能力得到充分的普及,新的布令、新的土地登记制度、新的户籍制度的实施才成为可能。正是因为包括贫农在内的大部分人都能够读懂自己必须盖上手印的文书,所以自恐惧和疑惑中产生传言然后导致抵抗或反乱的危险性就降到最低。民众如果没有读写能力的话,明治初期的一揆和叛乱一定会更甚于前世。①

其三,启蒙教材对培养日本人的民族意识有一定促进作用。教育的发展与一个民族国家的建立具有十分密切的关系。这种关系突出表现在民族国家的建立所需要的对国家的认同、民族意识的形成方面。因为教育的发展可以通过对国家和民族的各种可见的符号和观念的传播与灌输,促进人们冲破狭隘的地方意识,形成

---

① ドーア:『江戸時代の教育』,松居弘道訳,岩波書店1965年版,271ページ。

一定的公民意识和对整个国家与民族的忠诚。

在江户时代，传统启蒙教材传播民族与国家的文化符号和价值观念的倾向性日益加强，它们作为这些符号和观念的传播与灌输的媒介，帮助庶民大众逐步突破血缘、地域空间以及个体经验的限制，渐渐形成一种对日本民族以及国家的效忠意识。

首先，民间的启蒙教育促进了共同价值观念的形成。江户时代中后期，一部分具有代表性的启蒙作品成为当时日本各地儿童读写的通用教材。例如习字课程多使用《伊吕波尽》、《实语教》、《童子教》、《庭训往来》、《本朝千字文》等，阅读课程多使用《庭训往来》、《商卖往来》、《东海道往来》、《六谕衍义大意》等。虽然各地寺子屋会根据经济情况和地域特色选择一些特殊的启蒙读物作为教材，但是就日本全国范围而言，无论是繁华城市还是偏僻山村，无论是町人子弟还是农家幼童，都使用大致相同的学习教材，接受同样的文化内容，有利于共同价值观的形成。因而，"在不断扩大的生活圈和文化圈中，即使是其他藩的领民、住在远方的居民也并非'异邦之人'，而是命运与共的'同胞'，是共享荣枯胜衰的'民族一员'，这样的民族自觉便在这样的教育中产生，然后强健地成长起来"①。

对于启蒙教材的这种功用，多尔也高度评价：

这些寺子屋教育的内容将一种意识深深扎根于儿童的脑海中，即：人们不单是将军掌管的城市里的町人或冈山藩的

---

① 石川松太郎：『藩校と寺子屋』，教育社1989年版，215ページ。

百姓,而是日本国的一员。儿童学习了国内很远的地方的地名和产物的名称。甚至《庭训往来》也发挥了"国民化"的作用。因为通过阅读它,儿童可以窥探到那个时代的一鳞半角,可以知道当时诸藩间的边境线的界定以及平民和武士之间的差别并非那样的严密,也可以知道天皇曾经是那样的重要,从而使儿童发现江户时代的地域以及社会的区分是多么的偶然和随意。通过对这些往来物的读写,儿童形成了一种认同感,将那些看起来也许永远也不会见面的人视为自己的同胞。[1]

虽然上述评价有过誉之嫌,但是传统启蒙教材在文化传承中的确有培养民族认同感方面的功用。

其次,启蒙教材在发展中不断调整内容,为民族意识的形成提供了条件。例如早期的《商卖往来》在内容上具有很明显的京都特色,所列举的商品多以京都盛产的纺织品为主。但到了江户时代后期出现的《大全商卖往来》、《广完商卖往来》等,这些启蒙教材的内容不再限于某一地域或某一产业,而是涵盖城市农村、各种产业。以列举的衣物为例,既有都市使用的印染布和装饰品,也有农村所用的芭蕉布、葛布、横麻等。

江户时代以及明治时代初期出现的历史类读物也体现了很强烈的民族意识和国家意识。例如,《泰平复古皇朝千字文》中写道:"日本纪元,辛酉作源。奕圣继统,剑玺爱尊。"《皇朝千字文》开篇也提及:"我大日本,土腴禾蕃。沧溟环市,山河蟠蜿。"《本朝三字经》

---

[1] ドーア:「江戸時代の教育」,松居弘道訳,岩波書店 1965 年版,273ページ。

也赞美道"我日本,一称和。地膏腴,生嘉禾。人勇敢,长干戈。衣食足,货财多。"《皇国三字经》开篇言:"我日本,有天皇。统一系,侔太阳。有国风,世一言。"不难想象,通过对这些启蒙教材的读写,民众子弟是比较容易产生对大和民族的认同感的。

再次,传统启蒙教育在一定程度上促使"领民"初步具有"臣民"、"国民"的意识。在现代社会,要形成统一的国民意识,就必须打破地域性的割据状态,而且也要克服阶级身份对国民的分隔。但是,在江户时代的日本却存在着明确的制度化的"身份",士、农、工、商四民制将日本人区分为不同身份的人群。四民身份制为国民意识的形成设置了巨大障碍。但是,这一问题却通过教育得到了某种程度的解决。江户时代的庶民教育在幕藩统治者的鼓励和控制下,体现了较强的劝诱民众顺从既成政治秩序的倾向。幕藩政权促动寺子屋教授儒家道德,伦理道德的教化日益加强,庶民教育也开始朝着维护封建体制的方向发展,威胁政治秩序的内容日益减少。庶民中开始出现模拟武士集团主从制的"奉公报恩"意识。例如《改正商卖往来》有"尊奉朝廷,遵守制禁,不忘国恩,正直劳作。定会家业日盛,子孙连绵,繁昌殷富"①的句子,告诫商人子弟要服从朝廷、不忘国恩。《农家手习状》中也这样说:"首先百姓应挂记在心之事,乃遵守国之法令规章,行事小心谨慎,不为喧哗议论之事。"②意思是说农民最应该牢牢记得的是遵守幕藩制定的法律,谨慎少言,不做违反幕藩统治意志的事情。《绘入本朝三字经》的序言说道:"此三字经……记皇朝历代、国家治乱之大概,以

---

① 「改正商売往来」。
② 「農家手習状」。

示童蒙。儿童等暗记此书,足以悟皇国之故事,观察古人之善恶。但,记诵此书另有何益哉?不仅知古代之传说。往昔不及中兴之当今,察世态,深恐二百余年来御开国太平之御神德并尊信之、供奉之,为仰尊国恩广大之教示也。"[1]可见此书主要的目的便在于劝诱庶民子弟尊信"御开国太平之御神德",以"奉公"之姿"报恩",服从朝廷的统治。

在传统启蒙教材这种由普通百姓自发编撰而成的书籍中屡屡出现规劝服从幕府的说教性内容,不仅体现了百姓对现有身份关系具有较强的认同感,而且还表明了普通民众开始产生一种模拟武家主从制"奉公报恩"的观念。普通民众把顺从幕府的行为赋予一种类似武士忠君奉公的色彩,体现了近世幕藩集团在庶民教化方面的"成功":他们不断地重复"说谕"和"利解",将有利的经济与政治条件(例如"天下太平之局势")作为幕府将军给所有民众所施的大恩大惠,以此来作为巩固德川幕藩政权统治的思想基础,并唤起庶民遵从现有政治秩序的主体性意识。

美国学者贝拉(R. Bellah)在评价德川时代社会状况时说:

> 与恩的概念同等的是"报恩"或"还恩"的概念。它包含着尊重与服从政治权威之命令的一般义务。在各城镇和乡村,都有官方的布告牌,上面张贴幕府颁布的最新政令。而对布告牌所表现出的尊敬之情,证明了即使是在社会结构中的最底层的人们对政治权威的盲从程度。……当然,幕府和藩的统治有力量按照他们的意志强迫民众服从,然而,从社会学的

---

[1] 『絵入本朝三字経』。

角度看,更有趣的是,事实上在众多场合服从是自愿的。归根结底,这依据于民众与政体一体化的事实。民众感到他们自己被认为是国体即国家政体——一个极重要象征的一部分,尤其在明治及明治以后的时代。民众作为国家(国体)的成员,通过与国家一体化来获得满足,并分享国家的威信和意义,因此,他们感到政治权威的利益与自己的利益是一致的,便自愿服从政治权威的要求。当有着政治权威所努力奋斗并对所有人都明了和有意义的明确系统目标时,这种同一化的过程有变得最为强烈的倾向。[1]

这样,普通民众在政治意识方面以积极的忠诚和服从的态度成为幕藩的"臣民",最终随着明治维新之后日本民族国家的成立而成为天皇家国的"国民"。可以说,明治维新之后民众所体现出来的强烈的国民意识在江户时代的民间启蒙教育中就已经在某种程度上具有了萌芽状态。这种"奉公报恩"、"国民一体"的主体意识为日本在明治维新之后迅速毕全国之力走上现代化之路提供了一定的便利条件,但是,这种意识通过政权的操纵往往会陷入盲目服从的危险中。在侵略战争中,日本士兵能毫无人性地烧杀抢掠、能驾驶自杀飞机撞向敌舰,其行为背后都有这种盲目的"国民一体"思想在作祟。

民族是人们在历史上形成的一个有共同语言、共同地域、共同经济生活以及表现于共同文化上的共同心理素质的稳定的共同

---

[1] 〔美〕贝拉:《德川宗教:现代日本的文化渊源》,王晓山、戴茸译,生活·读书·新知三联书店 2003 年版,第 30 页。

体。作为占日本人口绝大多数的普通大众的启蒙教材，它们对日本人突破血缘、地域、个体经验以及社会生活团体的束缚，形成具有高度统一性的文化素质和价值理念起到了一定的积极作用。从这一点而言，传统启蒙教育对于日本人的民族意识的成立，对于日本这个民族国家的形成发挥了不容忽视的促进作用。

二、经济功能

古人云，"教人耕者其功多"①，说的是传授生产技能的教育具有十分重要的经济功用。但是，无论是奴隶社会还是封建社会，统治者都更为重视利用教育来培养本阶层政治精英或者通过教育来实现政治秩序的稳定，而不太重视教育的经济功能。因此在日本历史上的官办学校中，儿童学习的多是一些高雅艰深的汉学典籍。但是，民间自发形成的寺子屋教育却并非统治阶层的学校教育，学生也非统治集团的子弟，因此他们使用的启蒙教材除了政治方面的内容之外，也必然会有与社会生产相关的教学内容。这些内容通过寺子屋教育得以普及，对当时的社会经济生活产生了一定影响。

传统启蒙教材的经济功能主要分为两种：其一，在直接方面，它们向社会大众提供初步生产技术和生活常识方面的内容，为儿童将来参与社会经济生活准备了前提条件；其二，在间接方面，启蒙教育提高了民众知识水平，宣扬了利于经济发展的伦理道德，培养了庶民大众适应经济发展的习性和态度。

在江户时代，生活在社会最底层的庶民大众虽然身份低下，但

---

① 《墨子·鲁问》。

他们却是经济生活的主角：农民和手工业者是最直接的生产者，商人从事商品流通。"要改变一般人的本性，使他掌握一定劳动部门的技能和技巧，成为发达和专门的劳动力，就要有一定的教育和训练。"[1]儿童除了在实际的生产生活中逐渐掌握生产技术方面的知识之外，也必须在教育机构中学习与生产技能有关的各种技能。

当时民间的学问观多体现在知识的实用价值之上。"不为民用之资，则可谓无用之书。若有益民用之助，如《居家必用》、《农政全书》、《济民要术》之类，可谓有用之书。"[2]正是由于以实用知识为最高价值，因此寺子屋的内容除一部分伦理道德之外，其他的都与提高社会生活以及生产能力密切相关。前面介绍的《农业往来》、《番匠往来》、《商卖往来》等具有一定的职业技术教育特色的作品成为儿童最为主要的启蒙读物之一，原因便在于此。

明治维新之前日本的生产力水平并不高，而且学习者都是智慧初萌的儿童，因此这些启蒙教材大多仅涉及本阶层的生产活动的初级知识，并没有太多复杂高深的生产技巧。那些生产技术还需要儿童长大之后在实践中去揣摩和掌握。但是启蒙教育将生产知识传播到社会的最底层，为日本全国性的产业生产以及经济交流提供了一种技术方面的可能性，为生产力的提高准备了前提条件。这种对经济的促进作用不容忽视。

与生产技能的内容比起来，启蒙教材传递了一类更为重要的东西，那就是与经济生活和社会生产息息相关的产业经验以及伦理精神。一个社会的经济要得到发展，首先需要的便是社会集团

---

[1] 《马克思恩格斯选集》（第5卷），人民出版社1972年版，第112页。
[2] 貝原益軒：「文訓」，『益軒全集』（第3卷），益軒全集刊行部1911年版，358ページ。

的成员具备热爱本业、正直从业、勤勉节约的职业精神以及其他适应经济发展的习性和态度。

以《改正农业往来》为例,它开篇便宣扬农业的重要性:"农为国家之基本,乃与食货二者皆有关系之大事也。食为米谷之类可食用之物,货为布帛之类可穿用之物。"①然后逐条总结农民的产业伦理:遵守公仪、忠实纳租、勤俭节约、正直慈悲、勤勉耕作等。《农稚教》也说道:"天地者,万物亲。农事者,万业基。先耕作,知时节。……奉年贡,慎宪法。常正道,致知力。虽中年,得丰穰。节以用,馔孝养。其大哉,天时乐。祭在社,莫废矣。"②可见,这些农业类的启蒙教材都在向儿童传递这样一些信息:农业是重要的产业;从事农业要守法、节俭、正直,方能获得丰收。

在《改正商卖往来》中也有类似的内容:"商人营业之时,要考虑国益,勤勉努力至为重要。……学无益之技,饮酒美食、长于游兴,或着不合身份之衣服,过度装饰家宅,乐于树木花草之珍奇,耽于奢侈,花费金钱,游情放肆,乃破产贫困之基也。总之,贸易之时应对主顾、买家、卖主等寒暄礼貌,应答柔和,保持店头清洁,诸事勿漏。贪图高利、买卖不正、掠人耳目、只计自身利益之人,将会蒙受上天惩罚,并贻害后代。尊奉朝廷,遵守制禁,不忘国恩,正直劳作。定会家业日盛,子孙连绵,繁昌殷富。"③这里面包含了守法、俭约、正直、勤勉等町人的伦理道德,是町人商务活动顺利进行的重要条件。

在当时,农、工、商作为被统治阶级,只有遵从法律、行事节俭、

---

① 「改正農業往来」。
② 「農稚教」。
③ 「改正商売往来」。

正直勤勉，才有可能在封建统治中得以立身，继而维持家业。之所以认为传统启蒙教材有间接促进经济发展的功用，便在于它们能够将一些适合当时政治文化条件的职业伦理传播给更多的庶民大众，以便儿童自小建立起热爱家业、遵从职业道德的从业态度，从而间接地对当时的经济发展起到一定的推动作用。

美国学者舒尔茨（T. W. Schultz）从人力资本理论的角度对教育的经济功能进行过深刻思考。他认为："人类的未来不是由空间、能源和耕地决定的，而是由人类知识的发展决定的"，"土地本身并不是贫穷的重要因素，而人的能力和素质才是决定贫穷的关键"。[①] 虽然舒尔茨的人力资本理论适用于现代的经济生活，但是对于思考启蒙教材在江户时代的经济功用仍提供了有益的提示。当时那些生活十分贫困的农民和商人能够送子弟去寺子屋接受文化教育，其目的并非单纯为了生活中能读会写，恐怕更深层次的原因在于，在那种艰难的社会条件下，读写能力不仅对于生活有益，更能够使这些庶民在经济生活中取得有利的地位，从而保证自己的家业得以存续。

教育经济学的代表人物萨卡罗普洛斯（G. Psacharopoulos）有这样一种观点："小学教育的收益高于其他层级教育的收益。"[②] 虽然寺子屋教育并非现代小学教育，但是上述观点能够提供这样一种启示，即在寺子屋接受初等教育的确能够给进行教育投入的家庭带来回报。由于没有更多精确统计数字，但仅从推测出来的江

[①] 〔美〕舒尔茨：《论人力资本投资》，蒋兵、张蘅译，北京经济学院出版社1990年版，第42—44页。

[②] 参见谢维和：《教育活动的社会学分析——一种教育社会学的研究》，教育科学出版社2000年版，第296页。

户时代末期男童55％、女童14％①的高就学率来看,以传统启蒙教材为核心的寺子屋教育对于平民子弟的成长以及当时的经济发展具有十分重要的意义。可以说,舒尔茨所作出的"受过教育的劳动力比没受过教育的劳动力更容易获得恰当的经济信息,这种优势所造成的收益可能就会属于受过教育的人"②的论断也应该适用于那个传统启蒙教材流行的时代。

三、文化功能

对于文化这一概念的定义,往往由于文化理论上的差异,而有不同阐释。按照美国文化人类学家林顿(R. Linton)的说法,"文化是习得行为的综合形态以及行为的结果,其内涵为某一特定社会组成分子所共享与传递的内容"③。由于文化具有习得性和传承性,人类获得文化不是通过遗传方式,而是经由学习活动获得,因此教育对于文化的传承极为重要。

传统启蒙教材与文化的关系实际上便反映了教育与文化的关系。由于文化必须依靠一定的物质媒介表现出来,然后在教育活动中将文化的具体内容传承给后代,所以作为这样的物质媒介,其最为重要的功能便是反映社会文化发展状况,并及时将适当的文化内容传递给下一代。以下分两点进行阐述。

第一,启蒙教材内容的演变十分明确地体现了社会文化在时

---

① 此处引用的是日本学者广冈亮藏的统计数字。后世学者因资料不同所推算的就学率也各不相同,但大体可以确定江户时代后期就学率在50％或略超过50％的水平。

② 〔美〕舒尔茨:《论人力资本投资》,蒋兵、张蘅译,北京经济学院出版社1990年版,第110页。

③ 〔美〕林顿:《人格的文化学背景》,纽约艾普顿书店1947年版,第21页。

代变化中的发展趋势。人类的文化遗产,包括物质的或非物质的,都必须通过教育过程代代相传,才能保证社会的稳定与进步。但是文化遗产的保存,并非直接将前面一个时代所有的东西全部传授给后代。为了适应时代与环境的需要,社会文化必须经过一个选择取舍的过程。一些不适合当时社会发展的文化因素会逐步减退直至消失,而一些体现社会文化精华的东西则得到大力弘扬。

在平安时代末期,贵族文化是启蒙教材的重要内容,那些关于赏花、赏月、游兴、诗会、乐器等表现贵族修养的东西是必不可少的。另外,反映贵族的公务、赠答、晋升等方面的内容也不少。及至镰仓、室町时代,启蒙教材的内容已由贵族文化向武家文化发展,并掺杂不少佛教文化特色的内容。以《庭训往来》为例,它汇集佛教、文学、教养、职业、医疗、行政、武士、司法、游艺、地方风习等多方面的内容,将中世武士应该掌握的社会文化各方面都展现出来,无一遗漏。而进入江户时代,启蒙教材逐步向"学科化"和"科学化"的方向发展。所谓"学科化",指的是启蒙教材所承载的社会文化在教育上开始出现了学科分化的倾向,既有伦理道德、社会规范,也有历史、地理、产业、数学等各方面的内容。而所谓"科学化",即这个时期的启蒙教材逐步脱离佛教来世主义的迷信色彩,开始具备一定的理性思考,逐渐符合科学的认知规律。

江户时代社会文化发展的特色十分明显地体现在启蒙教材的内容之上。其一,儒家伦理道德内容的大量出现,特别是江户时代后期,以"忠孝"为核心的儒家思想成为民众普遍接受的道德教养体系,在庶民的启蒙教育中深深扎根下来。据统计,在文化至庆应(1804年—1868年)六十年间,采用《实语教》、《童子教》这样的编撰方式的道德教科书刊行了有82种,而像《六谕衍义大意》、《今川状》、《本朝二十四孝》之类的儒家伦理教材有113种,可见道德类读物出版数量是相当多的。其二,反映庶民日常生活文化的启蒙教材不断增多。不仅有与农民、工匠、商人的职业生活有关的知识,而且也有不少体现平民百姓日常生活的各种常识。这一文化方面的特色与江户中后期商品经济不断发展,农、工、商的经济地位不断提高有密切的联系。其三,体现神国思想、国体理念的启蒙教材日益增加。如《皇朝千字文》、《日本千字文》等都采取尊崇天皇的国体观念和以皇室为中心的历史观,德川幕府统治末期"尊王攘夷"的思想运动就是这种历史观的实践,而且也影响了明治维新之后日本近代小学历史教材的编辑方针和教学内容,成为后来日本天皇制军国主义的文化思想基础。

第二,通过启蒙教材的教育,适应时代要求的文化内容尽可能多地传播出去,有力推动了文化的普及。如前所述,在封建社会的日本,统治者为了维护自身利益,建立了各种公立学校以培养自己的政治势力。对于老百姓而言,它们的大门是紧紧关闭着的。文化教育被作为政治权力的附属物,仅为人数有限的统治阶层所独享。作为民间自发出现的儿童启蒙教材,它们的编撰者从最初的贵族学者发展到中世的禅寺僧侣,直到江户时代的市井文人。它们的使用者也从最初的贵族,发展到中世的武家子弟,一直扩大到江户时代的平民百姓子弟。这种变化反映出日本文化教育的普及面在不断扩大,文字已不再是特权阶级所独享的成果,文化的享有已逐渐从封闭式的特权变成一种开放式的、大众共同拥有的权利。

日本著名学者源了圆认为:"到了江户后期,教育在整个日本普及开来并深深地渗透到了普通百姓当中。当'有意图的教育'在汉字文化占据支配地位的东亚各国还只限于在社会上层实行的时候,在较早发明假名文字的我国却产生了大量用'和汉并用'文体书写的优秀文学和思想作品。由于日常生活中的文章也使用这种'和汉并用'文体,所以避免了统治层和被统治层在教育上出现的巨大断层。"[1]那些传统启蒙教材正是避免日本文化断层的重要文化载体。因此,日本统治阶层人们的汉文读解和书写水平与早就形成知识分子阶层的中国、朝鲜相比确实逊色不少,但若从作为被统治阶级的庶民阶层所具有的广泛识字能力和必要的生活常识这一点看来,远比平民百姓阶层中识字率并不高的中国和朝鲜要强得多。

当然,传统启蒙教材的广泛使用,其意义不但在于普及识字的启蒙教育,而且在于通过广泛提高民众识字能力,培养了社会的学习风气,得以形成人才成长的广阔基础,并进而促进日本各地区、各阶层人群之间的了解和交往。这对于日本文化的发展,对于民族意识的觉醒和成长,对于促进语言文字、社会阶层、社会习俗的发展与交流起到了很大的作用。

教育是文化的产物,也是文化的动因。日本的传统启蒙教材是日本文化所提供的教育内容,是经过时代选择的文化素材。作为日本传统启蒙教育的核心部分,它们通过广泛的民间私学教育对日本文化的存续与发展发挥了重要作用。

---

[1] 〔日〕源了圆:《日本文化与日本人性格的形成》,郭连友、漆红译,北京出版社1992年版,第158页。

第七章　中日传统启蒙教材比较

　　蒙学和作为其主体内容的启蒙教材是传统文化的重要组成部分，也是传统文化的重要载体。中国的启蒙教育开展得很早，蒙学教材历史悠久。从早期的《史籀篇》《仓颉篇》《急就篇》到后来著名的《三字经》《百家姓》《千字文》《名贤集》等，种类繁多，流传很广。而在日本，从11世纪开始，出现用于儿童启蒙教育的教材具有多种编撰体例，涵盖各种学科内容，数量达六千种之多。可见两国在传统启蒙教育方面都具有悠久的历史，都出现了大量启蒙读物。

　　"往来物"一直被日本学者认为是"日本独有的教科书类型"[1]。但是在考证其发展历史以及具体作品时，却能明显感受到中国文化的影子。可以说，日本传统启蒙教材作为日本文化的一种具体表现形式，不可避免要受到中国文化的影响。但是，由于日本社会的特异性质以及民族传统、文化环境的不同，它们呈现出某些独有的特色，与中国的蒙学教材有许多不同之处。

---

　　[1]　日本关于传统启蒙教材"往来物"的研究多重视其本土化特色，而忽视吸收中国文化的特点。如教育学家海后宗臣、仲新就认为"往来物"是"日本所独创的教科书"（海後宗臣、仲新：『教科書で見る近代日本の教育』，東書選書1979年版，19ページ。）；著名的教育史学家石川谦也认为"往来物"是日本独有的教科书类型，并未从中日文化交流的角度进行研究。

第一节　两国启蒙教材的相似性

中日两国同属于东亚儒学文化圈,儒家文化是占统治地位的主流文化。在儒家文化的影响下,两国使用的儿童启蒙教材有很大的相似性。

一、日本对中国启蒙教材的引进与模仿

日本具有吸收外来文化的特殊能力。它把其他民族的先进文化吸收过去,加以消化,变成本民族文化,以此推动日本历史向前发展。日本的传统启蒙教材萌发于11世纪,兴盛于17、18世纪。在这数百年中,中国文化不断影响日本文化,而日本也在积极吸收中国文明。可以说,日本的启蒙教材作为文化传播的媒介物,并未停止过对中国文化以及中国蒙学读物的引进和吸收。其情况大体可分为两方面:其一是原版引进,或施加和译(翻译为日文);其二是模仿重作。

在日本人自编的启蒙教材出现之前,中国的蒙学读物已经出现在日本列岛。《古事记》记载王仁早在3世纪末便携《千字文》来日,成为第一任汉学启蒙教员。但是《千字文》的作者周兴嗣卒于521年(梁普通二年),其成书时间应在5世纪末或6世纪初,因此关于《古事记》中《千字文》的记载,史学界争论甚久。不过可以肯定的是,王仁用来启蒙日本皇族的课本,虽不可能是周兴嗣所编《千字文》,但必定是《千字文》之类的启蒙读本。有可能是5世纪之前的别本《千字文》,或是开启启蒙读物先河的《仓颉篇》、《急就

篇》之类。由于日本人要学习汉籍必先掌握汉字,因此,以集中识字为目的编撰而成的各种童蒙读本,无疑是最先影响日本文化的中国典籍。

在隋唐时代,日本派出大量遣隋使、遣唐使前来中土,其中有大批留学生和学问僧随行。他们在带走佛教经卷的同时,也带走了相当数量的中国蒙学读物。例如,最澄在《法门道具等目录》中就特地列举了从中国带回真草千字文、赵模千字文、古文千字文三种不同字体的《千字文》。又如,《蒙求》早在唐僖宗乾符年间(874年—879年)之前便通过遣唐学问僧传到日本,《扶桑集》[①]中便有"八月二十五日,第四皇子于披香舍,从吏部橘侍郎广相初受《蒙求》"的记载。另根据《续日本纪》记载:"古者治民安国必以孝理,百行之本莫先于兹,宣令天下家藏《孝经》一本,精勤诵习倍加教授。"[②]可见,《千字文》、《蒙求》、《孝经》等中国蒙学读物早在《明衡往来》之类的启蒙教材出现之前就已经被大量引入日本。

由于引进的蒙学读物都使用汉字书写,直接作为儿童启蒙教材显得艰难晦涩,于是出现了大量翻译为日文或者加上日语注解的作品。这些加上日语注解的作品可直接用于儿童启蒙教育,后来也被归类于日本的传统启蒙教材之中。例如,1204年(元久元年),朝议大夫源光行从《蒙求》中选出250个故事,译为日语,分为14部,又在故事之后配上和歌,成为《和歌蒙求》。又如《六谕衍义大意》是江户时代儒者室鸠巢给《六谕衍义》加上日语注解之后方大为流行的。可见由于文化土壤不同,外来文化被引进之后必须

[①]《伏桑集》:平安时代贵族学者纪齐名(965年—999年)所撰汉诗集,成书于长德年间(995年—999年),收录平安时代中期贵族所作汉诗。

[②] 参见「続日本紀」卷二十,「天平宝字元年」条。

进行相应改造,使之成为适应本国社会文化环境的产物之后方能为己所用。

由于中国蒙学读物大多具有整齐押韵、结构精巧、易于记忆的优点,而且日语受汉字读音影响很大,所以,模仿中国蒙学读物体裁的启蒙教材数量很多。这里简单列举一些较为著名的作品:

模仿《三字经》的启蒙教材有:《皇朝三字经》、《日本三字史》、《西洋三字经》、《神代三字史》等;

模仿《千字文》的启蒙教材有:《消息千字文》、《书史千字文》、《医家千字文》、《新令千字文》、《世话千字文》、《本朝千字文》等;

模仿《蒙求》的启蒙教材有:《桑华蒙求》、《扶桑蒙求》、《和歌蒙求》等;

模仿《二十四孝》的启蒙教材有:《皇朝二十四孝》、《本朝二十四孝》、《释氏二十四孝》等;

模仿中国五言律诗形态的启蒙教材有:《实语教》、《童子教》、《大统歌》、《本朝沿革五字史》等。

二、对伦理道德培养的重视

在中国传统文化中,儒家文化占主导地位。私塾教育以伦理道德教育为核心,其他方面如智育和体育等都是辅助道德教育,为道德教育服务。法国思想家孟德斯鸠(1689 年—1775 年)曾感慨道:"中国人把整个青年时代用在学习这种礼教上,并把一生用在实践这种礼教上。"①关系世道人心、阐明伦理道德,从来都是传统士人著书必须首先考虑的因素。蒙学教材虽然一直被认为是"浅

---

① 〔法〕孟德斯鸠:《论法的精神》(上),张雁深译,商务印书馆 1982 年版,第 39 页。

第七章 中日传统启蒙教材比较

陋鄙俚"的小玩意,却充分和鲜明地体现了以儒家伦理道德为主导的特点。例如,"父子恩,夫妇从,兄则友,弟则恭,长幼序,友与朋,君则敬,臣则忠,此十义,人所同"(《三字经》);"弟子规,圣人训。首孝弟,次谨信。泛爱众,而亲仁。有余力,则学文"(《弟子规》);"仁慈隐恻,造次弗离。节义廉退,颠沛匪亏"(《千字文》),等等。

在日本,儒家思想很早就作为统治阶级的思想观念被利用,例如忠、信、礼、仪、廉、耻等,儒家经典著作也早已有之,但是它们的读者多为贵族和上层武士子弟。他们在藩学中学习四书五经、《近思录》、《史记》等经典作品。但是对于具备有限文化水平的庶民大众,这些经典著作无疑思想过于深刻,表达过于高雅,难以领悟和记忆。要将复杂庞大的伦理道德思想普及到民间,将道德的基本内容传递给社会的最底层成员,就需要一种通俗易懂的中介形式,能够将丰富玄奥的道理转换为浅显的语言。

民间自发编撰的儿童启蒙教材很好地发挥了这种中介作用。它形式简洁、便于记诵,在内容方面,又可以毫无障碍地将伦理道德的各种教条体现出来。例如,《实语教》中有"父母如天地,师君如日月。亲族譬如苇,夫妻犹如瓦。父母孝朝夕,师君仕昼夜"的诗句,让儿童从小就认识到朝夕孝敬父母是天经地义的事情。"人而无孝者,不异称畜生",将"孝"作为人类最本质的道德内容。1708年(宝永五年)的《新实语教》中,在"父之所贵者慈也,子之所贵者孝也,君之所贵者仁也,臣之所贵者忠也"等字句旁边加上简单易懂的歌谣,用以宣扬儒家伦理道德。1788年(天明八年)的《孝子教》开篇便说"夫孝百行源,又万善长也。忠者自孝出,孝至德要道",要求儿童从小就要信守忠孝伦理。此类例子不胜枚举。

从江户时代开始,寺子屋教育中伦理道德相关的内容不断增加,统治阶层也给予大力鼓励,由此产生的一个重要结果便是,出现统治阶层与平民之间在价值标准上越来越一致的趋势。到江户时代末期,儒家关于社会秩序和等级的观点已经通过所有阶层的教育传播开来,从而为后来日本建立现代国家创造了非常现实的伦理基础。启蒙教材作为民间道德教育活动的基本要素,通过它们巨大深远的传播力量,为实现日本全民族在伦理道德教育方面的统一起到了一定的推动作用。

三、鲜明的世俗性特征

由于儒家文化本身具有较强的世俗性,相对于宣扬来世主义的佛教伦理,它更强调现世主义的伦理价值观,更注重将教育与入世联系起来。因此,对于同处于儒家文化圈的中国和日本,虽然两国社会结构、经济发展等各方面都有所不同,但是其私学以及所使用的蒙学教材均具有鲜明的世俗性。

就中国的传统蒙学教育而言,它们十分鲜明地体现了儒家对于"仕"与"学"关系的论述。"仕而优则学,学而优则仕"比较准确地概括了孔子对教育目的的看法。而孔子以后,汉代的董仲舒为适应汉武帝的政治需要而提出"独尊儒术,罢黜百家"的统治思想,将儒家思想升格为封建国家的意识形态,又提出"养士、选士"制度,更成为后世科举制度的前身,将教育和入世服务直接挂起钩来。因此,在儿童启蒙阶段,鼓励他们为进入统治阶层而努力读书便成为其中重要内容。明清广为流行的《神童诗》中便有大量类似"少小须勤学,文章可立身。满朝朱紫贵,尽是读书人"等劝学的诗句。另外,中国的蒙学教材也十分注重与世俗生活结合,有许多作品讲述的都是具有普遍意义的道德规范和人生哲理,如家庭和睦、邻里友善、待人诚实、乐于助人等。这些具有现实价值的蒙学教材对于社会普通成员颇有教益。

而在日本,教育的世俗化更多的是体现在教育摆脱宗教的控制,成为一个相对独立于宗教的社会子系统的过程中。在镰仓室町时代,以五山十刹为代表的寺院文化昌盛,大多数僧侣都饱读经书,他们成为当时最大的知识分子群体,而佛教寺院成为民众教化的主要场所,"佛寺为村里之庠序,僧众为庠序之教官"[①]。僧侣在撰写启蒙教材的时候,不可避免会加入佛教内容。例如《童子教》告诫儿童要"上须求佛道,中可报四恩。下遍及六道,共可成佛道";《明语教儿抄》也有"生死之无常,辨因果道理。愿可念佛道,须达之十德"等宣扬人生无常、来世欣求的佛教信条。不过,日本中世的佛教具有比较明显的平民化、大众化特色。在室町时代中后期,启蒙教材的佛教色彩逐渐变得浅淡,此间创造的作品更关注现实,更贴近生活本身。例如由寺院僧侣所编的《吃茶往来》、《消息往来》等并无多少宗教信仰的内容,体现的是武士的现实生活。僧侣成为世俗文化的教员,担负起提高武士子弟实际社会生活能力的责任。而登山入寺学习的武士子弟也只用少量时间阅读佛经,其余时间都在学习世俗文化。

特别是到了江户时代,寺院中进行世俗教育的场所逐渐脱离寺院,成为平民子弟接受教育的寺子屋。这期间出现的启蒙教材的编撰者主要为市井文人和儒家学者。他们宣扬的内容已更多地倾向于关注现世生活,世俗化色彩更为明显。在这时期,儒教思想成为幕藩统治集团极力推广的意识形态,维护封建秩序、确立现世

[①] 帆足万里:『東潜夫論』,岩波書店 1986 年版,37ページ。

伦理纲常成为当时统治者最为关心的事情。在这期间,中世那些具有宗教色彩的启蒙作品如《童子教》等,其内容注解少了佛教神秘主义色彩的说教,多了理性和现实科学的解释,更符合当时社会文化发展的特点。此外,普及生活常识以及记载世俗风土人情的启蒙教材大量出现,流传甚广的就有《商卖往来》、《江户方角》、《诸职往来》、《子供早学问》、《东海道往来》、《改算尘劫记》等,品种甚多,不胜枚举。

日本文化由于受到儒家文化很深的影响,普通人对现世秩序的关心要远甚于宗教所宣扬的来世主义。作为世俗教育的启蒙读物,必然更为注重现实生活,体现出较为鲜明的世俗性。从这个角度来看,历史学家大石慎三郎所说的"西洋人从神的支配下自立,至少比日本人迟了一个世纪。……西洋人从神那里获得的自由度远远比不上日本人"[①]是有一定道理的。

四、多元化和专门化的发展趋向

随着人类对自然、社会和自身认识的深化,知识总量愈来愈大,知识分类也愈来愈细,受教育者对教育的需求也日益提高。儿童启蒙读物在时代变迁中发展,其发展轨迹不可能是单线型的发展趋向。总体说来,中日两国蒙学教材都是逐渐突破单一的发展模式,最后形成百花齐放、百家争鸣的繁荣景象。

就中国蒙学教材而言,由最早的单一的识字课本向多元化发展。隋唐之前主要是《史籀篇》、《急就篇》、《仓颉篇》、《千字文》等

---

① 大石慎三郎:「現代日本の原型は江戸時代にあるか」,大石慎三郎、中根千枝:「江戸時代と近代化」,筑摩書房1986年版,10ページ。

以集中识字为特点的启蒙教材。到隋唐时代，蒙学教材发展到一个过渡阶段，不但继续出现识字读物如《开蒙要训》等，还出现了具有过渡和转折特征的蒙学读物，如《兔园册府》、《太公家教》、《蒙求》等。这些具有过渡特征的蒙学读物都以偶句韵文为体裁，主要目的不在于集中识字，而是偏重于向儿童传授传统道德以及各种生活常识。特别是《蒙求》，包括我国古代天文、地理、历史、神话、医药、占卜、战争、动物、植物等多方面的内容，已经成为综合性的启蒙教科书。

到宋元明清时期，出现了不少综合性读物，如《三字经》、《小学绀珠》、《幼学琼林》等，流传时间长，影响范围广。除此之外，还逐渐出现学科分化。有专讲伦理道德的教材，以《性理字训》、《小儿语》、《续小儿语》、《名贤集》、《增广昔时贤文》等为代表；有讲述中国悠久历史的启蒙读物，如《十七史蒙求》、《叙古千文》、《小学》、《童训》、《少仪外传》等；有阐述文章韵对知识的教材，如《对类》、《时古对类》、《千金裘》、《塾课发蒙》、《文式五则》等；有罗列历代诗歌的教材，如《训蒙诗》、《小学诗礼》、《童蒙须知韵语》等；还有专讲成语典故、名物制度常识的教材，如《名物蒙求》、《龙文鞭影》、《幼学琼林》等。总之，中国蒙学教材突破单纯的识字课本的发展模式，成为多分支的知识体系。

而日本的启蒙教材更是体现了这种特征。正如前面所言，它们从最早的书信类读物发展到后来的具有各种编撰体例、涵盖各种学科范围的启蒙读物系统。这些启蒙教材能够在八百年间走过从单一化到多样化、专门化的发展历程，是日本教材史上应该浓彩重墨的一笔。

第二节　两国启蒙教材的差异性

虽然中日传统蒙学教材有诸多相似之处,但是,作为文化的载体,它们不可避免地受到本国特有的社会结构、文化环境的影响。日本的"往来物"虽然接受中国文化的影响,但是它在发展中反映出日本文化的不同特色,体现了众多与中国传统蒙学教材不同的地方。

一、本土化的发展特征

日本最初的文字教育是依靠中国文化的输入而得以萌芽的。因此,在平安时代初期,日本教育完全以中国文化为主,日语只是用来翻译中国书籍。这时期已经出现不少从中国传来的识字读物,如《千字文》等。日本的启蒙教材之所以能够出现,不是出于学习汉字的需要,而是在于贵族子弟有学习书信礼仪的迫切需要。这种书信礼仪常识在当时传来的中国书籍中出现较少,而且并不完全适合日本贵族日常生活的需要。因此,《明衡往来》没有从最基础的集中识字开始,而是直接进入较为复杂的书信礼仪的传授。在文字启蒙方面,这一期间使用得最多的还是从中国传来的《千字文》等蒙学读物。

14世纪中叶《庭训往来》的出现是日本传统启蒙教材发展的转折点。它不仅促使启蒙教材在体例上从书信集向书信语句合集发展,而且内容也出现了很大的变化。它几乎把当时低级官员、武士所需的知识全部吸收进去,形成了一部综合性的基础读物。这期间出现的启蒙教材使用和汉混用的文体，且多用日常使用的草书写法，其内容、体裁等都已经开始本土化。

中国的蒙学读物在这一时期大多被加以日文注解。由于文化环境不同，直接使用它们仍不尽合适。于是，日本人模仿中国蒙学读物体裁而新作的启蒙教材不断涌现。这已经是"旧瓶装新酒"，内容明显具有本土化倾向。除模仿汉诗等编写体例以外，开始出现本土化的编撰体例，和歌、短歌、式目、制词等日本独有的文书表现形式被广为使用。到了江户时代，启蒙教材更是百花齐放，各种科目、各样形式的作品不断涌现，呈现出极其繁荣的局面。

之所以日本的启蒙教材在借鉴中国文化的同时会走上一条与中国传统启蒙教材不尽相同的道路，其根本原因还是在于日本有其独特的社会结构、政治制度以及文化环境。以《商卖往来》为例，这种具有初步职业教育的启蒙教材是中国传统启蒙读物中较少出现的一类作品，而且影响也远不如《三字经》、《百家姓》之类的启蒙读物。为什么在日本却能够出现如《商卖往来》这样的启蒙读物，而且其社会影响如此巨大呢？

从经济结构而言，日本虽然是一个以农业为主体的社会，但是，日本的农业社会并非中国这样典型的完全自给自足的自然经济体系。日本有不适合农耕生产而适合工商业发展的岛国的特殊地理位置，自古就有比较发达的工商业。农业生产商品化、手工业高度发展以及全国性社会分工的实现促使江户时代日本的商品经济达到较高水平，町人的经济实力不断加强。从政治制度来看，日本幕藩政权采用四民身份制，各种身份不能随意改变，客观上保障了商人对商品交换领域的独占，促进了商人阶层势力日益强大。另外，由于家族制度的影响，为了维护家业、保存家系，町人家庭十分注重在启蒙教育中传授本阶层的实用知识。再从文化环境而言,随着町人经济实力上升,聚集在都市的町人数量大为增加。江户时代中期,江户的町人数量为 50 万,大阪为 30 万。① 都市町人的要求十分显著地反映在文化的发展上,町人文化日益隆盛,江户时代中期的元禄文化以及后期的化政文化都以町人文化为主流。以上种种因素造成在日本这样具有独特性的国度,出现了如《商卖往来》之类反映初步职业教育的启蒙教材,并且能够流传甚广,影响深远。

当然,除《商卖往来》之外,还有许多启蒙作品具有很明显的本土化特征。此处不能一一列举,但其相同点都在于处于日本所独有的社会文化系统之中。学者内藤湖南曾经用两本启蒙教材来概括整个日本教育的发展。他认为以日语进行的普通教育,独立开始于《庭训往来》,完成于《商卖往来》。② 可见,作为日本文化的一种标志性的文本资料,日本人创编的启蒙教材能够十分生动地体现出日本从接受中国文化,开始发展本国文化,然后到实现教育独立这样的漫长过程。因此,日本的传统启蒙教材并非对中国传统文化进行照相式的翻版,而是在其独特的社会结构、文化环境等因素的支配下产生的,体现出很明显的本土文化特色。

二、价值取向:"应试主义"与"能力主义"

所谓教育价值观,简而言之就是指人们对教育这一客体所能满足人们自身需要的认识。由于各国社会结构和文化传统不同,

---

① 家永三郎:『日本文化史』,岩波書店 1985 年版,192ページ。
② 〔日〕内藤湖南:《日本文化史研究》,储元熹、卞铁坚译,商务印书馆 1997 年版,第 205 页。

对教育所具有的价值的看法有较大差异。可以说,中国的传统启蒙教材在隋唐之后由于科举考试的影响,逐渐具有较强的"应试"目的,而日本的启蒙教材具有较强的"能力主义"倾向。

如前文所述,中国和日本的蒙学教材都注重儒家伦理道德修养,强调在伦理说教的同时传授一定的实际知识。但是,中国早在秦代便确立了高度集中的中央集权制,且自隋代开始实行通过考试选拔官员的科举制度。这种流动型开放性的官僚体制面向社会选拔人才,充分扩展国家引进人才的社会层面,促使社会各阶层认同"学而优则仕"的观念。因此当时的读书人大多把通过科举获取功名作为学习的最高目标,期望能够"朝为田舍郎,暮登天子堂"。无论是官立学校还是私塾、乡学,都逐步被纳入通过科举考试进行国家选士的范围。"童蒙教育的一个主要目的,便是为将来士人应科举打下最早的基础,甚至一些童蒙教育,本身的目的就是直接为科举的。正是在这样的互相衔接的关系之中,在整个社会的大环境之下,童蒙教育的出现、发展、兴盛,无不打上了科举的烙印。"①童蒙教育所使用的蒙学读物也不可避免地受到科举考试的影响。

唐代科举设童子科,"凡童子科,十岁以下",这一设置对蒙学读物的产生和发展有着相当的影响力。当时《蒙求》、《太公家教》、《兔园册府》等以韵文应对为特征的蒙学教材十分流行。例如,《兔园册府》仿应试科目自设问对,引《经》、《史》为训注,明显是一本学习经史典故、以备科举考试之书。宋元明清时期,科举制度对童蒙教育的影响越来越大,整个社会几乎完全笼罩在科举的氛围之中。

---

① 王炳照主编:《中国古代私学与近代私立学校研究》,山东教育出版社1997年版,第220页。

为了科举考试中"金榜题名",无可争议地升入统治阶级,人们都十分重视教育,童蒙教材也以科举中试来鼓励儿童刻苦学习。《三字经》最后一部分就列举诸多刻苦学习以成大业的典范。如"若梁灏,八十二,对大廷,魁多士。彼既成,众称异,尔小生,宜立志",讲述的是82岁中进士的梁灏的事迹,鼓励儿童"立志"中科举而入仕。又如"唐刘晏,方七岁,举神童,作正字。彼虽幼,身已仕,尔幼学,勉而致。有为者,亦若是",鼓励儿童学习7岁中举的刘晏,努力学习考中举业。《三字经》在结尾处指出刻苦学习的目的就是"幼习业,壮而行,上致君,下泽民,扬名声,显父母,光于前,裕于后",十分明确地向幼童宣传"学而优则仕"、"光宗耀祖"、"显亲扬名"的思想。虽然儿童尚处于低幼年龄,不可能直接接受科举考试所用之儒家经典,且大多数蒙学教材的内容尚显简单,但是这期间的蒙养教育已经将通过科举入仕定为儿童未来发展的目标。

到明清两朝,八股文成为科举考试专用的特殊文体。为了将来应科举作八股文,在童蒙阶段就必须进行相应的基础练习。在这期间,出现了许多专门用于诗赋应对、为作骈体文打基础的蒙学读物。例如,《对类》、《时古对类》、《千金裘》等是专门训练作对子的蒙学读物;《声律启蒙》、《训蒙骈句》、《声律发蒙》等是专门训练对偶押韵的蒙学读物;另外,还有一些专门讲述八股文习作要点的《塾课发蒙》、《文式五则》等。可见,科举考试已经深深地影响着童蒙教育的目的和教学内容,蒙学教材不可避免地成为应付科举考试的初等训练材料。这一点是中国蒙学教材在产生、发展、兴盛的历史中特别值得注意的。

反观日本,幕府实行严格的四民身份等级制度。士、农、工、商四民身份是世袭的,一经固定不可更改。由于封闭性的政权体系阻碍了不同阶层人才的流动,普通民众学习知识的目的不像在中国那样参加考试进入仕途,主要还是在于习得自己特定身份职业所需技能,更好地履行职分,提高自身能力。在整个江户时代,日本国民对教育都寄托了很高的期望。通过教育能够修养人的德行,提高人的能力的观念已经深深扎根于民众之中,面向庶民的寺子屋开设之广、数量之多就可以反映出这一点。"对日本人来说,对教育的期待主要还不仅是为了满足日常的需要,而是由于有着一种强烈的希望开发全面能力的心情。……希望以'提高一般知识'的形式来提高总的能力,这种心情早就渗透到最下层。"[1]江户时代的大学者荻生徂徕指出"学问不外广收博览,以开阔一己之知见",认为研修学问的意义在于提高自身智能。

在这种"能力主义"教育价值观的影响下,日本的启蒙教材很早便具有的"实用性",其实就是提高个人生存和适应能力的实用性能。例如,早期的书信类教材的目的在于贵族在实际生活中掌握书信礼仪与规范,以提高交际能力;中世纪武家的法律文件(诸法度)能够成为启蒙教材内容,主要还是因为民众为了在日常生活中看懂上级颁布的法令,更好地维护自身利益;江户时代《商卖往来》的出现,也是由于商人需要子弟学会从商的各种知识,能够尽快投入到实际的商业贸易中去;读、写、算成为寺子屋的主要教学内容,便是受到"学问为立身之本"观点的影响。可见教育已经融入人们的日常生活,成为日常生活的重要组成部分,它不是成为"中举"以提高门第出身的途径,而是为提高自身修养、更好地适应

---

[1] 〔日〕依田憙家:《日中两国近代化比较研究》,卞立强、严立贤、叶坦、蒋岩松译,北京大学出版社1991年版,第209页。

等级制度下的社会生活服务。

中日两国传统蒙学读物在价值取向上的差异实际上便是中日两国传统的民间学问观差异的体现。清朝扬州一位民间文人——石成金(1659年—1739年)在给后代子孙的《传家宝》一书中就曾这样写道:"若不读书,何以立身行道,显亲扬名?"①"若是子孙资质聪明,可以读书的,须要请端方严正先生,把圣贤道理实实教导他,果然教得子孙知道孝悌忠信,知道礼义廉耻,知道安分循理,知道守法奉公,这就是贤子孙了。"②可见中国人的学问观认为,最重要的学问是"孝悌忠信、礼义廉耻"的儒学经典,其根本价值在于教人以"圣贤道理",从而通过科举考试"显亲扬名"。日本人更注重知识学问"对人有益"的实用性。例如,江户时代儒学者贝原益轩认为:"和汉之人所著古今之书甚多。……不为民用之资,则可谓无用之书。若有益民用之助,如《居家必用》、《农政全书》、《济民要术》之类,可谓有用之书。至于今时吾辈拙于才学者之所作,教人腌菜米糠、大酱之制法等书,亦为民用之助、有益之书也。至若专以阿谀雷同宋儒,无所发明,唯事模仿,高谈道德性命,则可谓无用之学。"③明治时代启蒙思想家福泽谕吉也认为:"我们应该把远离实际的学问视为次要,而专心致力于接近人生日用的实际学问。"④

---

① 石成金:《人事通第二》,《传家宝》(二集卷一),天津社会科学院出版社1992年版,第430页。

② 石成金:《俚言第二》,《传家宝》(初集卷一),天津社会科学院出版社1992年版,第35页。

③ 貝原益軒:「文訓」,『益軒全集』(第3卷),益軒全集刊行部1911年版,358ページ。

④ 〔日〕福泽谕吉:《劝学篇》,群力译,商务印书馆1984年版,第23页。

正由于以实用为知识的最高价值，所以日本人的学问内容除儒学经典以外，能够提高人的生存能力的技能也备受重视。贝原益轩就反复强调算术的重要性，认为算术"为日用切要之事，为必学之技艺"，"无论高下，必当学之"。① 日本的启蒙教材中出现传授数学、珠算知识的作品，体现了民众对学问的实际功用的重视。这一点在中国传统蒙学教材中是较为薄弱的。

三、对西学的引进：迟钝与积极

近代以前，以儒学为核心的中国文化基本上居于单向输出的态势，因此举国上下弥漫着"上方大国，泽被四海"的盲目自大的民族心理。对于西方先进的科学技术都视为奇技淫巧加以排斥。另外，由于中国蒙学读物倾向于成为科举考试的附庸，所以它主要注重于策论经义、诗赋修辞之类"文"的内容，对于那些与科举八股无关的自然科学知识较少涉及。虽然也有一小部分涉及医学、天文、地理等方面的蒙学读物，但主要内容还是中国传统的科技知识，对西方传来的自然科学知识显得十分迟钝。例如，《步天歌》介绍的天文知识主要局限于星宿的辨认；《医学三字经》介绍的内容没有西方先进的人体骨骼知识，而仅是中医的药方歌诀等。由于应举做官成为当时学子的最大理想，所以清代末期一些有识之士曾经提出将"火器"、"算学"等西学纳入科举中，以此来增加科举考试中自然科学知识的分量。但是这种改革却一直窒碍难行，西学一直未获得如科举那样的社会价值肯定和法定登进途径，从而长期受

---

① 貝原益軒：『養生訓・和俗童子訓』，岩波书店1961年版，220ページ。

到人们的冷落。学西学之人也被视为误入异途而受到社会歧视，这自然阻碍了中国人对西学的吸收。

　　反观日本，由于其地处东亚一隅，文化上总处于劣势状态，使其对外来文化天生具有一种敏感性和好奇心。另外，"能力主义"的教育价值观落实到学问的实际功用之上，四民根据自己的职分所需来学习学问和诸艺，因此，人们对西方文化多从世俗实用的角度给予正面评价并进行选择。明治时代启蒙学者津田真道认为："所有学问，大别之有两种，高谈空洞理论的虚无寂灭、五行性理、良知良能等是虚学。根据实像，专理实理，如近代西洋的物理、化学、医学、经济、哲学等是实学。此种实学如能普遍流传国内，明达各种道理，就可以说是真正的文明。"①在"东洋道德、西洋艺术"的口号之下，出现了大量介绍西方先进科学知识的启蒙作品。它们可细分为天文地理、医学生理、穷理（即"物理"）三个领域。在天文地理方面，例如，《太阳历俗解》解释新历（太阳历）的教义和优点；《天文三字经》介绍地球的形状、面积、直径、运行轨道、经纬度、五带的区别、三大陆五大洲五大洋、东西半球、五色人种等相关知识。在医学生理方面，例如，《身体往来》介绍人类的身体各部位、五脏六腑等器官以及身体保健常识；作为寺子屋的初等生理教科书，还出现了《人身问答前编》、《幼学身体问答》、《穷理人身论》等。物理学方面的《穷理往来》主要介绍当时西方在物理学上的成就，包括电学、光学、力学、声学、蒸汽等各领域；此外还有《穷理童子教》、《穷理捷径十二月帖》、《穷理暗诵本》等。

　　不同的教育得出不同的结果。据统计，1862年，中国能读能

---

　　① 转引自汤重南等：《日本文化与现代化》，辽海出版社1999年版，第49页。

第七章　中日传统启蒙教材比较

写洋文的只有 11 人,而日本已有 500 人了;①并且日本在 1873 年以前已经出现不少介绍西洋科学知识的儿童启蒙教材。在洋务派"中体西用"教育思想指导下,一些有识之士开始认识到中日两国的差距。梁启超便主张充分利用日本学习西方文化的成果,他认为:"泰西诸学之书,其精者日人已略译之矣。吾因其成功而用之,是吾以泰西为牛,日人为农夫,而吾坐而食之,费不千万金,而要书毕集也。"②张之洞也认为"至各种西学书之要者,日本皆已译之,我取径于东洋,力省效速,则东文之用多"③。于是,在 20 世纪初,中国出现了翻译日文书的高潮。科技方面的教育内容开始得到承认,中国启蒙教材也增添了西方科学技术方面的内容。例如《时务三字经》(1902 年)、《西学三字经》(1903 年)、《外史蒙求》(1902 年)、《植物学歌诀》、《动物学歌诀》、《学计韵言》,等等,许多都受到了日本教科书内容的影响。实藤惠秀在《中国人留学日本史》中曾经对《东方杂志》创刊号上关于书籍的广告作了分析整理,共有各类书籍 153 种,除去英语教材 48 种以外,余下的 105 种,约 51％是日文译本或重译本。④ 又如,湖南编译社在 1902 年 12 月的《游学译编》上刊登广告,宣布准备编译出版大批日本小学教科书,包括修身、万国史、万国地理、算术、理科、图画、体操等,有许多都是由日本的启蒙教材改编而成的小学教材。⑤ 下表是 1660 年至

---

① 〔日〕井上清:《日本现代史·明治维新》,吕明译,生活·读书·新知三联书店 1956 年版,第 219 页。
② 梁启超:《饮冰室文集》(第 2 卷),上海大达图书供应社 1935 年版,第 54 页。
③ 张之洞:《劝学篇·外篇》,中州古籍出版社 1998 年版,第 128 页。
④ 参见〔日〕实藤惠秀:《中国人留学日本史》,谭汝谦、林启彦译,生活·读书·新知三联书店 1983 年版,第 237—239 页。
⑤ 王晓秋:《近代中日文化交流史》,中华书局 2000 年版,第 412 页。

1937年两百多年间中日两国在自然科学领域互译书籍的数量:

表 7.1　中日两国在 1660 年—1937 年间自然科学领域互译书籍的数量[①]

年代	种类	数学	物理	化学	天文	地理	生物	总论	合计
1660—1895	日人译自汉籍	0	0	0	0	0	0	1	1
	华人译自日籍	0	0	0	0	0	0	0	0
1896—1911	日人译自汉籍	0	0	0	0	0	0	0	0
	华人译自日籍	16	9	12	2	8	20	4	71
1912—1937	日人译自汉籍	0	0	0	0	0	0	0	0
	华人译自日籍	60	23	25	11	24	29	14	181

从上表我们可以看到,从江户时代开始,日本几乎没有从中国引入并翻译过自然科学领域的书籍;而自明治维新之后十余年的时间里,中国的一些有识之士开始从日本翻译自然科学的书籍,总数有 71 部。及至 1912 年至 1937 年间,中国从日本引入的科学书籍数量迅速增加,达到 181 种。由此可知在对西方自然科学的引进方面,日本已经远远超过中国,走在了前面,并成为中国人的老师。这与隋唐以来日本长时间单方面输入汉籍的状况形成鲜明对比。

四、在两国教育现代化进程中的作用不同

明治时代之前的教育为后来的日本教育发展奠定了以下两点基础:一是正规学校(幕府直辖学校和藩立学校)培养了一批文化水平较高的人才,这些人才在日本的教育发展进程中起着推动的作用;二是民间教育活动的发达,使教育由具有特权的贵族、上层

[①] 参见谭汝谦主编:《日本译中国书综合目录》,香港中文大学出版社 1981 年,第 51、57 页。

武士向下层武士、庶民开放，不仅提高了普通平民识字的能力，而且培养了良好的社会学习风气，得以形成人才成长的广阔基础。而在第二点上，日本民间教育活动中的初级教科书在一定程度上促进了语言文字、社会知识等的普及，为近代国民教育的建立创造了十分有利的社会文化基础。这些启蒙教材体现了根据儿童生长发育的不同阶段实施相应教育的教育观，显然是一种有利于日本近代教育思想成长的因素。另外，一部分传统启蒙教材还作为明治初期国民小学教科书的组成部分，在教材的衔接上起到了承上启下的作用，对后期寺子屋与国民小学教育的相互衔接起到重要作用。总之，日本的传统启蒙教材作为日本民族的优秀文化遗产，对其教育现代化起到了一定的推动作用。

而反观中国，由于清朝动辄大兴"文字狱"，且自隋以来的科举考试更是将学人"有用之心力，消磨无用之时文"①，对于文化教育的摧残不言自明。虽然民间私塾一度十分繁荣，但大多成为科举考试的预备机关。德国思想家韦伯（Max Weber）如此评价中国近代之前的教育："这种教育的性质一方面是纯世俗性的，另一方面则受到正统解释的经典作者的固定规范的约束，因而是极度封闭且墨守经文的教育。"②在这样的情况下，尽管中国蒙学教材不乏优秀之作，但是在培养人才的质量和数量上都无法与日本相比。

特别是对西方科学文化的态度上，日本人在外来教育思想、教育理论的冲击和影响下，采取了卑谦自愧、贪婪吸收的态度，并努力使其与日本固有文化和谐并存。这种态度是普遍具有骄傲自

---

① 郑观应：《考试》（上）。
② 〔德〕马克斯·韦伯：《儒教与道教》，洪天富译，江苏人民出版社2003年版，第105页。

大、唯我独尊的文化优越感的满清学人所远远不及的。对比两国在现代化上的差距,现代学者实藤惠秀曾经感慨道:"对于引进欧洲近代文化,中国人比日本人方便得多,但他们对此却不关心。日本的条件比中国恶劣,但却热心从事,故在现代化事业上比中国捷足先登。"①

日本早在1854年开港之后的十几年就建立了颇具资产阶级性质的近代政府,其后更成为一个经济和军事力量强大、国家教育制度完善、教育普及的亚洲强国。而中国则踟蹰不前,沦为半封建半殖民地的国家。后世学者在比较两国发展的强烈反差的原因时都不约而同地指出教育是重要原因之一。很难想象在一个文盲充斥的国家,只靠一群满腹经纶的读书人就能够迅速改变国家的落后面貌、能够积极有效地推进现代化进程。

中日两国蒙学教材在教育现代化中作用的不同,从根本原因而言,是"人"的不同。这里的"人"既包括制定文教政策的统治者阶层,也包括真正实施民间启蒙教育的普通民众。所谓"人创造环境,同样环境也创造人"②,不论是引进外来的先进文化,还是创造优秀的民族文化,都取决于人的基本素质的高低;而文化又反过来制约在其影响下成长起来的人。教材仅仅是"形而下"的"器物",而真正起作用的还是通过教育并在实践中成长起来的人。

明清时代,中国社会上下热衷科举应试,追求"学而优则仕",对实用之学采取普遍鄙视的态度,对西方科学知识长期漠视。这种朝野上下所持有的具有社会普遍性的文化心态,成为清末我国

---

① 〔日〕实藤惠秀:《中国人留学日本史》,谭汝谦、林启彦译,生活·读书·新知三联书店1983年版,第326页。
② 《马克思恩格斯选集》(第1卷),人民出版社1972年版,第43页。

教育现代化的强大阻力。而日本人很早就形成了"能力提高"、"民用之助"的民间学问观，注重实用知识层面的传授，对西方技艺热衷引进与学习，从而迅速推动了日本教育的现代化。所以，我们在分析两国蒙学教材的差异时必须看到差异下最深层的制约因素。

当然，启蒙教育作为文化的一部分总是受制于整个文化传统的。由于各个国家有不同的社会结构和文化传统，其教育传统必然各有不同。中国悠久的蒙学教育为我们留下了优秀的蒙学读物，但是由于社会制度等的制约，在引进西学、推动教育现代化方面，它们的作用明显不如日本的启蒙教材，这是十分遗憾的。自近代以来，东西方文化、各民族文化之间的交流与融合日益加强，这也是现今和未来发展的一个必然趋势。中华民族作为一个拥有悠久文化传统的民族，如何在保存和利用好本国传统特色的同时，积极引进外国的优秀文化成果，是我们现今改革亟待解决的问题。通过对中日传统蒙学教材的比较可以给我们一些启示。

第三节　中日传统启蒙教材的交流
——以《三字经》为例

中国文献典籍东传日本列岛，就其历史的悠久和传播的规模而言，构成了中日两大民族文化交流极其重要的内容。其中，传统蒙学教材作为传统文化的重要组成部分成为两国文化交流，特别是中国对日本施以文化影响的重要典籍。

中日两国启蒙教材存在众多的相似性和差异性，说明两国文化有相通的地方，也有各自不同之处。在中日两国漫长的文化交流史中,传统启蒙教材是一类非常有代表性的文献典籍。本节选择中国启蒙读物中流传最为广泛、最具代表性的作品之一——《三字经》作为研究对象,通过其在日本流布以及衍变的状况,考察中国传统文化在日本是如何被引进和吸收的过程,并进一步探讨中日两国在文化交流方面所具有的特点。

一、《三字经》在日本的流布

在中日文化交流的历史中,启蒙读物是有史记载的最早东传日本的中国文献典籍,《千字文》、《蒙求》、《孝经》等中国蒙学读物很早就已被大量引入日本。那么,具体到《三字经》而言,它又是什么时候东渡日本的呢?

一般而言,学界多认定《三字经》为宋末元初的著名学者王应麟(1223年—1296年)所著。因此,此书只可能在13世纪末之后传入日本。由于相关记载的资料较少,关于《三字经》最早何时传入日本已不可考,只能通过其他文本来进行大致的推测。1377年(永和三年),处于南北朝时代的日本出版了儿童启蒙读物《童子教》,在教导儿童勤学时使用了如下文字:"苏秦为学文,锥刺股不眠。俊敬为学文,头悬梁不眠。车胤好夜学,聚萤为灯矣。宣士好夜学,积雪为灯矣。此等人者皆,昼夜好学文。"[①]笔者推测上述文字可能是受《三字经》中"头悬梁,锥刺股,彼不教,自勤苦。如囊萤,如映雪,家虽贫,学不辍"等字句影响而成的。如果事实如此的话,《三字经》可能在其完成百余年之后便已经东渡日本,成为其儿童学习的材料了。当然,这一推测还需要国内外学界提出更多的佐证。

---

① 「童子教」。

不过，自1603年德川家康在江户建立幕府，日本进入江户时代后，关于《三字经》的直接记载开始出现并增多。在大庭修所著之《江户时代中国文化受容研究》中附有"唐船持渡书籍目录"，其中便有"酉五号唐船作为日本贩卖之物，携三字经二百九十六部各一种"的记录。虽然酉五号唐船尚未考证出具体为何年代之通商船只，但是可以确定的是它至少是江户时代初期往来于中日的商船，这表明在17世纪初期，日本便已经对《三字经》出现了较大的需求。据大庭修考证，《三字经》在江户时代初期曾被作为幕府培养"唐通事"（即汉语翻译）的初级读写教材而被使用。[①]在1692年（元禄五年）出版的《广益书籍目录》中，明确记载了《三字经》以及《三字经注解》之书名。另外，日本教育史学家石川松太郎收集了众多版本的《三字经》，最早为1722年（享保七年）由京都的额田正三郎与大阪的松村九兵卫等四家书肆联合印制的《三字经》，但石川判断江户时代初期日本民间自发印刷的《三字经》应该要更早一些。[②] 1832年（天保二年），德川幕府开始由官方出面印制官版《三字经》，并以低价或赠送的方式交给各地的寺子屋使用。这些记载都说明，《三字经》在江户时代已在日本大为流布，它最初通过商船从中国直接购入，后转为书商开版印刷以至官版发行，成为当时在日本较有影响力的中国启蒙读物。

那么，《三字经》在日本主要用于什么教育机构呢？众所周知，《三字经》不仅具有集中识字的功能，而且还能够向儿童传授经学、

[①] 大庭脩：「江戸時代における中国文化受容の研究」，同朋舎1984年版，405ページ。

[②] 石川松太郎：「講堂文庫架蔵・往来物分類目録及解題・教訓科・実語教型」，講堂文庫1997年版，47ページ。

数目、名物等基本知识,更有大量鼓励儿童向学的劝学内容。前文所述之"唐通事"初设于1604年(庆长九年),主要负责中日海船贸易文件的翻译、中国商船的管理以及双方贸易纠纷的裁定等,需要掌握一定的汉语知识,《三字经》成为其培养阶段的初级读写教材。由于"唐通事"数量较少且日益世袭化,可以说《三字经》在日本社会的影响并非局限于这一方面。它更多地是被用于当时的民间教育机构——寺子屋的启蒙教学中。

寺子屋作为民间教育的社会组织,由于城市手工业者的势力扩大、社会文化的发展以及幕藩政权的默许,在江户时代中后期得到迅速的发展。寺子屋所承担的是类似于国民小学的教育功能,其课程主要分为习字、阅读以及算术三部分。《三字经》虽然兼具集中识字和增广见闻的双重功能,但是在寺子屋的教学中仍然主要用于阅读。江户时代初期出版的《三字经绘抄》序文中便说道:"此书言简意长,幼学之徒以此晨夕暗诵,可助养正之功。"[①]可见日本人在使用此书时希望借助其丰富的经学、伦理、名物等基本内容来传授伦理常识,培养道德意识。史学家乙竹岩造于1915年至1917年用两年时间对日本各地曾经担任寺子屋教师以及曾在寺子屋学习过的数百人进行了实地调查,结果表明在日本各地均有被使用《三字经》的记录,且主要作为阅读材料使用。如,关东地区有32人使用《三字经》作为阅读材料,仅有5人用其习字;中部地区有29人阅读过《三字经》。[②] 对于乙竹岩造的调查,日本学者片野英一如此解释:"《三字经》关于儒教思想的解释简明易懂,其在道德教育注入方面无

[①] 「三字経絵抄」序。
[②] 乙竹岩造:「日本庶民教育史」(下卷),临川书店1970年版,432ページ。

疑是被作为最佳的读书教材之一而被使用的。"①

　　及至明治、昭和时代,日本已经建立起较完备的近代教育体制,寺子屋也不复存在,取而代之的是国民小学。由于从1872年《学制》颁布一直到1886年发布《小学校令》为止,教科书检定制度尚未建立,小学使用教材可以从民间出版的书籍中自由选择,且所选教材不必经文部省审查。因此以《三字经》等为代表的传统教育内容并非完全绝迹,甚至到1916年(大正五年)仍旧出现了《增订三字经》《行书三字经》等作品。1935年(昭和十年)黄石洞书院出版了矶村少苟所编之《三字经训读及精解》,序言如是说:"德川幕府统治末期至明治时代初期,此书作为世人家庭中子女教育之辅助材料,从幼童时代开始便为父母鼓励诵读,甚至作为小学辅助教材使用。"②随着国家教科书检定制度正式实施,传统启蒙教材逐步退出学校教育的舞台,但是它的某些内容却得以传承,成为日本国家主义教育体制中殊为重要的内容。例如《皇朝三字经》中宣扬国体观念的内容就长时间存在于中小学的教科书之中,对明治中后期的日本学校教育的走向产生了十分重要的影响。

二、《三字经》在日本的衍变

　　《三字经》形式整齐,言简意赅,语义顺畅,通俗易懂,是中国传统蒙学读物中最为人称道的作品之一。日本人也对其极为夸赞。1852年(嘉永五年)刊行的《本朝三字经》序言中这样称赞道:"古诗三百篇,固不待言。若易书戴记之类,多四字韵语。盖便于学者

---

① 片野英一:「東アジアにおける「三字系」の普及に関する一考察」,「日本の教育史学」2002年第45号。
② 「三字経訓読及精解」序。

讽诵也。王伯厚三字经,更减一字,使童稚尤易记忆,而言近旨远,简而赅。其蒙养之功,极巨矣。故盛行于后世。"[1]可见日本人对《三字经》利于记诵、通俗易懂的特点也是十分认可的。

不过,虽然《三字经》具有很多利于儿童启蒙的优点,但是随着时代的发展,以及日本所独有的文化特性、风土人情和语言系统,直接使用《三字经》并非完全适宜,必须对其进行适度的翻译、改编和注释。从江户时代开始,日本出现了不少衍生自《三字经》的作品。例如《英和对译三字经》(1833年)将相应的英语以及日语译文附于正文之下,降低了教材难度,符合儿童在启蒙阶段的认知能力。又如《三字经绘抄》(1849年)在正文下面加上相应的绘图,对正文人物的行为进行很好的补偿性说明,利于儿童通过这些具体形象来理解忠孝、勤学等抽象概念。又如《三字经略解》(1856年)在正文之下对某些人物以及词汇进行较为详细的注解,可见编者在引进《三字经》后充分考虑到儿童的认知能力,对某些日本儿童难以把握的词汇进行说明,有助于提高学习效率,易于儿童理解。与上述作品类似的还有《唐音三字经》、《和汉三字经》、《三字经讲译》、《三字经国字解》、《三字经集注》、《三字经训诂解》等。这一现象体现了日本在引进外来文化后并非对其进行简单的照相式的翻版,而是在其独特的社会结构、文化环境等因素的支配下,并在考虑日本儿童认知能力的前提下,对外来文化进行了本土化的改造。

另外,日本人也大胆地采用《三字经》之编制形式,进行独立的创作。大桥若水所撰、1852年(嘉永五年)所刊之《本朝三字经》为其中最为著名的作品。正如此书序言所言:"其叙千古沿革之变,

---

[1] 「本朝三字経」序。

在彼所当然。而于我黄口,则何异于隔靴搔痒,越人闻秦人之语哉。"①由于《三字经》内容涉及中国历代治乱及人物得失,不尽符合日本儿童的启蒙需要,故大桥若水开始借鉴三言一句、押韵顺畅的特点,将日本本土历史沿革以及风土人情编制成为新版《三字经》。此处仅举其起首部分,以示其编撰及内容的特色:

  我日本,一称和。地膏腴,生嘉禾。人勇敢,长干戈。衣食足,货财多。昔神武,辟疆域。一天下,创建国。

自《本朝三字经》之后,以三字经形式编撰日本历史的方式受到青睐,直至明治维新之后仍有不少相关作品出现。这与德川幕府统治末期宣扬皇国观念、号召尊皇报恩的"尊王攘夷"思想的兴起是分不开的。《皇朝三字经》(1871年)便是当时流传甚广的强调国体观念、倡导"尊皇大义"的启蒙读物。它如此介绍日本"神国"的形成:

  我邦初,国常立。诺册尊,阴阳合。天神降,地神绍。天照皇,照四表。琼琼杵,降日州。都西偏,三世流。神武帝,亲征东。继建极,疆原宫。

之后便以皇室功绩为主要内容,记述皇室的武威和文德。例如"日本武,征东夷。景行帝,在位时。征新罗,神功绩。武内臣,能谋敌。讲经书,应神德",等等。此类作品多从萌芽状态的民族主义出发,附会日本古代传说的神国思想,主张日本是神国,是世

---

① 『本朝三字経』序。

界中心,号召人们尊崇皇室。

当然,除了历史方面之外,日本人还创作出三字经形式的其他启蒙作品。例如《天文三字经》(1873年):"夫天地,为天地。无贵贱,无老幼。其概略,可知耳。先天文,有三品。一天竺,经论说。二支那,周髀说。三西洋,地动说。天竺说,世界形。"[①]该作品将天文学中印度、中国以及西方对天地形态的三种学说一一列举,简略介绍它们的差异,使儿童对基础的天文知识有初步的理解。

三、中日文化交流的特点

文化的交流与影响是一个历史的范畴。任何一个民族的文化都是在与其他民族的交往过程中吸取其他民族文化的精华而得到发展的。日本文化更是如此。本节虽然只是以《三字经》为出发点来探讨其在日本的流布、使用以及衍变,但是其背后蕴涵的却是以《三字经》为代表的中国传统文化在日本是如何被引进和吸收的过程,也体现出中日两国在文化交流方面所具有的历史特点。

首先,在中日两国,儒家文化都是占统治地位的主流文化,这种文化方面的相似性决定了日本对中国启蒙读物有较高的文化认同感以及引进吸收的积极性。在日本,儒家思想很早就作为统治阶级的思想观念被利用,例如忠、信、礼、仪、廉、耻等,儒家经典著作也早已有之,但是读者多为贵族和上层武士子弟。他们在藩学中学习四书五经、《近思录》、《史记》等经典作品。但是对于具备有

[①]「天文三字経」。

限文化水平的庶民大众,这些经典著作无疑思想过于深刻。要将复杂庞大的伦理道德思想普及到民间,将道德的基本内容传递给社会的最底层成员,就需要一种通俗易懂的中介形式,能够将丰富玄奥的道理转换为浅显的语言。虽然《三字经》这样的蒙学教材一直被认为是"浅陋鄙俚"的小玩意儿,却充分和鲜明地体现了儒家伦理道德为主导的特点。例如"父子恩,夫妇从,兄则友,弟则恭,长幼序,友与朋,君则敬,臣则忠,此十义,人所同"就十分明确地宣扬了孝亲弟长、忠君敬友的儒家伦理道德。日本人不遗余力地引进《三字经》之类的读物,其原因便在于他们认可《三字经》等读物所具备的良好的道德教化功能。

当然,之所以《三字经》能够在日本广泛流布,还有一个重要原因在于日本人自古以来对汉字学习的热衷以及对三言一句编撰形式的熟悉和适应。众所周知,日本文字教育起源于以汉学为主要内容的宫廷教育,特别是奈良时代之后,日本各级官学机构的教学内容大多模仿唐制,全盘使用中国传来的儒家经典。《周易》《尚书》《周礼》《仪礼》《春秋左氏传》以及《孝经》《论语》等都成为学生必修的教材。虽然此后日本人利用汉字创造了自己的文字,但是中国汉文经典仍旧被很多日本人视为教育内容的正统。另外,虽然日语具有其独有的假名体系和语法结构,但是仍然使用了大量汉字,且日语汉字读音受到中文很大影响,因此《三字经》所具有的整齐押韵、易于记忆的特点对于日本儿童而言也是相通的。

另一方面,虽然日本的教育是依靠中国文化的输入而得以发展的,但是它不可避免地受到本国特有的文化环境和社会结构的影响,因此造成两国在教育文化方面存在不少差异性。这些差异性决定了《三字经》这样的"舶来品"不可能一成不变,必然在流布过程中出现本土化特征。首先，由于《三字经》合辙押韵、形式整齐，难免有一些高度概括的语句，与儿童日常使用的口语大为不同，因此在被引入日本之后大多被加以日文注解，以增进日本儿童对内容的理解，例如《和汉三字经》、《三字经讲译》、《三字经国字解》、《三字经集注》等。其次，由于《三字经》中有大量人物典故，对于初学阶段的儿童直接理解发生在异国他乡的"赵中令，读鲁论。彼既仕，学且勤。披蒲编，削竹简"等故事显然过于困难。因此，传入日本后出现了不少如《三字经绘抄》这样图文并茂的衍生品，在比较深奥或蕴涵典故的正文下面加上插图形式，图画以故事作为基础，故事借图画得到表现。这些都体现出日本人在处理中国蒙学读物时，仍旧以本国的社会文化环境以及儿童的认知能力，利用各种形式有效地帮助日本儿童对知识信息进行处理。另外，最值得注意的当然还是日本人创作出许多三字经形式但内容完全本土化的启蒙作品。由于《三字经》有大量篇幅讲述的是中国的历史治乱、政治兴衰，因此我们不难理解之所以大桥若水评价其为"隔靴搔痒"、"越人闻秦人之语"的缘故。历史上日本人独立创作了大量三字经形式的启蒙作品，它们作为日本文化的标志性的文本资料，十分生动地体现出日本从接受中国文化，开始发展本国文化，然后到实现教育独立的嬗变过程。

可以说，《三字经》能够在日本保持一定的活力并且衍变出不少结构和内容结合得相当精妙的作品，从一个侧面体现出日本人对外来文化所具有的巧妙的改造能力，但从另一个侧面也展示出中国文化所具有的世界历史性意义。如今在日本，越来越多的大学开始采用《三字经》作为中文以及中国历史学习的重要教材。据笔者所知，山形大学教养学部的中文课程大纲中便明确规定《三字经》为中文必修教材之一;明海大学将《三字经》作为中国史科目的主要材料。可以预见,随着中华民族的伟大复兴,《三字经》以及其蕴涵的中国传统文化不仅在日本,将来也会在世界其他国家产生更大影响,展现出盎然的生机。

第八章 结语与思考

一、传统启蒙教材在日本教育史上的作用与意义

回顾日本传统启蒙教材的整个发展历程,可以发现它与日本教育的发生、发展是紧密相关的。平安时代末期到明治时代初期的八百多年历史中,它们经过萌发、成长、繁盛、衰退的各个阶段,体现了文教权的更迭、教育内容的扩大与分化。特别是江户时代,启蒙教材随着寺子屋的发展达到了比较发达的水平。这些发展归根到底是封建时代长期生产发展和经济进步不断积累的结果。

传统启蒙教材作为日本近代以前的教育遗产,在日本教育史上有着不可取代的地位,发挥了不容忽视的作用。

第一,作为儿童启蒙时期的学习材料,反映了近代以前日本儿童教育观的发展。

传统启蒙教材是经过选择的文化载体,它在内容以及形式上的选择受诸多因素制约。除经济发展、政治要求等以外,儿童教育观是重要因素之一。在教育上对儿童的看法不同会导致教育教学方法以及内容上的很大差异。

最早的启蒙教材——《明衡往来》的学习者除儿童之外,也包括不懂书信知识的成人。成人和儿童使用同样的教材进行学习,教育内容没有体现出儿童和成人在认知规律上的差别。进入镰

仓、室町时代,启蒙教材从形式和内容都有所变化。例如书信集所收的书信数量以及字数明显减少,出现集中识字认词的语句集等。但是,由于武士家庭常因战争颠沛流离,而且武家子弟除文化学习以外,还要掌握武艺、骑马等"武家立身之本",所以儿童被视做即将长大的成人,其教育往往追求高效、快速。当时使用广泛的《庭训往来》涵盖武家子弟所需各种知识,并要求儿童在很短时间内学习,反映出那个时期儿童教育存在追求速成、忽视认知规律的倾向。

日本中世的儿童观还具有家族主义以及佛教色彩浓重的特色。《富士野往来》之所以能够流行就在于其内容反映曾我兄弟誓死为父报仇,维护家族利益的义举;《今川了俊制词》这样的武家家训能成为儿童启蒙读物也在于其宣扬忠孝大义,警醒后人不辱家名;《童子教》成为当时最为重要的道德启蒙读物在于其鼓励儿童"上须求佛道,中可抱四恩",用佛教教义来强调求学的重要性,将世俗教育与宗教联系起来。

江户时代是日本儿童观大大发展的一个时代。17世纪阳明学派的中江藤树、古学派的山鹿素行等都强调教育顺应儿童天性。贝原益轩也认为幼时之教不可过繁,应随年龄施教。顺应儿童天性进行教育的儿童观已被社会大众接受。这时期的启蒙教材对这种教育观的变化反映得尤其突出。在内容上,保持贴近生活、实用第一的原则,收录的材料多为儿童感兴趣、容易懂的东西;在形式上,注意到儿童的学习心理,往往采用韵文化的诗歌、散文形式,语言整齐押韵,便于记忆和诵读。而且,佛教色彩的部分大为减少,儒家的现实伦理纲常成为其道德教训的主流。

儿童教育观的发展体现日本教育发展的方向。作为儿童最早接触到的教科书，它们在时代发展中，其形式和内容逐渐符合儿童身心发展规律，顺应儿童学习心理，同时也紧跟当时社会文化的发展潮流。这是日本儿童教育观不断发展的直接体现，也反映出日本教育在不断进步。

第二，作为文化传播的媒介，推动了日本教育的普及化。

在公立学校系统之外，平安时代有贵族私立的家塾，镰仓室町时代有武士子弟入学的寺院，江户时代有普通民众就学的寺子屋。在这些民间教育机构中，传统启蒙教材成为最主要的教科书，使用者由最初的贵族子弟到中世的武士子弟，直至江户时代的市井童子。这样的变化反映出日本文化教育的普及面在不断扩大，教育已不再为特权阶级所独享。

特别是江户时代中后期，寺子屋向各地区所有阶层的人敞开大门，女子也成为传统启蒙教材的学习者。江户时代末期日本全国一万五千余所寺子屋中，男女共学的有八成左右。女童占寺子屋学生总数两成以上，在江户等大城市甚至出现不少寺子屋女童数量高于男童的情况。在这样的状况下，出现了为数众多的女子用教材，如《女训抄》、《女童子教》、《女商卖往来》等。虽然它们有许多宣扬女子"三从四德"伦理道德的内容，但也包含不少初步的读、写、算知识。这对于提高妇女识字能力有很大帮助。并且，由于当时家庭教育职责主要由妻子承担，社会上存在大量具有一定文化水平的妇女，能够促进下一代更快更好地识文断字，进而提高整个社会的文化水平。

后世学者在分析日本之所以能够在亚洲各国面临外国侵略之时保持独立并向高度发展的工业化国家迅速发展时，都不约而同地指出原因之一在于江户时代的教育普及。传统启蒙教材作为文化传播的媒介,广泛用于寺子屋教育之中,使日本国民的识字率得到提高,由此带来自发普遍的求学上进的社会风气和思想基础,这是明治维新以后日本近代教育发展的有利的先决条件。

第三,传统启蒙教材作为儿童启蒙的主要学习内容,体现了日本教育的演进历程。

教科书作为教育内容的外在体现是教育的一个发展层面,它的演进过程必然表现教育形态的变迁。中世时期,社会具有较浓厚的佛教色彩,僧侣作为当时最大的知识分子群体,担负起文教的责任。此间出现的启蒙教材佛教色彩浓重。而进入江户时代之后,德川幕府弃佛扬儒,使启蒙教材的内容发生了很大变化,具有较强世俗性的儒家思想成为文化主流,这期间的作品更多的是宣扬"三纲五常"的儒家现世伦理道德。而到江户时代末期至明治时代初期,受西方自然科学输入的影响,出现不少以"西洋技术"为内容的启蒙教材,如《身体往来》、《穷理往来》等。这些初级读物开阔了日本人的视野,拓展了儿童启蒙教育的内容。可以看到,日本的教育内容由宗教文化走向世俗文化,由人文性质的世俗文化到科学技术性质的世俗文化,逐渐摆脱宗教束缚,使之更贴近于普通大众。

启蒙教材的发展还体现出日本教育内容的专业化、科学化的发展倾向。最早的《明衡往来》、《东山往来》等都是综合性的。其间还有不少神鬼迷信等内容,可以说是泥沙俱存、鱼龙混杂。到了中世,开始出现综合性的《十二月往来》、《庭训往来》等,也出现了专门性的《释式往来》、《山密往来》、《蒙求臂鹰往来》等,内容大多经过选择,编撰形式逐渐科学、合理。江户时代是传统启蒙教材的发展高峰,既有一部分作品延续前代影响,呈现的是社会生活全盘的知识体系,也有一部分作品分类日趋精细,专业化程度愈来愈高,具有很明显的学科分化的倾向。

日本教育史上出现的启蒙教材达六千多种,按内容可分为历史、地理、社会、道德、产业等数大类,各大类又可细分为数小类。可见随着人类对自然、社会和自身认识的深化,知识总量愈来愈大,知识分类也愈来愈细。同时,职业分化也造成知识分类更为细化。这些启蒙教材在日本教育史上的意义之一便在于记载了这样的分化,并且通过其本身专业化、科学化的发展促进儿童对各知识领域的了解,从而为以后更高层次的学习奠定坚实基础。

二、传统启蒙教材与近代日本教育的发展

一个社会若按自身的形象来塑造其成员,最有力的工具就是教育。启蒙教材作为儿童启蒙教育的核心部分,是特定社会的知识、技能、行为模式和价值观念的具体表现,是个人社会化过程中接受文化和价值观的重要媒介。

早期的贵族私学、中世的寺院、近世的寺子屋都是民间自发形成的产物,一定程度上代表了当时新兴势力的愿望和教育需求,因而启蒙教材在内容、教育观、编撰形式方面都显示了一定的时代进步性。特别是江户时代末期以及明治时代初期,启蒙教材中引入大量西方自然科学知识。虽然在寺子屋教学中,这些教材并不受特别重视,使用频率也不高,但在《学制》颁布之后较长一段时间内,这些启蒙读物成为国民小学的初等教材,传播科学知识,扩大民众眼界,为日本教育现代化打下了一定的基础。

在封建时代,民间教育是不能够完全独立于政治制度之外的。在幕藩体制下的武家政治中,统治阶层对于寺子屋这样的民间私学体系往往采取赏赐、干涉、诱导等间接式的控制。例如1843年

幕府就曾"鼓励"全国的寺子屋师匠："不仅教儿童练字,而且要谨记训诫忠孝之事。……一位好的习字师匠,其政道之助不可计量,对世间风俗之益也不可小觑。"①可见统治者对寺子屋师匠寄予厚望,希望他们能够为"政道之助"。在这样的情况下,启蒙教材必然与社会的政治、经济需要密切相连,带有鲜明的封建教化特征。

因此,传统启蒙教材实际上体现了封建时代民间教育的两面性:一方面,商品经济勃兴之际,庶民阶层对读、写、算能力的需求推动了启蒙教育向实用性、科学性发展,这无疑具有一定的先进性;但另一方面,启蒙教育又体现出封建统治阶层为维护政治秩序而大力传播封建教化意识,通过启蒙教材告诫民众尽忠尽孝、各安生理、毋作非为,这也让民间教育披上了一层封建教化的外纱。寺子屋这种通过传统启蒙教材所进行的教育虽然具有一定的先进性,但又被封建制度具有明显时代局限性的坚固外壳所束缚。这种教育的两面性并未因为日本进入明治时代而消失,而是一直延续下来。而且,在不同时期,这种两面性中的某一面的作用力会大于另一面,从而产生互有消长的独特局面。

比如,明治时代初期,在"文明开化"的口号下,大批反映西方法律、政治、风土人情、经济制度以及科学技术知识的启蒙教材出现,成为当时国民小学的过渡教材。例如1872年9月颁布的《小学教则》明确规定当时小学教材有《地方往来》、《农业往来》、《世界商卖往来》、《西洋衣食住》、《启蒙智慧之环》、《穷理问答》、《物理训蒙》、《日本国尽》、《十二月贴》、《万国史略》、《化学训蒙》等。这期

---

① 转引自海後勝雄、広岡亮蔵編:『近代教育史Ⅰ—市民社会の成立過程と教育』,誠文堂1952年版,323ページ。

间讲述伦理道德的教科书极为稀少,仅《泰西劝善训蒙》等五种,均翻译自西洋舶来的作品。可见在明治时代初期,日本教育醉心于摄取西方物质文明,尊重实用主义、功利主义,偏重智育,轻视德育。这体现了在日本教育中实用的、科学的那一部分受到极大重视。

但自由民权运动兴起后,思想界和教育界的自由主义倾向开始让保守势力倍感威胁。1879年明治天皇在视察各地的教育情况之后,深感忧虑,遂颁布"教学大旨",强调"仁义忠孝"等传统道德的重要性。此后,反映封建儒教伦理的内容重新进入小学教材,如《幼学纲要》、《小学修身训》等教材融合忠孝伦常等儒家德目,具有全盘儒教主义道德色彩。对于这一变化,启蒙思想家福泽谕吉评价道:"明治十四年(1881年)以来,政府的当局者遽然改变教育方针,维新以来历经艰难才使其销声匿迹的古学主义又逐步复活。……专门奖励古老腐朽的道德,满天下的教育都局限于忠孝爱国的范围之内,实乃可悲可叹也。"[①]这一段儒教主义复活时代的教育充满伦理道德教育色彩,是日本政府对明治维新之后教育全盘西化的发展道路所进行的调整。

1876年,国家检定教科书制度制定,文部省开始正式编写教科书。日本教育也由改革实验阶段进入确立国家主义教育体制阶段。虽然传统启蒙教材已经逐渐退出学校教育舞台,但是它的某些内容却得以传承下来,成为日本国家主义教育体制中殊为重要的内容。一方面,西方科学技术知识得到广泛重视,小学已建立起

---

① 福沢諭吉:「教育の方針変化の結果」,『続福沢全集』(第3卷),岩波書店1933年版,551ページ。

物理、化学、生物、数学等学科体系,这是近代教育的显著特点,但另一方面,由于国家对"忠君爱国"和儒家道德的强化,使日本近代教育充斥着封建特色的伦理道德。

这种具有两面性的教育对日本近代国家的建立和发展发挥了不同的作用。在明治维新之后,日本百废待兴,"和魂洋才"的文化价值观能够在摄取西方先进科学技术的同时,保持政府对国家政权的控制以及对社会民众思想的掌控,一定程度上创造了一个良好的建设近代国家的客观环境。但是,明治时代中后期,当日本国力日盛,开始谋求与西方资本主义列强抢夺殖民利益时,近代教育中充斥的忠君报国思想却禁锢了民众的理智,导致当时的学校教育成为积极培养和训练对外侵略的忠顺"臣民"的教学装置。在1904年6月12日的名为《平民新闻》的报纸中,记载了一份对当时小学生所进行的调查报告。其中,男生约 1/4 认为最理想的人物是楠木正成,其次为新井白石、丰臣秀吉、德川家康;女生约半数认为理想女性是紫式部。① 有 2/3 的男生认为最善的行为是忠义,其次为孝行;而女生多认为孝行乃最善的行为,其次为贞洁、忍耐等。记者由此感叹:"吾人读之,惊讶于如今之小学教育是如何使天真无邪的少男少女的头脑中灌入所谓'忠君爱国'思想的。理想的人物是楠木正成,最善的行为是忠义,是今日小学生的理想,也是即将成为日本这一文明国家的国民的理想。20 世纪的教育

---

① 楠木正成(1294年—1336年):南北朝时代武将,以忠义勇武著称,后战死于凑川一战。新井白石(1657年—1725年):江户时代中期儒学者、政治家。丰臣秀吉(1536年—1598年):战国时代武将,于 1590 年统一日本,后欲征服明朝,两度出兵朝鲜,病死于庆长之役。德川家康(1542年—1616年):江户幕府第一任将军。紫式部:生卒不详,平安中期宫廷女官,著有《源氏物语》、《紫式部日记》、《紫式部集》等。

与寺子屋时代的教育比起来又有几何进步呢?"①

无法否认,过去与现在、传统与创新之间存在不容忽视的密切联系。人类在创造历史的时候,并非随心所欲地在自己选定的条件下创造,而是在既定的、从过去承继下来的条件下创造。在任何新的历史处境与此前的历史处境之间,并没有什么固定的鸿沟,相反倒有着熟悉而密切的关联。具体到传统启蒙教材上面来,可以说,它们体现的是日本传统教育的历史底蕴,是一些具有"预先规定新一代的某些特征"②的教育遗产,它们为日本教育现代化提供了有利的先决条件,但是另一方面,传统启蒙教材中宣扬忠君等道德教化以及神国思想的内容又为新的统治者所利用,一度成为蒙蔽民众、奴役民众的有利工具。

传统启蒙教材与日本教育的密切联系,既表明了传统教育所蕴涵的巨大能量,也表明了传统教育的复杂性。所以,对于传统教育本身,不能简单地一概加以肯定或者否定。启蒙教材作为特定时代的教育工具,必然体现统治者所规定的一系列伦理道德要求,例如,以传统的儒家思想为主体,也融合神道、尊皇思想等。这些传统的伦理道德思想强调维持封建等级秩序,强调安分守己的顺民思想,也强调忠君勇武的武士道精神。这些思想在封建社会前期起到了稳定社会、促进教化的作用。进入明治时代之后,在建设近代国家的数十年中这些忠君爱国的伦理思想也发挥了一定作用,稳定了一度混乱的社会秩序,充分调动了日本民众投入自上而下的工业化建设中。但是,当日本大力

---

① 『平民新聞』,1904 年 6 月 12 日。
② 《马克思恩格斯选集》(第 1 卷),人民出版社 1972 年版,第 51 页。

发动海外扩张时,这些传统教育中忠君、尊皇的思想已经更多地起到阻碍历史进步的作用,使日本迅速走向军国主义极端,成为穷兵黩武的国家。

另外,日本的传统启蒙教材并非独立生长于日本岛国的旷世奇葩。虽然日本学者多将其认定为日本独有的教科书类型,但实际上,从模仿《三字经》、《千字文》的形式,到翻译解说中国皇帝"圣谕"而成《六谕衍义大意》;从借鉴明朝的《算法统宗》编成《尘劫记》,到选译西洋科普书籍而成《穷理往来》,都很明显地表明它们在发展历程中毫不客气地吸收了其他国家文化传统的养分。只不过,在明治维新之前,由于中国文化对日本文化的绝对性影响,日本传统启蒙教材以学习和吸收儒家伦理以及中国启蒙读物为主。而到了明治维新之后,"文明开化"的浪潮使西方科学技术大量涌入,这些教材转而吸取西方自然科学。

虽然启蒙教材在不同时期受到外国文化的影响,并且不同程度地体现在形式和内容之中,但是不能就此认定它是原搬照抄的"拿来主义"。对外来文化的筛选或改良,使外来文化与日本固有文化相融合或和谐并存,是日本文化传统的基本特征。传统启蒙教材也体现了这种优点。无论是对中国传统儒家文化,还是对西方先进科学文化,它采用一种近乎贪婪的吸收态势;另一方面又像反刍动物一样将吸收的东西进行咀嚼消化,最终成为自己文化的一部分。例如《孝行和赞》用和歌的形式来歌颂忠孝道德;《本朝二十四孝》选取日本的孝子故事来加强作品感染力;《日本三字经》借中国《三字经》格式来描述日本数千年历史……此类例子不胜枚举。正如丸山真男所说的那样,"摄取外来思想,并以各种形式将其吸入日本人的生活方式和意识之中,在文化上打上难以抹去的烙印。"①所以,日本传统启蒙教材的发展历程,实际上就是日本教育在外来文化的影响下,在吸收消化的同时,不断寻求自立的过程。

日本的传统启蒙教材的发展历程可以为我们提供一定的借鉴作用,那就是,如何在引进外国先进教育经验的同时,保存和利用好本国传统教育特色。自改革开放以来,中国与世界的联系日趋紧密。中国的教育界引进和介绍了许多国家的教育思想和教育经验,这对于中国的教育现代化是十分必要的、有益的。但是,一些忽视本国政治经济条件和文化传统的做法却带来许多负面的影响,例如"贵族学校"、"片面强调英语过级考试"、"小留学生",等等。这些做法也许一时可以满足社会以及一部分人的教育需求,但却忽视了对本国教育经验的总结和教育传统中积极因素的发掘,很值得商榷。任何一个国家、任何一个民族,它的教育要想获得真正的自主性的发展,都不能只是满足于国外教育经验的学习和借鉴,而应把学习国外先进经验与弘扬民族优良传统有机地结合起来。否则,不仅难以实现本国的教育现代化,反而易于失去民族教育的主体地位及其特色。

三、传统启蒙教材与日本人的行为模式

一个民族总有一种超越个体差异的统一性格。在日本民族的形成过程中,各时代的政治体制、经济状况、思想文化、社会教育等共同结合,形成一种在日本文化内部具有很强的不可变倾向的行为模式。用日本东北大学教授细谷恒夫的话来说,即相

---

① 丸山真男:『日本の思想』,岩波書店 1961 年版,8ページ。

当于"习惯性行为样式"[①]层次的东西,或者可以说是一种"民族性"[②]的东西。

　　日本传统启蒙教材的研究,究其实质涉及的是日本民族基础文化的传承问题。虽然各时代有其特定的知识、技能、行为样式和价值观念,但是在文化深处的确存在一个民族大多数人在家庭、学校等各类集团中按照一定的社会习俗培养出来的相对稳定的行为模式。启蒙教材在数百年的发展过程中,起着传承文化的重要作用,因此,日本人"民族性"的行为模式也会随着启蒙教育一代一代遗传下来。

　　虽然有人可能会认为传统启蒙教材在各时代的使用者身份并不相同,而且日本社会身份等级制度十分明显,"民族性"这种同质性的行为模式是否存在还值得怀疑。然而,正如美籍华裔学者许烺光所说的那样:"即使一个社会异质性程度非常显著,可被称做为一个'多元'社会,但在某种层次上仍会表现出一致性。因此,除非有强有力的革命将它分散,否则每个社会多少都是有组织的整体,每个社会的生活方式在与其他社会相较之下也多少会显示出连续性、一致性和特殊性。"[③]日本虽然在封建时代身份等级分明,

---

[①]　细谷恒夫将教育当做"人的形成",而"人的形成"不外是"行为样式(感受方式、思考方式等广义的方式)发生了变化"。"习惯性行为样式"是本能、冲动等在某种程度上社会化以后的行为样式,即个体为适应新的环境,在教育活动中获得的行为样式。参见〔日〕源了圆:《日本文化与日本人性格的形成》,郭连友、漆红译,北京出版社1992年版,第29页。

[②]　尚会鹏在《中国人与日本人——社会集团、行为方式和文化心理的比较研究》(北京大学出版社1998年版)一书中认为,"民族性"就是一个民族的行为方式整体上具有的相对稳定的一致性,是"一个民族多数人行为方式的倾向性选择"。详见此书第3—5页。

[③]　转引自周大鸣、乔晓勤编著:《现代人类学》,重庆出版社1990年版,第241页。

但是其地理环境、人种、语言、信仰、生活方式等都具有较大的"单一性"特点,因此,从传统启蒙教材这种体系庞大、数量众多的文化读物中探求日本人的行为模式是可行的,也是比较可信的。

当然,所谓"民族性"的这种行为模式不是永恒不变的。人们所处的社会在变化,一个民族的文化也在变化,民族的基本性格必然有所变化。但必须承认的是,"民族性"的确是一种变化十分缓慢的东西。与政治、经济等因素相比,它不大容易变化,或者至少它不与政治、经济等因素同步变化。它通过启蒙教材等文化媒介的习得而代代相传。尽管在"遗传"过程中会发生某些变异,但还是能够发现传统社会的日本人和现代日本人的行为模式之间存在某种内在联系。

实用主义

日本启蒙教材的内容以及其发展趋向始终贯穿实用主义倾向。借用马克斯·韦伯的社会学术语,笔者认为日本人有一种重要的行为模式:重工具理性,轻价值理性。所谓工具理性,就是按照天生的自利和自保来行事,重视实用性能。所谓价值理性,即无论成功与否,单由道德的、宗教的、审美的信仰来决定行动。也就是说,日本民族重视眼前利益和现实利益,具有"有用即有价值"的实用主义倾向。启蒙教材源自贵族子弟对书信规范的实用需要,此后的作品也多与民众实际生活相关,并非高谈阔论之物。写字、读书、算术等都是普通大众在日常生产和生活中急需掌握的基本知识与技能,甚至启蒙教材的字体也多为日常实用的草书或行书,而非楷体。这种"其文虽异体,其旨为世要"[①]的实用性原则是日

---

① 『東山往来』。

本传统启蒙教材能够不断发展的动力源泉。

即使对于儒家思想，传统启蒙教材也根据不同的历史需要，按照"社会效用"原则选择有用部分来构筑不同时期的社会意识形态。例如德川幕府时代儒家思想中政治价值观以及与这种价值观配套的"孝道"、"忠诚"、"正直"等道德品格是常被强调的部分。而至明治维新之后，儒学的"穷理"思想转移到重视实测、实验，开始为自然科学领域的探究提供合法的方法论保障。及至军国主义时代，尽管传统启蒙教材已退出历史舞台，但"尽忠尽孝"、"义勇奉公"等伦理道德观却持续下来，与神国思想融合在一起，成为军国主义蒙蔽民众的利器，为形成"日本型的法西斯主义"提供理论支撑。从这一点而言，即使是抽象的伦理道德层面，日本的传统启蒙教材所体现出来的特色也依旧有实用主义倾向性。它成为日本不同历史时期的功用性的思想资源仓库，表现的是追求眼前和现实利益的价值意识，深刻体现了日本功利性的文化模式。

不过，这种"有用即有价值"的实用主义导致日本文化过于注重现实现象，重视经验和实证的思维方式，而不喜好哲学思辨。教育学家石川松太郎就批评日本的启蒙教育过于注重实用知识的记忆，而缺乏在判断力、推理力以及批判力方面的培养。以研究教科书闻名的唐泽富太郎也感叹道，在日本的传统启蒙教科书中，"缺乏理科性、分析性的要素，赤裸裸地表现的只是富于文学性、感觉性的性格"[①]。

权威主义

日本著名的人类学家中根千枝认为，日本是一个重组合、轻类

---

① 唐沢富太郎：『教科書の歴史：教科書と日本人の形成』，創文社 1960 年版，27 ページ。

属，尤其注重组合之中纵向等级的"纵式社会"。① 在这样的等级社会中，集团成员通过对权威的服从来强调"纵式"关系，以明确排列每个成员的序列位置。下属必须无条件履行直接上级的命令，这是日本人的金科玉律，因为这种联系是这位下属同这个集团关系的唯一体现。任何犹豫不决、拒不执行都被认做是对该组织系统的公然违背。

传统启蒙教材在表现日本人的权威主义方面，首先便体现它是为传授书信礼仪知识而产生的。封建时代的日本是一个身份等级森严的社会，各身份集团内部又有严格的等级序列。与上级交往的书信中应使用什么词汇、落款应如何书写、行文应用何种语气、交谈应包含何种内容等都十分重要。可以说书信类启蒙教材的发达本身就是等级社会的产物，体现日本人敬拜集团内权威、重视人的地位与身份以及与之相联系的"待遇"的文化心理特征。

传统启蒙教材在表现权威主义方面，还体现在对"忠"的强调和宣扬上。所谓"忠"，就是要有献身于主人的牺牲精神，这种献身要达到为主君而牺牲生命的程度。在日本社会中，对长上的服从和忠诚是维系上下级关系的重要道德纽带。启蒙教材中不乏"忠"的内容，"在此乱世之时，遵守道义，以忠为先，报答君恩之人，方为人之楷模"②；"一日君尽忠，君恩育妻子。轻公重私用，背冥

---

① 中根千枝提出类属与组合的概念，"类属"指社会成员的横向特征，即个人的社会属性，比如出身、性别、职务、职业等。而"组合"指社会成员的集团特征，即组成什么样的社会集团，比如家庭、家族、村庄、城市、公司、学校、社会团体等。任何社会成员，总是处在某种类属和组合的交叉点上。中根千枝认为日本人在缔结社会时对组合的强调甚于对类属的强调，即重组合而轻类属。详见〔日〕中根千枝：《日本社会》，许真、宋峻岭译，天津人民出版社1982年版，第2—3页。

② 『楠教訓状』。

利失身。为君原当义,命可轻尘界"①这样的内容随处可见。到幕府末期以及明治时代初期,狭义的君臣之间的"忠"扩大为普通大众对天皇乃至国家的"忠君爱国"。"忠"开始成为日本国民对位于日本社会顶端的绝对性权威——天皇应尽的道德义务。

另外,传统启蒙教材宣扬的"各得其所,各安其分"的思维方式也体现了日本人对等级社会的接受以及对政治权威的顺从。在这种严格的等级社会中,各身份集团中的个人都要在遵从等级秩序的前提下从事自己的职业。《六谕衍义大意》中有"各安生理"一条,儒者室鸠巢在解说时便说:"贫富贵贱天命注定,如何能以人力抵抗。唯勤勉于本人职分,每日施行好事。"其后赋诗曰:"皇天不负苦心人,须知安分能守己。更知侥幸断难行,我劝世人安生理。"②江户时代的启蒙教材多有训诫后人安分守己、尊崇权威的内容,要求他们为人处世要根据身份地位作出正确的行为。例如《农家手习状》要求农家子弟要安分守己、遵纪守法、按时纳租、不怠耕作;《商卖往来》也告诫商家子弟要根据身份来选择衣物、家宅等,要懂得不遵守身份限制乃家业衰微的最大原因。这些启蒙教材都说明日本人对等级社会中的序列位置十分敏感,体现了日本人采取符合身份序列的行为来表现对政治权威绝对服从的行为模式。

家族主义

日本家族制度的核心内容是"家"制度,它是立于婚姻和血缘关系为纽带的具体家庭之上的生活共同体。"'家'以家业为中心,

---

① 『明語教児抄』。
② 『六諭衍義大意』。

以家产为基础,以家名为象征,以直系的纵式延续为原则,其内部实行严格的父权家长制统治。"①正是上述日本的"家"的特点,造就了日本人浓厚的家业观念。无论是武家还是农民、町人家庭,人们都提倡和赞美为维护家业、保存家系而努力奋斗的精神。虽然传统启蒙教材面对的是智慧初萌的儿童,但是他们作为"家"之一员即将长大,因此启蒙教材不可避免地出现了许多勉励儿童树立家族意识、培养家业至上的价值观的内容。《新续商卖往来》就如此告诫儿童:"生商人之家,当守仁义礼智信之五常,对双亲孝敬,对主人忠义,保持一家和睦。忠臣不仕二君,贞女不见二夫,心不忘为家内和合,专心商卖。"②

在家族秩序中,为维护家长权威,中国儒家伦理纲常中的"孝"、"忠"成为人们必须遵守的行为规范和道德标准。被称为江户时代"教育敕语"的《六谕衍义大意》前三条为"孝顺父母"、"尊敬长上"与"和睦乡里",使用递进式的演绎方法,将家庭内的亲子关系扩展为日本社会所有集团上下尊卑关系的基本原理。

由于日本的"家"主要是以居住和经济要素(家业)为中心而形成的超血缘的社会集团,因此其带有明显的主从关系色彩,人们的直接服属对象不仅是血缘尊长,还包括自己的主人。另外,在日本的家族制度中,国是家的扩大,国是大家,家是小国,家族的社会集团化与国家这一社会集团的家族化互为表里,促使人们认同皇室乃国民之宗家,天皇乃日本之家长,故对天皇尽忠即报本之大孝。因此,对家长要"孝",对主君、天皇要"忠",成为日本人最为重要的

---

① 李卓:《家族制度与日本的近代化》,天津人民出版社1997年版,第2页。
② 『新続商売往来』。

思想道德品质。启蒙教材之所以出现那么多"忠君爱国"的内容，原因之一便在于日本独特的家族制度。作为文化和思想的传递工具，传统启蒙教材必然要向儿童传授"忠孝"之类的道德纲常，以便其成人之后能够迅速融入各层次的社会集团，成为符合家族伦理和政治伦理的社会成员。

勤勉主义

在启蒙教材中有许多宣扬勤勉的内容。首先是在学习方面，要求儿童"除眠通夜诵，忍饥终日习"①；"薄衣之冬夜，忍寒通夜诵。乏食之夏日，除饥终日习"②。这些启蒙教材还会列举许多勤勉学习的历史人物，作为儿童学习的榜样，例如，"匡衡为夜学，凿壁招月光。孙敬为学文，闭户不通人。苏秦为学文，锥刺股不眠。俊敬为学文，绳悬颈不眠"③，等等。

除了学习之外，平民大众的日常生活与生产依旧需要发扬勤勉风格。如《农民教训状》就认为："人生有勤矣。勤则不乏矣。故勤而不怠者富也。农家之心得，乃按照土地和季节情况勤奋耕作，考察其寒暖，进行种植。"④《商家往来》也说道："夫商卖之业，虽有多种，总之早上早起，开门，仔细打扫门口、店前，洒水，摆好招牌、布帘等，打点账房、柜台、算账台，安排总管、购物人、标价员，考虑采购等，事无疏略。"⑤诸如此类劝导勤勉的内容不胜枚举。

之所以日本的启蒙教材如此强调勤勉，主要是因为封建时代

---

① 『実語教』。
② 『童子教』。
③ 同上书。
④ 『農民教訓状』。
⑤ 『商家往来』。

的日本是一个身份秩序严格的等级社会,每个人都被束缚在社会阶层的某一个点上,要绝对服从权威者的专制统治。这样,每个人对于自身的命运,不可能主动地在社会外部寻求改变,而只能在自己的身份等级之上,通过自身的刻苦勤勉来改变贫困的现实,寻求家业的延续。无论是学习还是劳作,都是与庶民大众的社会生活密不可分的行为,如果需要生活好过一些,只能忍饥挨饿学习知识,披星戴月进行买卖或耕作。

实际上,日本人对勤勉的看法是与非合理性的精神至上主义紧密结合在一起的。他们过于强调个人的勤勉精神胜过物质资源,笃信"精神一到,万事能成"。精神至上和勤勉主义的结合使日本国民能够默默忍耐贫困的生活,让他们在苦境中发挥令人惊讶的勤勉精神。直至今日,日本的公司职员能够在下班之后孜孜不倦地继续工作,并不计较缩短休息时间的生存实态就很明显地印证了这一点。

当然,除上述的实用主义、权威主义、家族主义、勤勉主义之外,传统启蒙教材还体现了日本人其他方面的行为模式。虽然日本民族是具有单一性的民族,但是仍然具有十分复杂的民族特质,因此对于日本人行为模式的任何概括都不会绝对全面和精确。这里列举其中四点,目的就在于希望通过这部分的总结,能够让人们知道:作为封建时代的产物,同时也是日本文化的产物和传播媒介,日本的传统启蒙教材虽然已经退出时代舞台,但是所蕴涵的一部分文化内质却没有因为时代更迭而销声匿迹。这些文化内质成为日本民族价值观、行为方式和文化心理等较深层次的因素,具有很强的生命力。

一个民族的行为模式作为这个民族群体在历史积淀中形成的

某种固定心态,通过一代又一代的教育活动而具有连续性和稳定性,成为民族多数成员在行为方式方面的倾向性选择。法国教育学家涂尔干意味深长地说道:"因为在我们每个人身上,都不同程度地蕴涵着我们昨日所是的那个人。……一旦拿现在与过去的漫长时期相比,现在就必然显得无足轻重,而我们正是由于过去的漫长,才呈现出今日的形式的。"①日本民族的行为模式是在过去数千年的历史发展中逐步形成的,其生成过程又极其缓慢和复杂。所以,如果要研究千差万别、扑朔迷离的个人行为背后所体现的日本民族文化心理结构,具有八百年发展历史的启蒙读物可以说是极好的素材。

四、对传统启蒙教材研究的反思:传统文化的价值重估

作为一个中国的日本社会文化史研究者,在考察日本传统文化的代表——启蒙教材之后,有必要对中国的传统文化作一定的反思。中日两国都是典型的后发外生型现代化国家,都是在面对西方列强不断向东亚扩张的危机下开始启动现代化进程的,而且两国在传统文化方面也具有一些相同特征。然而,日本迅速实现了向现代国家的转变,从东亚的边缘一跃而成为亚洲的强国;而中华帝国则不幸衰落,从傲视"四夷"的天朝大国降为备受凌辱的半殖民地。为什么两国的历史发展进程竟有如此大的差异呢?笔者认为,在对比各自的政治、经济制度和社会背景的同时,有必要对两国现代化进程中对传统文化所采取的态度进行深入探讨。

---

① 〔法〕涂尔干:《教育思想的演进》,李康译,上海人民出版社2003年版,第14页。

在西方文明的强烈冲击下,中日两国的文化都经过了一个"传统"与"现代"互相激荡的历史阶段。并且,由于中日两国文化背景不同,这种激荡的过程与结局也彼此殊异。日本走的是一条相当保守的现代化道路:明治维新的领导人一方面认识到旧的传统已落伍,敢于抛弃一部分文化传统包袱和社会陋习,大力推行"西化";一方面又在西化思潮刚刚泛滥之际就恢复一部分传统道德,主要是儒家伦理和皇权思想,以稳定社会秩序,推动自上而下的工业化。当时传授西方自然科学知识的启蒙教材和宣扬"仁义忠孝"的《幼学纲要》、《小学修身训》等修身教科书交替成为小学的教学重点便清楚地表明了这一特点。对现代化研究颇有心得的罗荣渠先生评价道:"日本的经验在于从固有的传统中寻找与现代化的结合点。……日本把原来的家族本位的利益与效忠精神转化为国家本位的利益与天皇效忠精神,从而找到了传统伦理与近代资本主义精神的一个结合点。……可见,传统虽不能自动地充当现代化的动力,但传统因素的利用,却能对现代化起某种导向作用。"[①]日本在明治维新后建设近代国家的进程中较好地利用了传统资源,虽在学校课程方面进行现代化变革,但是在伦理道德上又坚守传统,从而使"横向移植"的外来文化与传统文化之间交错复杂的冲突被控制在国家政权可以允许的范围之内。并且,外来文化和传统文化在矛盾冲突中不断产生融合效应,为日本迅速实现现代化准备了有利条件。

不过,明治时代以来外来文化与传统文化所找到的结合点是

[①] 罗荣渠:《现代化新论——世界与中国的现代化进程》,商务印书馆2004年版,第233页。

否都有利于现代化,是应该批判地审视的。日本在进行海外扩张时,为了加强国家对人民的控制,利用传统的神国思想以及"忠君爱国"之类的封建伦理思想来支撑现代化的好战的强硬外壳。这种组合能够发挥传统文化对日本国民的巨大感召能量,但是又由于其封建原始性而孕育着火山爆发的深重危险。日本迅速走向穷兵黩武的军国主义发展道路就说明了这一点。可见,传统文化中也有大量限制和阻碍现代化发展的因素,这些因素如果不加批判地大肆滥用就可能恶性发展,给本国人民,甚至给世界人民带来深重灾难。

反观中国的现代化道路,令人遗憾的是,近代以来面临的特殊境遇,使中国的现代化一开始便带有全面"反传统"的激烈色彩。百年来,中国传统文化受到贬低,价值遭到否定,是一个不争的事实。这个历史进程伊始于鸦片战争的失败,而随着甲午战争、戊戌变法的结局而强化,到"五四"运动的兴起而趋向高潮。当时由于以袁世凯、张勋等人为代表的复辟势力的倒行逆施,使正处于转型期的中国社会陷入巨大的危机之中。而社会上尊孔崇儒、设立孔教的喧嚣与政治复辟等行径,直接导致新文化运动对儒学所代表的中国传统文化的猛烈批判。如陈独秀所说:"全部十三经,不容于民主国家者盖十之九九,此物不遭焚禁,孔庙不毁,共和招牌,当然持不长久。"[①] 不论是传统蒙学读物《三字经》、《千字文》、《孝经》,还是四书五经之类的儒家经典,都被一概否定。中国传统文化几乎成为落后、愚昧的代名词,似乎必须由它们来为中国近代以来的衰落与灾难承担责任。胡适甚至认为中国文化已经全面地从

---

① 陈独秀:《陈独秀著作选》(第 1 卷),上海出版社 1993 年版,第 320 页。

根本上落后于西方文化。他说:"我们必须承认我们百不如人,不但物质机械不如人,不但政治制度不如人,并且道德不如人,知识不如人,文学不如人,音乐不如人,艺术不如人。"①

这种以激烈批判和否定传统文化为中心内容的思潮的兴起不是偶然的。它是当时不少知识分子痛感中国近代落后挨打悲惨历史的产物,是他们极度忧患民族命运、国家前途的积愤之言。他们的感慨、愤懑在某种意义上具有合理性。因为传统文化确实包含有不合时宜、腐朽落后的思想意识。比如极端维护专制的理念、束缚人心与人性的三纲五常等。这些不合时宜的内容必须经过改造和扬弃之后才能够重新焕发生机,与现代生活接轨。然而,真理越过一步便为谬误,仅仅因为传统文化中有一定的历史局限性而对其一概抹杀,全盘否定,显然偏激而片面。就像恩格斯批判杜林对待黑格尔、康德的非理性行为一样,是把洗澡水和孩子一起倒掉了,这并不可取。

曾有学者指出:"当我们的青少年对好莱坞大片趋之若鹜但却不知道屈原、司马迁为何许人,当我们的大学生能考出令人咋舌的托福高分但却看不懂简单的文言文,甚至连中文写作都做不到文从字顺,那么,我们可以断言,我们的文化教育一定是在哪个重要环节上出了问题,出现了深层次的民族文化危机,是民族振兴、国家崛起过程中必须加以正视并克服的障碍与挑战。"②之所以出现上述现象,其根本原因就在于长期以来我们对固有的传统文化的认识和承续出现了较为严重的偏差或迷失,对体现民族之魂魄的

---

① 胡适:"介绍我自己的思想",白吉庵、刘燕云编:《胡适教育论著选》,人民教育出版社1994年版,第291页。

② 纪宝成:"重估国学的价值",《南方周末》,2005年5月26日。

传统文化有意无意地采取忽略或偏激的态度。当然,反传统在现代化的启动阶段是完全必要的,不如此就不可能为大胆革新开辟道路,但作为思想遗产的传统文化绝不能在现代化进程中加以抛弃,而应该从现在就加以保护与清理。

应该引以为荣的是,中国是一个有悠久文化传统的国家,而且中华文明一直没有间断过。无论是政治、经济还是文化教育,都有许多优秀的历史遗产。当然,传统文化是在一定历史条件下形成的,不可避免地存在历史以及阶级的局限性,精华与糟粕杂陈。这需要我们有一种正确的观念,对于传统文化应该有分析地批判继承。我们必须站在时代的高度客观地审视过去,对那些已被漠视和忽略的传统文化进行价值重估,然后再根据当前的科技发展的前沿信息,对传统文化加以改造和补充,使之为现实服务。

通过对日本传统启蒙教材的研究,可以看到,它们作为日本传统文化的重要组成部分,虽然表面上看来仅是浅陋鄙俚的儿童初级读物,但是就体现日本传统文化这一点来说,丝毫不逊色于那些垂范方来的不朽名著,甚至表现得更加典型、充分和鲜明。民间自发形成的启蒙读物对于日本教育的发展、其社会的进步都起到了重要的推进作用。进一步而言,正是因为这些传统启蒙教材所造就的人——有一定思想见解和知识的武士和平民,才创造了被称为奇迹的明治维新运动,才使日本"后来居上"成为唯一以平等的姿态跻身并分享西方建立的殖民世界利益的非西方国家。当然,笔者在这里无意夸大传统启蒙教材之类的传统文化对日本现代化所发挥的作用,也并非认为只有走日本走过的道路才能够实现真正的现代化。毕竟,日本在后来对于传统文化的利用方面出现了巨大偏差,给日本以及世界其他国家的人民带来了巨大灾难。但是，笔者想要强调的是，通过对日本传统启蒙教材的历史透视，可以让我们重新将目光投放到曾经被忽略和抛弃的传统文化上面来。当我们抹去积聚的灰尘，可以看到中国传统文化仍旧熠熠生辉。

一个不能与传统和解的民族始终是处于无根状态的。当我们以历史主义的态度冷静地考察中国的传统文化，能够发现其重要的价值：从形式而言，传统文化是中华文明的主要载体，它就像一根坚韧的纽带，将形形色色、方方面面的中华文明珍珠串联在一起，形成一个完整的统一体；就内涵而言，以儒学思想为代表的中国传统文化是中华民族精神的集中体现，是积淀于普遍的民族心理之上的中华民族特有的风貌和品质；就文化的传承性而言，传统文化是走向新的时代的起点，是建设新型文明的资源。真正优秀的思想文化是民族永恒的精神财富，它的某些内容或许会随着岁月流逝而失去意义，然而它的具有合理性的成分却超越时空的界限而亘古常青，生机盎然。

他山之石，可以攻玉。对于日本传统启蒙教材的研究，不仅能够让我们更了解日本数百年教育的发展状况，更重要的是从中折射出传统文化与现代化之间的某些转变规律，进而为我国现代化建设提供一些有益的启示。这是笔者研究日本传统启蒙教材的目的之所在。

附 录

一 本书所用表格

表 3.1 《伊吕波尽》的部分内容示例 …………… 69
表 4.1 《七体伊吕波》的部分内容 ……………… 80
表 4.2 《东南西北时》的具体内容 ……………… 81
表 5.1 《十二月往来》的主题、寄信人、收信人 …… 181
表 5.2 中世部分武士"登山"的年龄与就学寺院 …… 183
表 5.3 江户时代各期寺子屋师匠的身份 ………… 185
表 5.4 1830 年—1844 年(天宝年间)城市与农村寺子屋
　　　　师匠的身份比较 ……………………… 186
表 5.5 江户时代寺子屋年均开业数量 …………… 193
表 5.6 1854 年—1860 年江户府 15 区与竹野郡的寺子屋
　　　　规模对比 ………………………………… 194
表 5.7 1854 年—1860 年江户府 15 区寺子屋
　　　　女童入学情况 …………………………… 196
表 6.1 《田舍往来》收录词语分类 ………………… 223
表 6.2 《商卖往来》收录词语分类 ………………… 224
表 6.3 江户时代《御成败式目》的发行状况 ……… 228
表 6.4 江户时代女子用传统启蒙教材的发行情况 … 236
表 6.5 江户时代主要"目安往来物"一览 ………… 242
表 7.1 中日两国在 1660 年—1937 年间自然科学领域
　　　　互译书籍的数量 ………………………… 278

二　日本传统启蒙教材选

《实语教》①

解题

　　《实语教》相传为弘法大师空海（774年—835年）于平安时代末期所著。它在形式上采用了五言唐诗的格式。从内容上而言，《实语教》主要为儿童所应该接受的道德训诫。其中，最为突出的一点是，《实语教》将勤学苦读作为最为重要的教导内容，大力赞美智慧、劝人学习。除了劝学内容以外，《实语教》也包含了大量儒家道德修养的内容。例如，训诫儿童要遵守孝道，"人而无孝者，不异于畜生"；教训儿童要"敬老如父母，爱幼如子弟"；告诉子弟要与人和睦共处、遵循仪礼，"我敬他人者，他人亦敬我。已敬他人亲，人亦敬己亲"等。《实语教》中交杂出现体现佛教和儒家的诗句，反映了日本中世社会"佛儒互融"的思想倾向和学术特点。

　　由于《实语教》作者的汉学水平有限，个别语句较为晦涩，但是整体而言仍具有较强的韵律感，易于儿童记诵，因此从镰仓时代起便广为流传。后世多将《实语教》与《童子教》合为一书用于儿童启蒙教育，成为平安时代以来在日本流布最广、影响最大的传统启蒙教材之一。

---

　　① 本篇原文为中文，为1814年（文化十一年）江户仙鹤堂之版本。

正文

　　山高故不贵,以有树为贵。人肥故不贵,以有智为贵。富是一生财,身灭即共灭。智是万代财,命终即随行。玉不磨无光,无光为石瓦。人不学无智,无智为愚人。仓内财有朽,身内财无朽。虽积千两金,不如一日学。兄弟常不合,慈悲为兄弟。财物永不存,才智为财物。四大日日衰,心神夜夜暗。幼时不勤学,老后虽悔恨,尚无有所益。故读书勿倦,学文勿怠时。除眠通夜诵,忍饥终日习。虽会师不学,徒如向市人。虽习读不复,只如计邻财。君子爱智者,小人爱福人。虽入富贵家,为无财人者,犹如霜下花。虽出贫贱门,为有智人者,宛如泥中莲。父母如天地,师君如日月。亲族譬如苇,夫妻犹如瓦。父母孝朝夕,师君仕昼夜,交友勿诤事。己兄尽礼敬,己弟致爱顾。人而无智者,不异于木石。人而无孝者,不异于畜生。不交三学友,何游七学林。不乘四等船,谁渡八苦海。八正道虽广,十恶人不往。无为都虽乐,放逸辈不游。敬老如父母,爱幼如子弟。我敬他人者,他人亦敬我。己敬人亲者,人亦敬己亲。欲达己身者,先令达他人。见他人之愁,即自共可患。闻他人之嘉,即自共可悦。见善者速行,见恶者忽避。好恶者招祸,譬如响应音。修善者蒙福,宛如随身影。虽富勿忘贫,或始富终贫。虽贵勿忘贱,或先贵后贱。夫难习易忘,音声之浮才。又易学难忘,书笔之博艺。但有食有法,又有身有命。犹不忘农业,必莫废学文。故末代学者,先可按此书。是学文之始,身终勿忘失。

《童子教》[1]

解题

　　《童子教》相传为安然和尚(生卒年不详)在镰仓时代中期所著。由于《童子教》是为"登山"进入寺院学习的"童子"所作,因此既包含了宣扬来世欣求的佛教信仰,也包括了与日常生活息息相关的各种行为规则和道德操守。具体而言,此文的内容主要分为以下五个部分:礼仪方法、慎言谨行、师徒关系、劝学向善、孝德感应。

　　《童子教》通篇佛教色彩浓重,使用了很多佛教用语。其中关于勤学、劝孝等内容,也大多用佛教的因果报应来进行强调,例如,"智者作罪者,大不堕地狱。愚者作罪者,小必堕地狱";"此等人者皆,父母致孝养。佛神垂怜悯,所望悉成就"等。通观全书,可以发现此文宗旨便是"上须求佛道,中可报四恩,下遍及六道,共可成佛道",希望儿童通过伦理道德的修行去成就"佛道",共同追寻幸福的往生。

　　《童子教》的个别语句较为晦涩难懂,抻韵处理也不尽如意,不过其内容丰富、节奏感强的特点仍旧使其成为后世流传甚广的启蒙读物。从中世到近世的数百年间,《童子教》一直被民间书肆大量印刷,与《实语教》一起成为最重要的传统道德教科书之一。

正文

　　夫贵人前居,显露不得立。遇道路跪过,有召事敬承。两手当

---

[1] 本篇原文为中文,为1814年(文化十一年)江户仙鹤堂之版本。

胸向，慎不顾左右。不问者不答，有仰者谨闻。三宝尽三礼，神明致再拜。人间成一礼，师君可顶戴。过墓时则慎，过社时则下。向堂塔之前，不可行不净。向圣教之上，不可致无礼。人伦有礼者，朝廷必在法。人而无礼者，众中又有过。交众不杂言，事毕者速避。触事不违朋，言语不得离。语多者品少，老狗如吠友。懈怠者食急，疲猿如贪果。勇者必有危，夏虫如入火。钝者亦无过，春鸟如游林。人耳者附壁，密而勿谗言。人眼者悬天，隐而勿犯用。车以三寸辖，游行千里路。人以三寸舌，破损五尺身。口是祸之门，舌是祸之根。使口如鼻者，终身敢无事。过言一出者，驷追不返舌。白圭珠可磨，恶言玉难磨。过福者无门，唯人在所招。天作灾可避，自作灾难逃。夫积善之家，必有余庆矣。亦好恶之处，必有余殃矣。人而有阴德，必有阳报矣。人而有阴行，必有照名矣。信力坚固门，灾祸云无起。念力强盛家，福佑月增光。心不同如面，譬如水随器。不挽他人弓，不骑他人马。前车之见覆，后车之为诫。前事之不忘，后事之为师。善立而名流，宠极而祸多。人者死留名，虎者死留皮。治国土贤王，勿侮鳏寡矣。君子不誉人，则民作怨矣。入境而问禁，入国而问国。入乡而随乡，入俗而随俗。入门先问讳，为敬主人也。君所无私讳，无二尊号也。愚者无远虑，必可有近忧。如用管窥天，似用针指地。神明罚愚人，非杀为令惩。师匠打弟子，非恶为令能。生而无贵者，习修成智德。贵者必不富，富者未必贵。虽富心多欲，是名为贫人。虽贫心欲足，是名为富人。师不训弟子，是名为破戒。师呵责弟子，是名为持戒。畜恶弟子者，师弟堕地狱。养善弟子者，师弟到佛果。不顺教弟子，早可返父母。不和者拟冤，成怨敌加害。顺恶人不避，继犬如回柱。驯善人不离，大船如浮海。随顺善友者，如麻中蓬直。亲近恶友者,如籔中荆曲。离祖付疏师,习戒定惠业。根性虽愚钝,好自致学位。一日学一字,三百六十字。一字当千金,一点助他生。一日师不疏,况数年师乎。师者三世契,祖者一世昵。弟子去七尺,师影不可踏。观音为师孝,宝冠戴弥陀。势至为亲孝,头戴父母骨,宝瓶纳白骨。朝早起洗手,摄意诵经卷。夕迟寝酒足,静性案义理。习读不入意,如醉寝阁语。读千卷不复,无财如临町。薄衣之冬夜,忍寒通夜诵。乏食之夏日,除饥终日习。醉酒心狂乱,过食倦学文。温身增睡眠,安身起懈怠。匡衡为夜学,凿壁招月光。孙敬为学文,闭户不通人。苏秦为学文,锥刺股不眠。俊敬为学文,绳悬颈不眠。车胤好夜学,聚萤为灯矣。宣士好夜学,积雪为灯矣。休穆入意文,不知冠之落。高凤入意文,不知麦之流。刘完乍织衣,诵口书不息。倪宽乍耕作,腰带文不舍。此等人者皆,昼夜好学文。文操满国家,遂致硕学位。纵磨塞振筒,口恒诵经论。亦削弓剡矢,腰常插文书。张仪诵新古,枯木结果矣。龟毛诵史记,古骨得膏矣。伯英九岁初,早至博士位。宋吏七十初,好学登师传。智者虽下劣,登高台之阁。愚者虽高位,堕奈利之底。智者作罪者,大不堕地狱。愚者作罪者,小必堕地狱。愚者常怀忧,譬如狱中囚。智者常欢乐,犹如光音天。父恩者高山,须弥山犹下。母德者深海,沧溟海还浅。白骨者父淫,赤肉者母淫。赤白二谛和,成五体身分。处胎内十月,身心恒苦劳。生胎外数年,蒙父母养育。昼者居父膝,蒙摩头多年。夜者卧母怀,费乳味数斛。朝交于山野,杀蹄养妻子。暮临于江海,渔鳞资身命。为资旦暮命,日夜造恶业。为嗜朝夕味,多劫堕地狱。戴恩不知恩,如树鸟枯枝。蒙德不思德,如野鹿损草。酉梦打其父,天雷裂其身。班妇骂其母,灵蛇吸其命。郭巨为养母,掘穴得金釜。姜诗去自妇,汲水得庭泉。孟宗哭竹中,深雪中拔笋。王祥叹叩冰,坚冻上踊鱼。舜子养盲父,涕泣开两眼。刑渠养老母,啮食成龄若。杨威念独母,虎前啼免害。颜乌墓负土,乌鸟来运埋。许牧自作墓,松柏植作墓。此等人者皆,父母致孝养。佛神垂怜悯,所望悉成就。生死命无常,早可欣涅槃。烦恼身不净,速可求菩提。厌者厌娑婆,会者定离苦。恐可恐六道,生者必灭悲。寿命如蜉蝣,朝生夕死矣。身体如芭蕉,随风易坏矣。绫罗锦绣者,全非冥途储。黄金珠玉者,只一世财宝。荣华荣耀者,更非佛道资。官位宠职者,唯现世名闻。致龟鹤之契,露命不消程。重鸳鸯之衾,身体不坏间。忉利摩尼殿,叹迁化无常。大梵高台阁,悲火血刀苦。须达之十德,无留于无常。阿育之七宝,无卖于寿命。月支还月威,被缚琰王使。龙帝投龙力,被打狱卒杖。人尤可行施,布施菩提粮。人最不惜财,财宝菩提障。若人贫穷身,可布施无财。见他布施时,可生随喜心。悲心施一人,功德如大海。为己施诸人,得报如芥子。聚沙为塔人,早研黄金肤。折花供佛辈,速结莲台政。一句信受力,超转轮王位。半偈闻法德,胜三千界宝。上须求佛道,中可报四恩,下遍及六道,共可成佛道。为诱引幼童,注因果道理,出内典外典。见者勿诽谤,闻者不生笑。

《女诫插图女实语教·女童子教》[1]

解题

《女诫插图女实语教·女童子教》讲述了女子在日常生活中应当遵守的礼仪规范等内容。如序言中所言,此文的编撰"仿实语教、童子教体例,聊借四书之趣,冠以女诫二字",表明其模仿日本中世以来广为流传的《实语教》、《童子教》的编撰体例和训诫内容,同时又引进了《女四书》等儒家女训的思想内容。

在此作品出版刊行后,又有大量以"女实语教"冠名的专为女童编撰的启蒙教材相继出版问世,内容体例也大致相似。因此学术界把这些作品统称为女实语教系列,它与女大学系列、女今川系列齐名,都是近世典型的女子道德启蒙教材。

序

近世多有令男子从师受教、习得治家修身之道者,而令女子受教者鲜矣。女子长成既出闺阁,从夫君而事舅姑[2],从父母时日甚短。有时若不教以妇道,适人后恐将忤逆夫君,任意而为,甚而令家人蒙羞,何其忧哉!如是明太宗皇后撰《内训》二十章,以正女道。汉之贤妇曹大家作《女论语》十二章[3],以明贞妇之法。又作

---

① 本篇序为日文,正文为中文,为1695年(元禄八年)京都钱屋庄兵卫之版本。
② 舅姑:古汉语中,往往用"舅姑"指称公婆。日本人也受此影响,在古文中多用该词称谓公婆。
③ 《女论语》的作者应为唐代宋若莘、宋若昭姐妹,此处为编撰者之误。

《女诫》七章，以诫其女。唐之朝散郎陈邈之妻郑氏撰《女孝经》十八章，教化诸女。然则此类汉文书籍皆非我邦女子所能研读也。不知何人将其译作大和之文，冠以女四书之名，诚可助有道之女习道修身。微贱小民劳作繁重，焉能有所感悟？既不忍一读，闻及正道者亦鲜有也。或偶有有志女子欲习之，终无所成。兹诚乃慨事矣。遂仿实语教、童子教，聊借四书之趣，冠以女诫二字，权充幼女习字把玩之物，盼能助其登临高远之境。

正文

女实语教

品胜故不贵，以心正为贵。容姝故不贵，以有才为贵。富乃一生财，身灭即共灭。智是万事宝，命终则随行。心不慎无义，无义如牲畜。学不勤无才，无才为草木。眉目形容弱，贞女名不朽。虽积千两金，莫如心直贵。同胞常不和，妯娌为姐妹。不事妆容色，唯以心志慎。姿容日日衰，心神年年老。幼时不习字，老大徒悔恨。故勤习毋倦，针绩莫惰怠。除眠学读书，忍饥习绩综。业不随姑学，无以守家计。虽随夫君意，营疏身难保。为姑须爱媳，妇须敬舅姑。嫁入富贵家，不可奢无度。虽为贫贱妻，更须勤洗濯。父母如天地，舅姑比日月。夫若为主君，妇则犹从者。朝夕孝父母，恭敬事舅姑。夫妇争勿嗔，曲理顺夫心。兄嫂尽礼敬，弟妯致爱顾。女而无爱敬，无异于木石。妇而无孝心，无异于鸟兽。不守三从德，何免五障恶。无报四恩心，谁保八苦身。女为地狱使，佛根无所续。面善若菩萨，心恶如夜叉。敬姑若亲娘，继子爱如子。妻敬夫君者，夫君亦惠妻。我敬夫亲者，夫亦敬我亲。欲扮己身者，先令饰夫君。见人妻之邪，则可正己身。见人夫之正，即可谏夫君。见善事速进,闻恶事自慎。热心人蒙福,譬如响应音。好妒者招祸,宛如随身影。虽富勿忘贫,虽贵勿辱贱。或始荣终衰,或先贵后贱。勤习则有益,绩综针缝业。强记者多助,读书丝竹道。但随品有法,且依身有度。犹勿废家业,幼时从尊亲。既嫁从夫君,年老从儿孙。此乃三从法,终生勿忘失。

女童子教

公卿武士前,恭敬不得立。遇贵人致礼,有召事谨承。双手当胸向,慎不顾左右。不问则不答,有宣则谨闻。三宝尽三礼,神明致再拜。过陵时恐慎,过社时深敬。谒宫寺之时,不可行不净。掌内外之书,不可太疏忽。招待客有礼,侍奉夫勿怠。妇人正礼者,舅姑必有义。妇而无仪礼,父母名受辱。交往无杂言,事毕则早归。遇事不悖友,怒骂不可取。语多者品少,谄媚如勾栏。懈怠者好酒,揽客如青楼。浮浪者必危,清白慎守节。愚钝难治家,速速勤劳作。词色不外宣,密而勿讥言。身当在住所,勤家业勿怠。男以三贤德,凡事愁恐无。女以三从德,五障罪孽深。言物低声语,声高莫掀唇。欣悦莫大笑,生气须制怒。一旦言有过,世人谤难悔。白圭襃留名,离圭贬有悔。福祸者无门,唯在人所招。天灾或可免,自作灾难逃。盖行善之家,必有余庆矣。亦作恶之处,必有余殃矣。人若积阴德,必有阳报矣。夫则主外事,妇则营内廷。信力坚固门,灾祸云无起。慈悲为怀家,福佑日月给。心不正如面,譬如水随器。不赞他男好,不谤他女恶。观姑婆之行,知儿媳教养。兄嫂为善者,堪当弟媳师。善心蒙祥福,恶念招祸端。善人死留誉,恶人死存谤。为贵人之妻,不可辱孀妇。好人不谬奖,恶人暗恨之。人家而问法,向夫问心性。事舅随舅心,奉姑顺姑意。访亲问子孙，是为爱敬故。三界女无家，以夫家为家。愚者无远虑，必可有近忧。如用管窥天，似以针刺地。神明惩恶人，非苦为令罚。师匠戒弟子，非恶为令直。生而无智者，用心勤习读。贵女心稳重，贱女多骄奢。富则心多贪，莫如贫贱人。贫而心乐足，犹胜富贵人。娶恶女为妻，家败不远矣。娶善女为妻，富贵即可得。女若不从夫，早可令归去。劝慰不柔女，生仇相骂怨。冥顽任意行，似野猫不从。恭慎心柔和，似饲鸟驯顺。随善而直者，如麻中蓬直。从恶而曲者，如薮中荆棘。依亲附舅姑，绩纺针缝习。生性虽愚钝，习则手自利。一日学一针，三百六十针。一针补绽露，一端可遮身。一种师不疏，况习数种乎。赵女守孝道，卖子葬姑婆。景伯母崔氏，教子习九经。朝早起梳洗，侍奉舅姑前。夕晚寝安身，祈愿心正直。家计不精算，犹醉失本心。背礼欠义理，可比万种畜。女醉酒难看，食过饱不安。心不慎易眠，身安逸好奢。恭公后伯姬，烧身守节义。郑督守仪礼，终登夫人位。闻氏女志孝，梦中治姑眼。张氏妻早孀，忍贫孝养姑。顾氏妻孝姑，忽避雷公难。此等孝义妇，昼夜心审慎。虽织锦绩苎，不忘忠孝志。亦缝衣纺丝，心中守节义。智者虽贫贱，交往皆贵人。愚者虽富足，卑微女不齿。父恩高如山，母德深似海。受恩又忘恩，如树鸟枯枝。蒙德不思德，如野鹿损草。某女孝双亲，捐匣施僧侣。贫女祭亲灵，献衣供佛祖。南筑紫之女，为尼孝养父。微妙父远逐，卖艺觅行迹。孝者神佛怜，所愿悉成全。生死命无常，早可寻菩提。烦恼身不净，速可求净土。厌可堪忍界，会定离苦多。恐可六道巷，生者比死悲。生命如蜉蝣，朝生夕死矣。身如牵牛花，日出即萎枯。绫罗锦绣装，皆非人世储。黄金白银者，只一世财宝。穷骄饰身者，更非佛道助。贵人多宠爱，唯现世之乐。庆松竹之契，露命消无际。重鸳鸯之衾,年轻美貌时。女诫七章者,戒女有七条。卑弱身谦退,心性须柔和。夫妇等天地,节义之不违。敬慎勿懈怠,恭顺心浓慎。妇行存心间,洁净守贞操。专心为一途,敬孝事舅姑。曲从曲己礼,万事随夫君。和叔妹之要,亲妯娌小姑。慎身而守义,慈悲心极深。施食予饥者,种下菩提粮。施财给贫者,财乃菩提障。生于贫贱家,施舍力不足;见人布施时,可生随喜心。悲心施一人,功德大如海。布施为一己,报少如芥子。上须尽孝养,中则侍夫君。下遍致爱敬,贞心皆慎守。为诱导幼童,作女童子教。见者勿诽谤,闻者勿生笑。掬水祭庙堂,早遂佛祖心。捧花供佛神,速登莲花台。一念十念力,超转轮王力。妙法华经闻,胜三千界宝。

《本朝三字经》[1]

解题

　　《本朝三字经》为江户时代编撰的历史类启蒙教材。因其模仿中国的传统启蒙教材《三字经》的体例,且讲述日本本国的历史事件,故名为《本朝三字经》。编撰者为江户后期儒学者大桥养彦,字君美,号若水。序言为儒者安积信(号艮斋)所撰,正文由当时的书法大家柳田贞亮(号正斋)书写。

　　《本朝三字经》于1852年(嘉永五年)冬天初次出版刊行,主要内容为日本的历代世系。从神武天皇开始,直至丰臣秀吉,将江户时代之前日本历代政治家和军事家的得失以及各代文化名人的功绩一一叙述。

　　此文全篇77行,154句,共462字,巧妙地运用了三字韵语的形式,将日本历史融入正文,前后自然连贯,语意顺畅,浅显明白,加之正文由著名书法家柳田正斋书写,故此文成为日本人创作的"三字经形式"启蒙作品的范例,并广为寺子屋使用,产生了较大影响。

序

　　古诗三百篇,固不待言。若易书戴记之类,多四字韵语。盖便于学者讽诵也。王伯厚三字经,更减一字,使童稚尤易记忆,而言近旨远,简而赅。其蒙养之功,极巨矣。故盛行于后世。但,其叙

---

[1] 本篇原文为中文,为1852年(嘉永五年)江户牡丹舍之版本。

千古沿革之变，在彼所当然。而于我黄口，则何异于隔靴搔痒，越人闻秦人之语哉。大桥君美，有见于斯，乃叙本邦历代治乱之迹，人物之贤否得失，作一编曰本朝三字经。其言亲切明了，如家人父子相睦语，颇有裨益于童蒙。而文辞亦可爱也。余闻君美曾入山阳赖翁之门，受其指画。故笔墨雅驯，无钩棘晦涩之言。呜呼，文章不可无渊源也。

艮斋 安积信撰

嘉永癸丑正月

正文

我日本，一称和。地膏腴，生嘉禾。人勇敢，长干戈。衣食足，货财多。昔神武，辟疆域。一天下，创建国。有国风，曰和歌。辞婉丽，可吟哦。若神功，犯矢锋。征三韩，为附庸。收贡物，讨不共。仁德仁，皇弟贤。互逊位，及三年。弟自杀，仁德传。帝矜民，察炊烟。历天文，百济来。立宪法，圣德裁。至文武，文学盛。设大学，教德行。始释奠，祭先圣。日本纪，三十卷。千余年，舍人选。仲麻吕，聘于唐。称晁衡，友李王。在异城，其名芳。孝谦时，诏万民。读孝经，孝道新。桓武朝，有对策。试人才，举巨擘。弘仁人，有非常。释空海，小野篁。菅名家，出菅公。公文学，冠日东。纪贯之，古今集。顺和名，所不及。书道风，及佐理。并行成，三迹美。清与紫，才女子。著源氏，作双纸。道长奢，不备德。藤氏盛，至此极。博学名，江匡房。义家学，察鹰翔。平重盛，可谓仁。事父孝，事君纯。忧君父，忘其身。平氏亡，失斯人。源赖朝，执朝政。皇纲解，将权盛。东鉴者，镰仓史。述事实，见臧否。北条氏，有泰时。克其欲，去其私。定式目，寓箴规。后醍醐，亲执政。虽南迁,皇统正。正成贤,善用兵。尽精忠,如孔明。子正行,寻北征。父子志,虽不成。同天地,存美名。尊氏兴,以诈力。及其乱,骨肉食。六十州,终分裂。相抗衡,战不缀。至信长,殆少康。满招损,罹篡弑。秀吉智,虽无比。厚税敛,耽奢侈。好战伐,役多士。其家亡,无孙子。积善家,有余庆。积不善,有余殃。忧劳兴,逸豫亡。慎厥终,无不康。胜衰理,人事彰。读之者,冀勿忘。

《皇朝千字文》[①]

解题

　　《皇朝千字文》为明治初年编撰的历史类启蒙教材。因其模仿中国的传统启蒙教材《千字文》的体例，且讲述日本本国的历史事件，故名为《皇朝千字文》。编撰者为河村贞山，成书时间为1873年（明治六年），由京都书肆竹苞楼和玉渊堂共同出版发行。

　　从编撰者之弟河村政明所撰序言可知，《皇朝千字文》"就天保以降，成败之迹，而推究之自前日弊习之所由，来以至今日文化之设施"，其主要内容为江户时代末期的政治状况、明治维新始末、明治新政的主要措施以及文明开化的时代面貌。

　　《皇朝千字文》是日本人模仿中国《千字文》体例编撰而成的传统启蒙教材，具有一定的代表性。由于要尽量考虑合辙押韵、形式整齐，会使用一些日常生活中较少使用的汉字，文中难免有一些高度概括的语句，因此有不少晦涩难懂的地方。不过此文采用工整的楷书体书写，且在正文上方加上平白浅显的口语注解，因此在一定程度上降低了教材难度，比较符合儿童在启蒙阶段的认知能力。

序

　　世之人也，或才学并蓄而施效于一世。或顽陋自是而苟且于一时。斯二者，皆其禀赋有精粗之不同而然也。抑彼其沿袭之久，

[①] 本篇原文为中文，为1873年（明治六年）京都竹苞楼和玉渊堂共同出版之版本。

陵夷成风，人人自画而不勉焉。其中，偶有期于名者，亦唯好文而益，偷饰诈而相高而已。是流弊之所使然，可不叹乎。今家兄此篇，就天保以降，成败之迹，而推究之自前日弊习之所由，来以至今日文化之设施。约为千文，且为之解，以便于俚俗。夫闾巷童髫获之，夙夜诵课，成其才学之实，以能答圣代化育，则庶几禄在其中矣。此所以为此书之微志也。家兄命余以校订。余不敢辞。吏务之余，遂书数言，以应其命云。

河村政明拜识

正文

日本纪元，辛酉作源。奕圣继统，剑玺爱尊。鸟羽驭宇，纲维渐蔫。藤姓雌俛，征夷雄翩。帝拥虚器，霸握刚乾。名分纷紊，大义黯然。天保以来，世事迍邅。武威削弱，麾下骄专。盐竖扰坂，凶荒垂遣。饿殍厌糜，盗贼嘈煽。米舰入港，露英求缘。媾好遂整，互市开辟。梵钟铸熉，筑堡海边。诸州地震，禁里扬硝。昭德纂绪，温恭谢病。黄门潜砾，直弼执柄。御制誓神，皇妹纳娉。流星匹雨，白气曳芒。竞论朝臣，沮诏柳营。常国枉罪，与谋所并。诬贤夺位，忌聪放侦。冲雪殪仇，刳肚存诚。中兴谁力，惟萨土长。宗社依赖，黔首系望。壮也烈士，勉哉草莽。说辨缙绅，鼓舞忠党。嶋氏叩关，原督齐谕。鸣鞭莅户，并辔吾嬬。骈颈石部，锄凶樵衢。姦回丑类，所在戮屠。仪范贬窦，妃嫔幽锢。群侯代番，若松守护。家茂扈跸，行幸嶋凫。卤簿巨美，纵观如荼。远尔解体，正邪势异。山阳毁舶，紫溟邰帅。主水据但，侍从徇和。功业不就，胆略耐夸。剽勇习尚，过激性癖。汤沸糜烂，厥实可惜。荆棘埋踪，豺虎伺隙。谏疏弗庸，祸起肘腋。狡童弄火，京淮焦赤。进发累旬，筹策失厝。

丧礼频沿,众情愁喷。肺腑内叛,豪俊外迫。隆替倏忽,盛衰旦夕。
庆喜执政,五藩相辟。王道恢复,万机晨画。参议当轴,摄篡观斥。
彼昏匪徒,敢效悖逆。蠢动几甸,谨呹郊驿。澱洑决战,八幡倒戈。
炮声雷轰,灰尘涨陌。期捷顷刻,算谟帏帘。貔貅飙迅,寇虏骇嚇。
焚城走南,投书退守。募卒四散,基础墟瘠。抚使容降,戎轩输俘。
报效懼后,归顺接趾。旅馆送擒,上野覆窟。摧坚北陲,靖乱东渤。
锦旗凯旋,节麾拜阙。渠魁耆慹,胁服争谒。艰险趣役,锋镝劂骨。
犒赏勋劳,飨奠阵殁。环瀛宁谧,宇宙乂安。条约重寻,交际既完。
苟且严停,言路排拦。献表充栋,函诉堆案。漓俗洗涤,旧染振刊。
务省浮饰,偏敛实为。百撰布令,庶僚比治。触烦除苛,宪章易持。
择能考绩,量材赋职。官阶更称,秩禄换则。廷尉赠号,镰仓崇祀。
赐谥丰荣,迎灵赞岐。捧币庙祧,颁祚公卿。养老典修,招魂祭成。
各式简质,衣裳俭素。揭示劝善,褒给洎孥。鳏寡赈恤,无告惠庇。
改辅尸祝,沙汰僧医。擢才寒酸,奖学髫稚。付籍逋逃,授产贫卒。
凿河利用,撤关便人。架桥六乡,造金浪津。横滨奥脚,兵库埠头。
财品蔓延,闾阎填啁。帆樯鳞簇,旅客糜臻。买售廉赢,贸迁闹先。
柯太牧渔,毛虾耕耘。寺院碁峙,房庐栅陈。版图奉还,辇谷附丽。
延废封建,竟定郡制。三府鼎立,县七十二。一视同仁,规模卓尔。
记录编辑,新律奏使。廉耻悛风,刑几措置。延辽缔拘,离宫肃森。
龙鹢巡守,凤驾亲临。镇台联络,军须富锐。训练阅试,备用惩计。
文明骎越,开化革弊。工匠施巧,顽陋殇励。电线疢矢,铁隧平砥。
轻逑飘腾,气舰奔追。庠序乃设,工场兹始。妇谈经史,儿诵洋辞。
博物穷理,扩廓禀资。舍密方技,秘蕴糜遗。招徕术艺,聘待教师。
农助开拓,商结货殖。负笈伦敦,摊铺巴勒。兄弟殊邦,比邻绝域。
邮信转丸,报纸瞬息。奇兽驯囿,珍禽栖枝。彩屋从瓦,标饰粲曦。

晶灯炳煌,马车驰骋。年谷连登,燥润协时。果麻被阜,稻粱蔽畴。击壤载巷,醉饱欢讴。休征屡应,祥瑞荐忱。奎运悠久,宝祚亿稔。

《明衡往来》[①]

解题

  《明衡往来》是日本最早的启蒙教材，成书于平安时代末期，编撰者为贵族学者藤原明衡(989年—1066年)。藤原明衡历任文章博士、大学头、东宫学士，位至从四位下，是当时学识渊博的汉学家。

  《明衡往来》集中了当时贵族之间的书信共209封，大多数都是"往书(去信)"、"来书(回信)"两封信为一个完整的书信单元(后世学者称之为"条")。这些书信大多涉及宴会、郊游、歌会等内容，也包括一些商讨政务以及日常生活的内容，表现了平安贵族优雅的生活、繁忙的政务以及各种应酬。

  《明衡往来》使用当时贵族之间流行的名为"和汉混淆文"的书写方式，汉语文言文词汇与日语假名词汇交杂使用，利于儿童在掌握假名之后进一步学习汉字读写。更重要的是，《明衡往来》除了有一般性的书信用语以外，还包括邀请函、商借函、祝贺信等各种应用文体。正因为其具有较高的实用性，符合贵族子弟的学习需求，作为日本传统启蒙教材的开山之作，在后世广为流传。

正文
第一条　新年邀请出游
去　信

右马头阁下：

  [①]　本篇原文为"和汉混淆文"之文体，即日语假名词汇与汉语文言文词汇混杂使用，译自1826年(文政九年)大阪北村曹七之版本。本书仅选译其中数条，并将书信落款体例改为中文格式，以供读者一窥其貌。由于原文的回信并无抬头及回信日期，故本书译文的回信部分也没有具体标明抬头及日期。

新年之后，富贵万福，幸甚幸甚。阳春已至，是为享乐之时也。以诗酒之会，尽游览之兴。欲附骥尾①。若阁下允容，可望面拜。谨上。

左少辨藤原
正月八日

　　回　信

新年之后，须先拜会阁下。而连日因羁琐务，久不晤见，深以为歉。故拜读华翰，既感喜悦，又觉惊恐。然听莺赏花之兴，策马驱车之态，已得其时。欲随高驾，如蝇附骥尾。今明之间即行拜晤，以遂心怀。谨上再拜。

右马头藤原

第二条　请求对方推荐参加皇宫蹴鞠会

　　去　信

少纳言阁下：

　　因羁琐务，了无寸暇，久未拜晤，郁愤之肠，一日九廻②。昨日面会新少将，彼曰：明后日宫中诸人已寻花林之下，以尽蹴鞠之兴，若有邀请，可相随也，不知汝可知此事？吾答曰：并无人告知此事，宫中恐尚在商议之中。在下虽无蹴鞠之能，何不行劝酒之役哉。敬祈推举之辞。以上请托，恳盼慨允。恐恐谨上。

侍从右兵卫佐源
二月二十九日

---

①　骥尾：中国有俗语"蝇附骥尾而致千里"，出自《史记·伯夷列传》："伯夷叔齐虽贤，得夫子而名益彰。颜渊虽笃学，附骥尾而行益显。"多指普通人因沾了贤人的光而名声大振。但此处写信者借此表达希望策马出行的愿望。

②　郁愤之肠，一时九廻：语出汉司马迁之《报任少卿书》："是以肠一日而九廻"，比喻忧思郁结难解。

回　信

　　前两三日,私事缠身,偷以蛰居。世间之事,如蒙瓮对壁,不闻不见。顷得手示,欣悉康泰,至为欣悦。游兴之事,至今尚无邀请。鸾凤之群,偏嫌鸟雀,其理同然。然游乐之事何必择地位之高下乎。不具谨上。

少纳言源

第三条　进献野雉两只

去　信

勘解由次官阁下:

　　进献野雉二翼,系前日某人所持而来也。山梁之味,何以如之。如此之物,正是盛产之时。小生虽有进献之心,恐臂鹰狩猎之辈,早已进贡于阁下欤。恐类辽东之豕①。不揣冒昧,姑且献上,幸勿见笑。谨上。

丹波守中原
二月三十日

回　信

　　蒙惠手书并赐野雉二翼,至感厚爱。寒窗之人虽知聚萤之业,文苑之所却未遇获雉之欢。今之嘉赠,尤可珍贵。时属阳春,一两才子,会合炉边,相契闲谈。野雉之味,可飨嘉宾。又一枝樱花,今已盛开,是则朽木遇春之时。明衡顿首谨上。

勘解由次官藤原明衡

---

　　① 辽东之豕:相传古代有一猎人捕获一只头部全白的野猪,将其作为稀罕之物进献给辽东王,未曾料辽东之地野猪头部均为白色,故抱罪而归。此处举其例来表达自己向对方进献野雉的担心之情。

附　录

第四条　乞求参加诗文之会
去　信
文章博士阁下：

　　听闻未来三日，似有文会。未知何处。东山之别墅，花水共得之地也。何必再寻他所乎！下官虽非七步之才，然学六义之词，欲聊忝末座。乞求阁下莫嫌小生瓦砾之文。委细之辞，容捧简面拜。顿首敬禀。

右卫门权佐藤原
三月一日

回　信

　　昨日参拜大内，头辨[①]曰：易失者时也，难得者友也，三日后为上巳节，乃会晤知己之佳时云云。事出猝然，虽未及广闻，然知阁下已在此列。阁下虽掌虎旅之阵，实凤文之才，所谓席上之珍也，何陈卑下之词乎？明日于禁内，可知详情。谨上。

文章博士

第十四条　七夕文会之邀请函
去　信
木工头阁下：

　　初秋七夕，牛郎织女相会之时也。茅户之中，可招一两好学之辈。藤翰林、江式部等，先日有约。李部少卿、大内史菅茂才之处已送书状，青鸟未归，吾心寥寥。若阁下身无殊事，可枉花辕？南

[①] 头辨：在日本古代官制中，兼任"辨官"（管理国家最高机关"太政官"的官员，相当于中国古代的"尚书"一职）的"藏人头"（殿上最高执行官，负责殿上机密文书、诉讼等处理工作）被称为"头辨"。

轩之泉,北窗之风,均待贵宾莅临。盼即赐复。

左近卫权少将
七月一日

回　信

今日适牛郎织女二星相会之期。初秋已至,且可赏玩,亦可游兴。琅函所言邀约之人,均诗歌之栋梁、管弦之高手也。难进其筵者,唯下官一人。辱蒙相邀,另有飞泉凉风相待,下官不胜感激,定将前往参会。不具谨上。

木工头源
七月七日

第十七条　中秋赏月宴会之邀请函

去　信

源兵卫佐阁下:

明月之得名,在八月十五夜。虽得其名,得晴又稀。今夜银汉卷翳,金波铺影。可谓千载一遇,难得易失之时。褰裳登楼,欲追前踪。诗客四五人,伶人两三辈,不期而来会。是皆当世之好士,只待尊下之玉临。预空座右,实恩庆之甚也。聊备下若酒、上林菓①,乞莫嫌下劣。谨上。

兵库头
八月十五日

回　信

今夜云叶收尽,月华清朗。古来论月,以八月十五夜为最。今

---

①　下若酒:"下若"为酒窖名,下若酒即为下若酒窖所产美酒。上林菓:"上林"为当时糕点铺之名,上林菓即为上林糕点铺所产点心。

夜之皎洁,诚乎此言矣。而今,欲登楼而无楼,欲棹船而无船。独立闲庭,咏隐居之诗耳。此间,忽蒙恩唤,抃跃之甚,以何比哉。但空座右之命,是嘲吾之诗词欤。身非相如之尊,何关上宾之礼。为恐为恐。吾之牛车今在他所,即刻遣取,奔赴贵府。余容后叙。谨上。

兵卫佐源
即时

第四十条　借用《贞观政要》并邀约郊游

去　信

右中辨阁下:

近来春日迟迟,以文为友。《贞观政要》可否暂借?详阅之后,即刻返还。又,嵯峨别墅,景趣幽奇。早遣华驾,可往观赏。甲宅之果品,丙穴之鲜鱼,所备良多。无碍阁下公务,何不偷闲共游?不具谨上。

民部少辅
二月十日

回　信

魏征为镜,人臣可慕。太宗之时,不耻古昔。当今之化,过太宗之代,尤可讴歌。又嵯峨野亭,其地胜绝,远胜城外山庄。三月之末,为寻残花,并肩共游。一两同好之士,可为同行之趣也。谨上。

右中辨藤原

第四十五条　拜托对方给予经过领地之人以照顾

去　信

美浓守阁下：

　　正切驰思，顷奉华翰，数日积思，一时解散。有藤井今武，为访近亲，途经贵境。经廻之间，可赐一顾？乞垂照鉴。谨上。

侍从源

二月初日

回　信

　　暌违日久，拳念殊殷。适逢玉缄，如见故人，喜中之喜。贵函所言之藤井今武，寻桑梓之地，已至陋境。辱蒙拜托，实难违命。故访旅宿，又赠一马，尤足骑用。又奉上水旱草料、衣物葛布。返京之日，可资粮草。正月庆贺之礼，拜托此人呈于阁下。谨上。

美浓守

《今川状》[1]

解题

　　此文又称为《今川了俊制词》。编撰者今川贞世(1325年—1420年),侍奉室町幕府足利义诠、义满、义持三代将军,文武两道均有建树,出家后号了俊。此文作于1412年,乃为教训其弟(后成为其嗣子)今川仲秋所作。时间当在了俊隐居后,仲秋任远江(今静冈县境内)守护在任时。

　　今川贞世之父今川范国在南北朝内乱中跟随足利尊氏、足利直义转战各地,后为远江守护、骏河守护(远江、骏河皆在今静冈县境内)。今川范国奠定了今川氏的统治基础,亦是著名的歌人、武家礼法家。贞世子承父传,自幼随名人习和歌、连歌,1367年为室町幕府引付头人(幕府裁判机构的长官),兼侍所头人(御家人统制机构的长官)、山城(今京都境内)守护。同年将军义诠去世,贞世剃发出家,号了俊。1371年,了俊被任命为九州探题。在当时的九州,室町幕府派遣的九州探题与南朝方面派出的征西将军呈现出激烈的对抗关系。今川了俊受命时,南朝势力在九州威势正盛,以至于他的前任竟不能涉足九州。了俊西下途中致力于招抚中国地区(日本本州岛的西部地区,广岛市为现在该地区最大的城市)有实力的守护大名,增强军事实力,将九州各地武士组织化,攻城夺地,将整个九州收归幕府统治之下。自此以后,经营九州25年,使幕府在九州的统治稳固下来。1395年,幕府局势变化,了俊

---

[1] 本篇原文为日文,译自1825年(文政八年)名古屋永乐屋之版本。译文参考自李卓主编:《日本家训研究》,天津人民出版社2006年版,第412—414页。

被解除探题职务,召还京都。1399年应永之乱时,因被疑参与叛乱而被足利义满流放,翌年被剥夺所有领地,就此隐居。此后即专心于和歌、连歌的创作和指导。

此文内容简洁,进入江户时代后作为庶民的道德教科书广泛流传。并有模仿其体例的《今川手习状》、《手习教训壁书》、《女今川》、《百姓今川准状》、《庄屋今川》等作品问世,在民众教育上有极大影响。

正文

一、不知文道,武道终不能得胜。

二、戒好玩鹈鹕猎鹰,以无益杀生为乐。

三、戒处置微小过失,不能明察,致人死罪。

四、戒处置大科罪犯,有所庇护,致获减免。

五、戒横征暴敛,毁坏神社,穷奢极侈。

六、戒轻公务,重私用,不惮天道。

七、戒坏先祖山庄寺塔,装饰私宅。

八、戒不辨臣下忠奸,不正赏罚。

九、戒忘却君父重恩,有违忠孝。

十、我知臣下之侍奉,主君亦知我。

十一、戒蛊惑兴乱,以人愁为己乐。

十二、戒不量身份,或逾分或不足。

十三、戒悖情理,生贪欲,意募权望。

十四、戒恶贤臣,爱佞人,致不太平。

十五、非道而昌不可羡,正路而衰不可轻。

十六、戒耽于酒筵游兴赌赛,忘家职。

十七、戒自恃聪明,嘲弄他人。

十八、戒有客来时伪称病，不肯接见。

十九、戒独享安乐，不肯施人，令其隐居。

二十、戒武具衣裳，已逾应有之分，而令臣下不足。

二十一、戒不辨贵贱因果道理，耽于现世之乐。

二十二、出家沙门，尤须尽礼尊崇。

二十三、戒于分国立诸关，烦扰往来行旅。

　　以上诸条，日夜在心。弓马合战，本乃武家之常，当着意修行。然治国安邦，无学问则政道不立。四书五经、军书兵法，俱有明载。然而，还需自幼相伴正直之人，不可片时随顺恶友。水随方圆之器，人凭善恶之友，信哉！所以治国之守护爱贤才，贪婪之国司好佞人。欲知君心，观其所爱之辈便可。为上者当知耻留意。亲近胜于己之友，远离劣于己之友，是为贤明。但择友亦不可过察。总之勿交恶友。不论一国一郡者，还是其他人，若无众人护持仰慕，诸道皆难成就。侍者，第一要以合战为念，否则不足为人敬爱，此节古来名将皆有训诫。判断我心善恶之法，若贵贱群集而来，则可知我行为得当；反之，若招之不来，门庭冷落，可知我行为欠妥。然同为门庭若市，其间亦有分别。譬如君无道而民恐，又如臣无道而横暴，阴谋者弄权谋扰民，亦有民为脱苦境而聚于权门者。故为君者，当详加鉴别，依古人金言，纠臣下滥行，公正裁决。为主君者，要人尽其用，临国当如日月普照草木，不论近侍远臣，即使隔海隔山之被官①，也要昼夜以慈悲心恩庇纠罚，深思熟虑，量才为用。既为诸侍之首，若无智慧才学，处事失当，必受上下非难。行住坐卧，当如佛祖说法普度众生，殚精竭虑，以励文武两道。治国安邦，

----

① 被官：中世从属于上级武士的家臣化下级武士。中世末期，作为在地领主、土豪的家臣，分得部分屋宅田地，自己经营耕作，同时为主家军事、家政、农耕出力。

仁义礼智信，缺一则危。凭正道行罪科无人怨恨，如无道而处人死罪则其招恨殊深，且难逃因果之数。明辨忠奸，以行赏罚，是为首要。有人为一己私用而驱使劳力，不精弓马，不养兵卒，此辈赏其领地也无裨益。诸家臣所领，虽大体依祖上传承，然依当代家主行为有所增减，亦无不可。既生武家，当专武事。疏忽所领，不养兵卒，天下笑而不以为耻，实是可惜。乃壁书如是。

应永十九年二月　　沙弥　了俊

《女童专用女今川》[1]

解题

《女童专用女今川》为江户时代编撰的女子用启蒙教材。因其模仿南北朝时代武将今川了俊为训诫其弟今川仲秋所作的《今川状》的体例，故名《女童专用女今川》。此文编撰者不详，于1771年初次出版刊行。1778年，由大阪书商丹波屋传兵卫和柏原屋左兵卫再版，1826年，京都书商菱屋弥兵卫又一次付梓发行。

此文以女童为训诫对象，全文分为两大部分。前半部分列举了女性在日常生活中应当戒除的23条"恶习"，后半部分论述了妇道纲要。内容既有关于孝敬父母、公婆，顺从丈夫，严守男女之别，谨口慎言等道德方面的训诫，也有如参拜神社、寺院，使用下人等日常生活方面的心得体会。其中对妇道的阐述通篇贯穿了男尊女卑、贱视女性的儒家伦理观和女性观。

江户时代以"女今川"命名的女训，以《女童专用女今川》为代表，统称为女今川系列。女今川系列女训与女大学系列、女实语教系列女训齐名，都是日本近世中后期普及很广且最具影响力的女子用启蒙教材。

正文

一、常无谨慎心则不明女道。

二、戒女子往神社寺院，做无益之参拜。

---

[1] 本篇原文为日文，译自1826年（文政九年）京都菱屋弥兵卫之版本。

三、戒小事不明,不加思虑肆意诽谤。

四、戒大事不辨,直抒己意,告知与人。

五、戒忘记父母深恩,疏于忠孝之行。

六、戒轻视夫君,纵情骄奢,有违天道。

七、戒背弃正道,艳羡荣华之物。

八、戒肆意直言,轻蔑衰敝之物。

九、戒长于玩乐,耽于游艺嬉戏。

十、戒浅见短识,心怀嫉妒,不以人之嘲讽为耻。

十一、戒自作聪明,万事讥谤。

十二、戒中伤离间,以人之愁苦为乐。

十三、戒自身衣饰光鲜亮洁,而下人污秽不堪。

十四、戒不辨贵贱,不晓世事无常,任性随意。

十五、戒观人之谬误,以为己之智存。

十六、戒敬僧人沙弥而与之狎近。

十七、戒不能自知,或骄逸横生或妄自菲薄。

十八、戒不分下人善恶,遣使不当。

十九、戒慢待舅姑,招人谤嘲。

二十、戒疏离继子,不以人之讥鄙为耻。

二十一、戒狎近族亲男子。

二十二、戒嫌恶胜我者,而好顺己者。

二十三、戒宾客来访,怒而待之,不明礼数。

　　女子之道,静淑、柔顺、谨慎。以上各条所言犹须时常自省。持家之法慈悲为怀,谨记于心。夫天为阳,刚也;地为阴,柔也。阴从阳者,天地自然之道也。故而以天地喻夫妇之道,则夫为天,敬慎事之。地感天之恩泽而生万物,故敬事夫君乃女子孝行之道也。

仁、义、礼、智、信此五常皆道，然犹须守仁之道也。故自幼时便亲交善友，不近猥琐。水从器之方圆而动，人随友之善恶而变，诚斯如哉！世人云：守家之女常喜正道，败家之女犹好邪行。常思瘅恶而彰善，此治身之志也。女欲守家，先正礼仪、举止。和家人而亲同族者，礼仪正也。礼仪邪曲而责下人不正，谬矣。人生而受五常之礼，或为善者，或成恶人，皆缘于幼时之教。男子皆从师而学，习修身之道。然女子受教者鲜矣。女子长成即出闺阁，从夫君而事舅姑，在室时日甚短。若不教以妇道，一朝见弃于夫君，令一门蒙辱，何其忧也！况朝夕谨慎持家，应答简明者，即令家贫，亦不为人讥嘲。狂妄、俗鄙、愚笨者，虽富足，亦心志疏弊，羞辱加身。概言之，欲知其人之善恶，可观其近友。近胜我之友而远劣我之友者，贞女之志也。然则言虽如斯，不应择人，唯应不近恶友。无论贵贱，厌离众人则万般难调。欲知我心善恶之准格，则以众人常相往来为善。屡招而不至，了无音信，可知我行不正也。唯尘世中清浊皆为心渊之流水。遣使众多下人，若日月之辉普照草木，常怀慈悲心，因其异同而遣用。稍有疏略，即招世人讥嘲，诚为憾事也。切切谨慎、留意。所诫如斯。

明和八年三月

《子供早学问》[1]

解题

  《子供早学问》编撰者为江户时代著名的滑稽本[2]作家十返舍一九(1765年—1831年)。成文时间为1816年(文化十三年)初春。

  从序文中可知,此文的目的是为了"能够成为诱导儿童走向正道的桥梁",故正文用通俗易懂的短小句子概括了江户时代庶民子弟应该掌握的各项关于伦理、礼仪等方面的44条教训。具体可以分为两大类:一类是劝诱、鼓励儿童努力习得的道德修养,如忠、孝、诚、读书、信心、读经、俭约、忍耐等;另一类是告诫儿童要根除的"恶根",如不忠不孝、骄傲自满、奢侈、吝啬、忌妒、性情急躁、打架争执、赌博等。除此之外,另有一条("顾客犹如商人的父母")是讲述商人道德,告诫町人子弟从小就要牢记对待顾客应该像侍奉父母一般诚心诚意。

  《子供早学问》文字简短,条目之间多用对仗的形式,适于儿童背诵、朗读,且内容简单易懂,包含了与庶民生活紧密相关的各种道德修养以及生活心得。仅1816年至1850年三十余年间,《子供早学问》就重版了将近十余次,是广为世人传诵的道德启蒙读物。

序

  人生是一个小天地。如万物化生,有善根也有恶根。因此,能

---

[1] 本篇原文为日文,译自1816年(文化十三年)仙台养轩堂之版本。
[2] 滑稽本:日本江户时代后期的一种以会话为中心的小说。

否除恶根导其善根，就看教育是否正确。我希望本文能够成为诱导儿童走向正道的桥梁，故怀揣本文前来书肆，并加上这些简单的话语。本文文笔通俗，采用童蒙子弟朗朗上口的短小句子，句句均容易品味诵读，如能成为人们口头把玩游戏的东西，便可自然将人导向圣贤之道，故暂先取《子供早学问》作为本文的标题。

十返舍一九
文化丙子　初春

正文

一、忠义是后世显达的标准。

二、孝敬双亲乃为子孙造福。

三、怜惜臣民的君主犹如日月。

四、贪婪掠夺臣民犹如采摘嫩草。

五、不忠不孝者犹如人面野兽。

六、诚意能聚集世上之宝物。

七、读书是步入正道的向导。

八、骄傲自满使智者陷入僵局。

九、名声犹如关入笼中的猛虎。

十、充满信心是诚意的体现。

十一、早晚诵经是追求往生的礼仪。

十二、祈祷他世幸福能保家族长久。

十三、家业兴旺是家庭繁盛的基础。

十四、不义之财如花朵般快速凋零。

十五、取之有道的财富是阴德之回报。

十六、阴德在快乐的隐居中也可修得。

十七、知足便是福神。

十八、奢侈带来累赘。

十九、顾客犹如商人父母。

二十、吝啬鬼是财富奴隶。

二十一、俭约可以造福往生。

二十二、习字乃为医治蒙昧。

二十三、忍耐是事业成就的根本。

二十四、不忍是因心灵未加清理。

二十五、凡事想开是心灵的养生之法。

二十六、忍耐是保持生命长久的根本。

二十七、性情急躁是自取灭亡之刃。

二十八、平心静气忍耐可抵抗拳头。

二十九、忌妒他人是自身的仇敌。

三十、打架争执是后悔的缘由。

三十一、家庭内争吵播种下贫穷之种。

三十二、家内和顺是对福神的祭礼。

三十三、后悔乃因不知从前。

三十四、赌博如同吞食毒药。

三十五、小人常笑里藏刀、绵里藏针。

三十六、忌妒他人如道路上铺上荆棘。

三十七、掠夺他人是罪恶之起源。

三十八、诽谤他人是因自己很坏。

三十九、求实是正直的招牌。

四十、少食是长寿的标志。

四十一、暴食是生命的忧患。

四十二、纵酒游艺将赴人生终点。

四十三、恶人是宝刀的实验品。

四十四、善人是五常的反光镜。

古歌有云：

　　　　极乐在西也在东，找寻来路均在身。

　　　　如问往生似遥远，不知今日为其日。

《东海道往来》[①]

解题

  东海道是江户时代以幕府所在地江户为起点的"五街道"[②]之一。东海道起点为江户日本桥，经过武藏国（现在的神奈川县）、相模国（神奈川县）、伊豆国（神奈川县、静冈县）、骏河国（静冈县）、远江国（静冈县）、参河国（爱知县）、尾张国（爱知县）、伊势国（三重县）、近江国（滋贺县），最后到达京都，全程共53个驿站，全长约495公里，是当时幕府最为重视、人员贸易往来最为频繁的道路。

  由于江户时代中期社会稳定，城市不断发展，经济交流日益频繁，街道得到修葺，道路也得到修复和拓宽。武士、普通大众特别是商人不断来往于各城市之间，所以学习地理知识很有必要。《东海道往来》刊行于江户时代中叶，编撰者不详，估计是常行走于江户和京都之间的商人。它将江户到京都的东海道途中的53个驿站，用和歌的形式罗列出来。《东海道往来》成为当时城市里的寺子屋使用十分普遍的读写教材，它普及了地理知识，满足了民众对各地风情、地理常识的学习渴望。并且，此作品成为地理类启蒙教材的编撰典范，后来的《中山道往来》、《吾妻路》在编撰手法上均对其有所模仿。

  [①] 本篇原文为日文，译自1809年（文化六年）江户书肆星运堂之版本。由于原文中各驿站的地名十分自然地融合入和歌诗句，因此本篇的翻译也参照此方式。为方便读者阅读，笔者在译文中用下划线标出驿站名称。

  [②] 五街道：指江户与其他城市连接的五条道路，具体为东海道、中山道、甲州街道、日光街道和奥州街道。

正文

都路之上啊,正有五十又三宿。
时光流逝中,江户花朵已盛开。
风平浪又静,顷刻之间渡品川。
来到川崎城,房檐密密连成排。
越过神奈川,很快就会到程谷。
此时日已暮,打算投宿于户塚。
此后过藤泽,紫藤花开香满城。
下一站平塚,田野河滩紧相连。
行走至大矶,感叹自然风光美。
平坦小田原,青蛙鸣叫声连绵。
越过了箱根,满眼尽是伊豆海。
三岛街市里,神垣巍峨今仍在。
晚上宿哪里?沼津茭白草最好。
脚步匆匆赶,拂去原之野草露。
富士高又高,吉原便在山脚下。
之后到蒲原,坐在一起讲童谣。
行路累又累,由井驿站歇歇脚。
此后至与津,烤盐清香纯又白。
晚上住江尻,黎明薄雾好行路。
今日快快走,骏河国府逛一遭。
日暮到鞠子,冈部常春藤大道。
藤枝千岁松,来到岛田大井川。
越过大井川,顷刻便来到金谷。
阳光投日坂,热闹挂川在眼前。

袋井刮大风，助我登见附八幡。
滨松年头久，阵雨连连至舞坂。
荒井石滩多，远处近处均相连。
挥一挥衣袖，波涛汹涌白须贺。
有名而无实，二川实际只一河。
吉田之河浦，微风轻送心情佳。
最令人怀念，还是御油街市里。
赤坂摘野花，藤川野田逐渐多。
夜宿冈崎驿，此后便是池鲤鲋。
疲累梦未醒，突闻鸣海波涛声。
即至热田宫，众人齐渡桑名海。
道路仍未尽，牧童遥指四日市。
行至石药师，脚痛发誓不再来。
庄野在眼前，今夜住宿便于此。
龟山年纪大，此关却无挽留者。
破屋并列排，原来已经到坂下。
端坐于土山，水口露珠多又多。
河水清又清，石部驿站在眼前。
野外有草津，独自拨开草丛行。
人已至大津，京城鲜花九重锦。
喜悦难自禁，祝主君万寿无疆。

《万物名数往来》[1]

解题

《万物名数往来》刊于1795年（宽政七年），编撰者不明。初版由江户书肆鸢屋发行。此文开篇便告诫儿童自小便要牢记世之万物的名称，然后从一至十，依次列举了当时世人必须知晓的万物名称。

此文虽然篇幅不大，但是内容极为丰富。举凡天文地理、计量单位、阴阳五行、风土地理、文事学术、群经艺文、身体部位、释道鬼神、道德伦理、神道名物等都囊括其中。可以说是日本传统文化中的常用知识的浓缩，并且依数字按类编排，便于儿童阅读和背诵。

《万物名数往来》内容丰富，知识性强，颇为世人所喜爱。此文流传较广，是江户后期比较有代表性的社会常识类启蒙教材。

正文

幼年之时，便应牢记物之名数。万物开端有其益也。先为一，有大极，生两仪。谓之为阴阳。阴阳生四象。一年三百六十日。一月三十日。一昼夜十二时。一跬为三尺，两足为六尺。一坪为六尺五寸。一步为六尺。一亩为三十步。一畈为三百步。一町为三千步、六十间。一里为卅六丁，往古为五十町，或四十二丁。一条为六里也。一斤为二百五十目，又百六十目，随物品不同而不

---

[1] 本篇原文为日文，译自1795年（宽政七年）江户鸢屋之版本。文中所涉及度量衡单位、地名、人名以及其他物品名称部分采用日本的惯用称谓，某些称谓与现在的中文称谓不一致。

同。帛布一端为二丈六尺，一匹为三丈二尺。

后为二，为两仪，二气为阴阳。二纪为日月。二亲为父母。二伦为兄弟与朋友。二道为文武。二所宗庙为伊势与岩清水。和歌之二神为住吉与玉津岛。和歌之二圣为人丸与赤人也。神道之两部为本地与垂迹。真言两部为金刚经与胎藏经。二尊为释迦与弥陀。

后为三，三极天、地、人。三光为日、月、星。地之三形为高、下、平。三国乃天竺、大唐、日本。三韩乃新罗、百济、高丽也。三都为京都、江户与大阪。摄州三津为敷津、高津、难波津。日本三景为松岛、严岛、天桥立。又，若浦、千贺盐灶、切渡之文殊。三大桥为山崎、宇治、势田。东武三大桥为两国、六乡与千住。三种神道为唯一、宗源、两部。三种神器为神玺、宝剑、内侍所。三社为伊势、岩清水、春日。伊势三宫为内宫、外宫、伊杂宫。本朝三公为大政大臣、左大臣、右大臣也。三介为上聪、常陆、上野介。又，三纲为君臣、父子、兄弟。三亲为父子、夫妇、兄弟。人伦之三尊为君、父、师也。孝子三教为养、丧、祭。武之三德为智、仁、勇。妇女三从为，在家从父、嫁人从夫、夫死从子。所谓三不去①，有所娶无所归不去，与更三年丧不去，前贫贱后富贵不去。三不惑为酒、色、财。三教为神、儒、佛。书法三笔为嵯峨帝、橘逸势、空海。三迹为道风、行成、佐理也。三宝为佛、法、僧。三世为过去、现在与未来。

---

① 三不去：是春秋战国时期儒家思想中对于婚姻的解除所作的习惯性规定。"三不去"之一"有所娶无所归"是指结婚时女方父母健在，休妻时已去世，原来的大家庭已不存在，休妻等于是无家可归，故不能休妻；"与更三年丧"是和丈夫一起为父亲或母亲守孝三年的不能被休；"前贫贱后富贵"是丈夫娶妻的时候身份贫贱，后来富贵发达，这种情况不能休妻。

三业为身、口、意。三毒为贪欲、嗔恚、愚痴。三学为戒、定、惠。三界为欲界、色界、无色界。

后为四。四时为春、夏、秋、冬。四象为少阳、太阳、少阴、太阴。天之四象为日、月、星、辰。地之四象为水、火、土、石也。四极为东、南、西、北。四隅为艮、巽、坤、乾。四神为左青龙、右白虎、前朱雀、后玄武。四海为九夷、八蛮、六戎、五狄。四大种为地、火、水、风。四灵为麟、凤、龟、龙也。四恩为天、地、国王、父母。四姓为源、平、藤、橘。四民为士、农、工、商。四穷民为鳏、寡、孤、独。四书为大学、中庸、论语、孟子。四生为卵、胎、湿、化。四体为头、身、手、足。四肢为两手、两足。四威仪为行、住、坐、卧。众生之四苦为生、老、病、死。四恶趣为地狱、饿鬼、畜生、修罗也。

后为五。天五为阳数，一、三、五、七、九。地五为阴数，二、四、六、八、十。五行为木、火、土、金、水。五相生为金生水、水生木、木生火、火生土、土生金也。五相尅为金尅木、木尅土、土尅水、水尅火、火尅金。五气为温、凉、寒、燥、湿。五节日为人日、上巳、端午、七夕、重阳。五色为青、黄、赤、白、黑。五味为酸、苦、甘、辛、咸。五音为宫、商、角、徵、羽。五脏为心、肝、肺、脾、肾。五体为头顶、二肘、二膝，又筋、脉、肉、骨、皮。五大地神为天照大神、忍种耳尊、琼琼杵尊、彦火出见尊、鸬鹚茸不合尊也。五摄家为九条、近卫、一条、二条、鹰司。五伦为君臣、父子、夫妇、兄弟、朋友也。五常为仁、义、礼、智、信。五德为温、良、恭、俭、让。五经为周易、毛诗、尚书、春秋、礼记也。和歌之五仪，边、序、题、曲、流。五谷为麻、黍、稗、豆、麦。五轮为空、风、火、水、地。五辛为大蒜、茖葱、韭葱、兰葱、兴渠。五戒为杀生、偷盗、邪淫、妄语、饮酒。五浊为劫、见、命、烦恼、众生也。

后为六。六气为阴、阳、风、雨、晦、明。六时为晨朝、日中、日没、初夜、中夜、后夜也。六亲为父子、兄弟、姑娣、舅甥、婚媾、姻娅也。诗歌之六义为风、赋、比、兴、雅、颂。六情为喜、怒、哀、乐、爱、恶。六根为眼、耳、鼻、舌、身、意也。六尘为色、声、香、味、触、法也。六腑为大肠、小肠、胃胆、膀胱、三焦也。六艺为礼、乐、射、御、书、数也。六齐为八日、十四日、十五日、二十三日、二十九日、晦日。六道为地狱、饿鬼、畜生、修罗、人间、天上也。六波罗蜜为布施、持戒、忍辱、精进、禅定、智慧也。

后为七。北斗七星为贪狼、巨门、禄存、文曲、廉贞、武曲、破军。天神七代①为国常立尊、国狭槌尊、丰斟淳尊、泥土煮尊与沙土煮尊、大户边尊与大户间尊、面足尊与惶根尊、伊壮诺尊与伊壮册尊也。妇之七去为不顺父母乃去、无子乃去、淫乱乃去，嫉妒乃去、恶疾乃去、多言乃去、盗窃乃去。七宝为金、银、琉璃、砗磲、玛瑙、颇架、珍珠也。七种为芹、荠、五行、蘩蒌、韭菜、铃代、佛座。秋之七草为荻、萩、槁梗、朝颜、葛、女郎花、兰。七小町为草纸洗、鹦鹉、关寺、卒都婆、清水、通、山本。七难为人众疾病、他国侵逼、自界叛逆、星宿变怪、日月薄蚀、非时风雨、过时风雨也。七福为无病、瑞心、身香、衣净、肥体、多智、人饶。七堂伽蓝为三门、佛殿、法堂、方丈、食堂、浴室、东司也。

所谓八极，东为震、辰巳为巽、南为离、未申为坤、西为兑、戌亥为乾、北为坎、丑寅为艮。所谓八卦，震下连、巽下断、离中断、坤皆断、兑上断、乾皆连、坎中连、艮上连。所谓八阵，鱼鳞、鹤翼、长蛇、

---

① 天神七代：在日本神话中，自开天辟地以来，天庭中的众神在创造世界时，依次生育了七代共十二位神，其中第四代起每代均为两位神，统称为"天神七代"。《万物名数往来》中的天神的称谓均来自《日本书纪》，与《古事记》的记载有所出入。

雁行、鸾月、锋矢、方圆、衡枙也。关八州为武藏、相模、安房、上聪、下聪、上野、下野、常陆。八难为饥、渴、寒、暑、水、火、刀、兵。八将神为大岁、大将军、大阴、岁刑、岁破、岁杀、黄幡、豹尾。八大龙王为难陀、跋难陀、婆竭罗、和修吉、德叉迦、阿那婆达多、摩那斯、优钵难。八天狗为爱宕荣术太郎、鞍马僧正坊、比良次郎坊、饭绳三郎、大山伯老房、彦山丰前房、大峰善鬼、白峰相模房。八宗为律、俱舍、成实、法相、三论、天台、花严、真言也。八苦为生、老、病、死、爱别离苦、怨憎会苦、求不得苦、五蕴盛苦。八相成道①为降兜率、托胎、出胎、出家、降魔、成道、转法轮、大涅槃。八大地狱为等活、黑绳、众合、叫唤、大叫唤、焦热、大焦热、无间也。龙鬼八部为天龙、夜叉、乾达婆、阿修罗、迦楼罗、紧那罗、摩胆罗、伽人非人也。

后为九。九曜为罗睺、土曜、水曜、金曜、日曜、火曜、计都、月曜、木曜。九州为筑前、筑后、肥前、肥后、丰前、丰后、日向、大隈、萨摩。九族为高祖父、曾祖父、祖父、父、己、子、孙、曾孙、玄孙。九重之京，从一条至九条。

后为十。所谓十端，天地、阴阳、五行与人。书之十体，古文、大篆、籀文、小篆、八分子、隶书、章草、行书、飞白、草书也。十种香为法隆寺、兰奢待、逍遥、三吉野、红尘、八桥、法华经、古木、中川、花橘。十界为地狱、饿鬼、畜生、修罗、人道、天道、声问、缘觉、菩萨、佛也。十戒为五戒加上食、肉、邪见、毁谤、欺诳。十恶为杀生、偷盗、邪淫、妄语、绮语、恶口、两舌、贪、瞋、痴也。十如为相、性、体、力、作、因、缘、果、报、本末究竟等。十义为父慈、子孝、兄良、弟

---

① 八相成道：佛教术语，指释迦牟尼佛一生的八个阶段，其中"成道"是"八相"中最重要的阶段。

悌、夫义、妇听、长惠、幼顺、君仁、臣忠也。此类名数，屡见于和汉儒释之书，民间亦口耳相传。今集于一书，授予童蒙，教其辨别事物之差别也。

《商卖往来》[①]

解题

《商卖往来》作于1694年(元禄七年),编撰者为堀流水轩。堀流水轩是京都一所寺子屋的习字教师。此文不仅是商业型传统启蒙教材的滥觞,而且在编撰方法和内容方面为其后相继出现的农业型、工业型等其他类型的启蒙教材带来了深刻影响。从这一点而言,它在教科书历史上,与《明衡往来》、《庭训往来》、《实语教》等一样,占有十分重要的地位。

《商卖往来》主要由三大部分组成:第一部分为列举商卖往来所应牢记的文书名称、货币种类等;第二部分分门别类地列举了货物名目,依次有粮食、绢布、衣物印染颜色、花纹、武士兵器、家庭用品、药物、动物等;第三部分为商业伦理,包括学习写字算术、生活节俭、诚实贸易等。可以说,《商卖往来》用很短的篇幅,涵盖了江户时代商家子弟在启蒙时期必须要记得的各种知识,具有很强的实用性。

正文

凡商卖使用之文字、万物名称、商贸往来之日记、商贸证明书、购货单、取货凭证、抵押书、账本、货品目录、贸易决算书等均应牢记。货币兑换之金子,有大判、小判、一分、二朱也。金币价位不

[①] 本篇原文为日文,译自1694年(元禄七年)京都高屋氏平右卫门之版本。文中所涉及货品、中药、动植物以及其他物品名称部分采用日本的惯用称谓,某些称谓与现在的中文称谓不一致。

一、品种众多。所谓南镣上等银、豆板丁银、灰吹砂银等,应察其真伪良赝。由贯至目、分、厘、毛、拂等,均以天秤、分铜精细称量、分割之后方可买卖。杂谷、粳米、糯米、早稻、晚稻、陈米、新米、小麦、大豆、小豆、大角豆、荞麦、粟、黍、稗、芝麻、荏、菜籽,载入数艘货船,后卸货入库,探明价格、行情,遂将其售卖。运费、货物搬运损失、保管费用、价格咨询费等皆应心中有数,可知利润出入之损失也。

货物名目如下,味噌、酒、醋、酱油、豆油、蜡烛、纸、墨、笔等。此外绢布之类,金襕、帛、缎子、纱绫、缩缅、纶、羽二重、北绢、生绢、天鹅绒、罗纱、猩猩绯、罗背板、毛毡、兜罗绵、端物、官服、新装、旧衣、纯棉、混绵、木棉、麻、粗绢、肩衣、裤裙、羽织、同纽、夹袄、单物、帷子、睡衣、被褥、蚊帐、夏式和服、包袱布、擦手布、帛纱、带、头巾、袜子。另外,衣物印染之颜色,有藏青色、淡蓝色、浅黄色、桧皮色、紫色、鲜黄色、黄褐色、茶色、硼黄色、黑紫色、暗红色、鲜红色等,衣物所染之花纹及缝制花样,有篱下菊、波浪、雪压嫩竹、牛车轮、水车、沼泽、地扇纹、菱纹、圆圈、九曜、四日结、巴、菊、桐、柏、藤、鸢、蔓草,均为女童所好之纹样,须认真牢记。

武士之用具,其品众多,分量各异。有弓、箭、铁炮、枪、长刀、铠甲、兜、鞍、镫、挡泥板、下鞍、马衔、马鞯、腹带、后鞦、覆鞍布、鞭、牵马绳。此外,有战刀、防身刀、榫钉、鲛缘、柄头、铛、鞘、切羽①、鸦目饰物、锷等,随其所好,材料可选择红铜、黄铜、镀金、素铜、铁、象眼。雕刻装饰等,可应国、所、时之风俗也。

家用货品之唐物、和物,有珊瑚、琉璃、车渠、玛瑙、琥珀、玳瑁、

---

① 切羽:固定在刀剑护手处的金属薄板,其上多有贯通的圆孔。

水晶、青贝卓、青瓷香炉、堆朱之香盒香盆、泥金漆器、花梨砚盒、文案、笔架、砚屏、文镇、磁石、南京石、眼镜、印章、钱包。其次，杂物有葛笼、狭箱、柜、橱柜、衣橱、屏风、隔扇、拉门、拉窗、帘、缦幕、碗、木方盘、汤壶、便当盒、食笼、多重食物箱、手提食物箱、行器①、皿、钵、杯、煎锅、酒壶、狭长形酒器、菜刀、筷子、烛台、行灯、桃灯、矮烛台、药罐、罐子、茶碗、茶勺、盂、水壶、浅柄勺、污水桶、捣米臼、磨臼、箕、斗笠、伞、木屐。可根据价格高低而买卖也。

药物、香具之物，有槟榔子、大黄、细辛、阿仙药、石解、阿胶、贝母、独活、甘草、肉桂、黄芪、川芎、当归、藿香、黄连、三棱、白芷、茴香、陈皮、羌活、桂枝、半夏、莪蒿、枳壳、巴豆、莲肉、杏仁、伽罗、麝香、龙脑、樟脑、沉香、白檀、丁香、人参、硫磺、硝石、绿青、明矾、丹砂以及炼药、粉药、散药、膏药，勿用假药，诚实正直为第一也。

其外，山海之鸟兽，有鹤、雉子、雁、鸭、鹌鹑、云雀、白鸟、鹭、鸫、斑鸠、鸧、鲷、鲤、鲋、鲽、鲈、鳁、鳢、鲹、鲂、鲍、鳟、鲭、乌贼、辛螺、荣螺、蛸、水母、虾、牡蛎、蛤、马蛤、蚬、鲇鱼、鲑鱼、干鳕、海参、鲸鱼肚、墨鱼、鲋、鲣、沙丁鱼、鳀等。诸国名物，数目众多，不可细数，简略列之。上述品物名称，虽为混乱，却为初学之童平生可使用之文字也。故仅凭想象，粗略书之。

生于商卖之家者，自幼小之时，先习字、算术，至为重要也。然而，歌、连歌、俳谐、插花、蹴鞠、茶道、谣、舞、鼓、太鼓、笛、琵琶、琴等技能之学习，应在家业完成另有余力之时方可进行。围棋、将棋、双陆、俗曲、三味线、酒宴游兴、华丽服饰、豪华家宅、泉水、假山、树木、草花之乐等，徒费金钱，百害无益，衰微破灭之基也。货

---

① 行器：指搬运食物的木制容器。多为圆形，其下有脚。

架摆放干净整洁,招呼应答亲切柔和。贪图高利,欺诈他人,恐受天罚,再次光顾之客人必日见稀少。遵从天道、努力劳作之辈,富贵繁昌、子孙荣华之瑞相也。利润倍增无疑。

《农家手习状》[①]

解题

  《农家手习状》刊于1848年（嘉永元年），编撰者不明。初版由仙台书林裳华房发行。此文主要分为三部分：开篇告诫儿童习字是最为基础和最为重要的技能，根据身份不同，习字的内容也有所不同。然后便以农家子弟为对象介绍了一些农民必须谨记在心的内容；告诫农民要遵纪守法，谨慎行事，如果做了违反法规的事情，则会殃及身边很多的人。第三部分告诉儿童要勤奋劳动，按照节令努力耕作，便能够取得很好的收成。

  《农家手习状》生动地反映了在江户时代这样重视身份的社会中农家子弟的启蒙教育内容。由于此文篇幅简短、文字流畅、内容实用，颇为当时农村地区的寺子屋所喜爱。是一部流传较广、具有代表性的农业型启蒙教材。

正文

  夫习字者，世上诸艺第一也。无论为人为己，都无超过习字之事。另习字有诸品。为士之人，习士所知善书也。经商之人，习从商方便之文也。若为百姓，应习有益百姓之事也。首先百姓应挂记在心之事，乃遵守国之法令规章，行事小心谨慎，不为喧哗议论之事。饮酒以不过度为宜。勿赌博。勿说谎。说谎之心乃盗窃之

[①] 本篇原文为日文，译自1848年（嘉永元年）仙台书林裳华房之版本。

根本,盗窃之行为则导致官司,殃及各郡奉行代官①、各地之官差、町检断②、组头③、五人组,官府裁定之后将科以重罪,玷污亲戚朋友之脸面,令祖父、祖母、双亲以及妻子、儿女等共为世人所唾弃;叔伯姨婶、甥侄婿舅、堂表兄弟等亦共受牵连。此等结局,是皆心地不纯之故。虽手、足、耳、鼻、口、目等世人皆相似,但若行违法之事,则与畜生无异。故应辨别是非、谨慎行事,万事正直老实,尊敬上位之人,怜惜下位之人,孝敬父母,善待兄弟、姐妹、媳妇、女儿。夫妇共同劳动,为获取田野之宝物,不论寒暑,操锹弄镰;不论风雨雪霜,穿蓑戴笠,春夏秋冬不息。搬运土石修筑水渠,挖掘河道疏通水流,插秧植苗毫不松懈,去除野草毫不疏忽,农事均准时按时节进行。白日割稻挽秧,夜晚掌灯编制草绳麻袋。年贡税赋要尽早交纳,则心安理得,身体舒适。不论东西南北,如若一心劳作,终将进退有度,稻种、米谷、大豆、粳米、糯米、小麦、稗米、粟、红豆、杂谷、干粮、菜、糠、蒿草等,堆积如山。若万物润泽,则森林茂盛,松、杉、朴、桐、柳、梅、樱、桃、梨、柿、树木、芦萱均无不足。如若家门广开于人前,使唤男女下人,养殖众多牛马牲畜,家财万贯,衣物充足,则应租借物品予穷困之人,施舍饮料予饥渴之人。施惠于人,方能受其尊重,富贵荣华,子孙繁昌也。

---

① 代官:江户时代幕府直辖领地的地方官。
② 町检断:又被称为"大庄屋",为江户时代管理各村庄的下级地方官员。
③ 组头:江户时代协助地方官员进行村庄事务管理的普通百姓。

《穷理捷径十二月帖》[1]

解题

  《穷理捷径十二月帖》为明治初期出版的理学类启蒙教材的代表作品之一。此文刊于1872年(明治五年),编撰者为内田晋斋。内田晋斋(1846年—1899年),出生于上总国真名村(现千叶县茂原市),1868年进入庆应义塾,深受当时的著名启蒙思想家福泽谕吉的信任。由于其书法精妙,多为福泽谕吉撰写著作之木版原件,其中最为著名的为1871年出版的《启蒙手习之文》。

  《穷理捷径十二月帖》采用启蒙教材的传统编撰方法,将天文、物理、化学、动植物等各方面的知识巧妙地融入12个月每月往复两封的信件中,一问一答,生动活泼,是明治初年流传较为广泛的理学读物,甚至一度为新制小学的物理课所采用,是一部具有典型时代色彩和较大影响力的启蒙作品。

序

  国之贫富强弱,从其人民智愚如何,即可辨识。不改善国民无学文盲之现状而祈求国之富强,犹如不播种而祈求禾苗成长。此道理乃无须余辈辩论便可自明。然国民之教育,若遽将其导入高上之学问,却不见其效之事多矣。人之知见,乃由下学而上达也。

  先前余著《手习之文》二册[2],听闻已为世间小学校之所用,或

---

[1] 本篇原文为日文,译自1872年(明治五年)东京玉养堂之版本。
[2] 此处的《手习之文》二册即为福泽谕吉编撰、内田晋斋书写的《启蒙手习之文》,此书共两册,于1871年出版。

为童蒙便利之教材。然唯此二册，文字数量甚少，仅止于习字之摹本也。近日友人内田氏著《十二月帖》，欲将其刻版成书。吾见此书，其体裁端正，《手习之文》可为此书之补遗矣。世人若取此书并以使用《手习之文》，即可满足小学校之所用，遂成全璧之大业也。此书可为童蒙之业，更增一层裨益，亦助世间之教化钦。

福泽谕吉
明治五年壬申三月

正文

正月之帖：

新春庆贺之礼仪，虽千里之外亦大体相同。衷心恭祝阁下全家万福安康。今日世界诸国都已进入新年，天下万民悉数共贺新春。此事乃自然之本义乎？恭贺新禧之余，冒昧问询，万望不吝赐教。谨呈愚札。

正月三日

新禧之庆贺，世均同然也。阁下所问之事，在下亦不尽全然了解。不过在西洋诸国，以我国之十一月为正月，因此吾邦之正月，并非定为世界之新年。然春夏秋冬四季，凡位于地球北温带之国家，几乎与我邦同时移行。故西洋诸国之正月，正好为吾邦冬季也。时下为春寒之时，敬请小心御寒。上述陋见，难称雅意，亟祈谅宥。

正月十五日

二月之帖：

天气渐暖。昨夜有意外之大雨，尤以春雷之烈，为近来所未闻，一时震惊双耳。得知春雷落于贵府附近，甚为悬念，今冒昧致书，询问贵体安否。另，雷电产生之道理为何哉？万望不吝赐教。

二月二十三日

前略。雷之道理甚为繁复，今可言其大概。雷原起于大气之变动。此气分为阴阳两种。凡天地间万物多少均有此气。当阴气之云与阳气之云相交，阴阳二气互相结合，则欲得其均衡。若云彩急速移动之时相互摩擦，其撞击即可发出强烈光线，此乃电也。云于空中飞行之时，空气于流动中迅速膨胀，故发出轰隆响声，此为雷也。电闪雷鸣虽同时发生，然光线至人之目甚为神速，而声响为耳所应略为迟缓。若不知此理，或以为先发电光而后有雷鸣也。

近来亚米利加合众国学者富兰克林之人，牵系有铜线之风筝，雷鸣时放于空中，得以发现上述道理。夫据此理发明避雷针。上为雷之学说大略，不知可否释怀？近日若有相见之时，可再言之。匆匆回复，难称雅意，幸勿见笑。

二月二十四日

三月之帖：

今年气候殊异，早早转暖，樱花已绽朱唇，二三日内即可盛开。可否择日共去赏花？文人墨客皆言樱花乃花中之冠，海外无与相类之物。窃以为此言不虚。不知先生意下如何？翘企示复。

三月初一

樱花观赏之事，吾欣然可为相伴。此花之美艳，实乃我日本一国所独有。于西洋诸国游历之后，得见西方之樱花实不足以赏心悦目，比之我邦樱花，诚如灰头垢面之奴仆。然其果实巨大，且味道甘美。故花朵美艳为日本之樱，果实美味为西洋之樱，花朵果实不能两全其美，实乃一大憾事也。所幸吾现有西方舶来之樱果酱菜，敬赠一瓶以为佐证，敬请品尝。不宣。

三月初三

四月之帖：

时下稍觉初夏之气息。恭祝贵体愈益康泰幸福。明日乃释迦诞生之日，妇女均赴浅草参拜。恳望尊夫人也能前往参拜为盼。
昨夜被犬子诘问：释迦出生地为天竺之何处，其地当今又如何模样？吾对此一概不知，大感困惑。故以此冒昧询问，敬请赐教为盼。再拜。

四月七日

正切驰思，顷奉华翰，虽暑气迫近，但知贵体安康，快慰莫名。明日乃灌佛之节会，吾将与愚息共往浅草参拜。阁下垂询之释迦出生地，在天竺南端锡兰[①]，现为英吉利所领，乃繁盛之大港口。

[①] 锡兰：即现在的斯里兰卡。佛教的创始人释迦牟尼，出生于古印度迦毗罗卫（今尼泊尔国南部），并非斯里兰卡，信中所述有谬。

此地乃肉桂之名所,其香气随风飘散数十里,航海者据此即可确认行至此处。另,当今天竺国多婆罗门、耶稣教,而佛教之徒日益稀少。而他国之支那、日本却信者众多。实在令人感叹也。回信草草,辱蒙垂询,略陈固陋,聊博一粲而已。

四月七日

五月之帖:

  阁下需借用之印泥,由于梅雨季节,其上生出众多霉点,在下自觉难以使用,不知意下如何。不仅印泥之物,其他物品均有生霉,实在污秽之至。霉点之物为何物哉?谨以短札,伫候明教。

五月十日

  阁下珍爱之印泥,虽有些许霉点,但不碍使用,实在感激不尽。近日梅雨之故,诸物均有生霉,的确污秽不堪。
  关于霉点生成之根本,肉眼观之确为不洁之状,然用显微镜观察,此物乃草花之样貌,色泽糅合红黄白紫各色,美丽难以言表,实在令人赞叹不已。其生成之原因,与草木生长实为同理,乃根据寒暖湿燥之季节气候而生长也。远承下问,粗述鄙见,尚希进而教之。

五月十一日

六月之帖:

  暑热时节,欣悉康泰,至为宽慰。前日欣奉阁下亲制之冰激凌一盒,实在感激不尽。

在下手捧阁下之赠物，即刻开启，与家中诸人分而食之。其味甘美无比，远胜于天然之物，众人均赞叹不已。暑热立消，顿觉深秋之凉爽，更引发众人之感叹。如何于暑热之际制作冰激凌，且其原理何在，万望得以赐教。书短意长，感激之情，不悉细说。

六月十五日

先前呈上之冰激凌，其制作方法如下所书。先用薄铁板造大小二桶，小桶中注入凉水，按个人喜好加入砂糖或者牛奶、蜜柑汁、橙汁，搅拌均匀。然后将小桶放入大桶，将结晶硝酸奄母尼亚[①]置入大小桶之间，再注入凉水。此时结晶硝酸奄母尼亚渐溶于水，而水温骤减，使用温度计计测可至冰点以下十七度，小桶之水亦随之结冰。再将冰取出放入各种点心形状之容器内，依个人喜好，或为花鸟，或为草木。由于制冰之药价格不菲，故用后可加火熬煮，至两百度又可重复使用。夏日制冰之法有诸多种，上述制法最为简易。辱蒙垂询，略陈固陋，幸勿见笑。

六月十九日

七月之帖：

前日外出，得以幸会，无奈马车之上，未及行礼寒暄，失敬之至，深以为歉。时下残暑季节，恭贺贵体无恙安康。

明日为七月七日，依和汉习俗，乃牛郎、织女横渡银河相见之

---

① 结晶硝酸奄母尼亚：即硝石，主要成分为硝酸钾，早在唐朝末期，人们在生产火药时开采出大量硝石，发现将其溶入水中可吸收热量，可使水降温至结冰，因经在夏季用其来制冰。此法后传入日本，成为古代日本人夏季制冰的方法之一。

日。然若天降大雨,银河之水猛涨,恐怕无法得以相见,故窃以为此说不足以信也。然天际确有白色若河流之物,令在下百思不得其解。银河实为何物哉?翘企示复。

七月六日

顷获大示,并赐美味西瓜,不胜感激。银河之传说,正如阁下所言,不足为信。至于银河究竟为何物,古人确实无法理解。如若使用今日所制之望远镜,即可知其为数万星宿聚集而成。星宿固然有大有小,各有远近,但以肉眼相望,其间隔并非遥远,看似一条白带。幸而小生有一望远镜,近来晴天之夜,敬请阁下光临寒舍观看。详细之义,余容后叙。

初秋八日

八月之帖:

寒秋时节,恭祝贵体康泰安福。后日夜晚若无降雨之妨碍,欲登海楼以观明月。若阁下闲暇,恭请移驾寒舍。观月之事以及月轮盈虚之道理,在下向来不甚理解,万望不吝赐教。谨以短章呈上。

八月十三日

明晚为十五之夜,欣闻阁下海边开观月雅宴,在下乃一介野生,然获此邀请,甚感盛意,定将前往,敬聆教悉。所谓月轮,原本暗体,并无光明。唯其接受日光照耀,故能散发光辉。日光所照之处焕发光亮,日光未照之处黯淡无光。月轮状如圆球,绕此世界一周即为一月，依其转动状况产生盈虚现象。月初三日之时，日光所照之处多为背面，故其形仅似弓杖。月轮慢慢转动，至七日八日之时，日光所照之处转至侧面，故可见其半明半暗，所谓半月也。此后又逐渐转动，至十五夜，其正面全为日光照耀，故可见圆盘之明月。据此理可知月轮本身并无盈虚现象，只是世上之人观月之所不同，有视其侧面，有视其正面之差别而已。上述陋见，难称雅意，亟祈谅宥。

八月十四日

九月之帖：

早秋日数已尽，冬日时节将近。居于山野之寒舍，访问之人日益稀少。寂寥之至，故独自踱步后园，吟咏树木之时，有银杏果实及四五枯叶一时坠落于地。所见事物落于地上之情景，平生见惯不怪，一向未将其置于疑问之端。然此时不禁惑起心头。此世界乃圆形之物，我足之底以及世界对面之国家，万物均应向天之方向落去，然而万物却均向地之方向落下，此乃如何之道理哉？故以此询问阁下，敬请赐教为盼。

九月十六日

阁下所问之事，的确饶有趣味。此处附上奇谈一则。迄今二百余年之前，即吾国后光明天皇之时，英吉利伦敦疫病流行，市民为此殒命者以万计数。此时名高一时之穷理学者牛顿，亦居此都。为避恶病，远赴乡间。某日行至果园，坐于苹果树下，此时苹果坠落，顿生与阁下相同之疑惑。反复思考之后，牛顿得以发现其理，故芳名永世得以流传。物体之所以落于地表，在于地球中心具有引力，如磁石之力，故地球万物均向其下方坠落。虽世界为一圆体，但万物皆向地表坠落，绝非向天空落去。此说确无差错之处，故西洋诸国之穷理学者均信此理。时至晚秋，不遑多言。草草回信。

九月十七日

十月之帖：

适逢深秋时节，今日却温暖如春。俗语谓：冬至前后，多有地震。如今日般意外温暖之日，可有令人担心之事哉？地震之起因到底为何？敬请赐教。不备。

十月初八

顷诵华笺，具悉一切。所问之事，颇为有趣。地震非与时节有关，故冬至前后并非地震多发之时。抑地震之起因，古来已有各种学说，均为僻说曲解，并不可取。近来西洋人发现，大地之底为火海一片，岩石置于其上，层层相叠，顶端为土地，人畜鸟鱼均住其上。岩石之间多有缝隙，河海之水由此下泄，最终流入地底火中，蒸发为水蒸气，积聚于地底。一旦积聚众多，便向上运动，由于并无出口，故引发地底剧烈震动。姑道一二，未必为是，仅供参考。匆匆拜复。

十月九日

十一月之帖：

寒气日增，恭贺贵体清祥。寒舍之家人均安康无恙，不敢烦劳阁下牵挂。阁下前日所赠舶来之葡萄树,近来因寒霜之故大为凋衰。前日为防霜害,夜半外出观察寒霜所降之时辰,虽满腹疑惑,终无法得窥其貌,故疑问愈发难解。修此拙书,请求赐教。谨言。

十一月十一日

欣奉惠书,值此寒冬时节,得知阁下全家安宁无恙,可喜可贺。承蒙垂询之事,世人均认为寒霜似雨雪从天而降,实乃大谬也。霜露之生成同理,均为空中水汽夜晚受寒气影响而成。若寒气弱则结成露水,若寒气强则变为寒霜。故夜晚欲见霜露降下,绝非可能之事也。

十一月十三日

十二月之帖:

岁暮即至,想必阁下定极为忙碌。在下俗事纷冗,久未问候,深以为歉。昨夜意外降下大雪,枯木恍如白花盛开,草屋亦变为水晶宫。眼目所至之处,均如银沙玉屑一般。美丽之至也。文人墨客为此癫狂,并非毫无道理。雪之根本为何物哉?在下无知,敢请便示一二。伫候明教。再拜。

十二月二十五日

拜读阁下来信,辱蒙垂询,略陈固陋。雪与雨水、冰雹为一物,仅形态各异而已。每日泉泽河海之水,因太阳之热而蒸发至空中,生成云彩浮游天际。若遇较轻之寒气,则变为雨水。若遇较重寒气,则凝结为雪。又若雨水在降于地下之途中,突遇强劲寒气,则成冰雹。故雨、雪、雹三物其根源均为一物,根据寒气轻重而形态各异。另,若在显微镜下观察雪花,形如龟甲,有六角,亦有少量形为三角,犹如六瓣之花朵。古人称雪为"六出六花",或与此有关。今岁将尽,世事不胜纷扰,期待来年万事顺利。粗述鄙见,亟祈谅宥。

十二月二十七日

参考文献

一、日文文献

奥田真丈:『教科教育百年史』,建昂社1985年版。
八鍬友広:『近世民衆の教育と政治参加』,校倉書房2001年版。
白石正邦編:『教育大辞書』,同文館1918年版。
沖田行司:『日本人をつくった教育:寺子屋・私塾・藩校』,大巧社2000年版。
大岡成美:『寺子屋に関する教育文化学的研究:その教育理念の淵源とその歴史的展開』,講談社2003年版。
大石慎三郎、中根千枝:『江戸時代と近代化』,筑摩書房1986年版。
東洋:『日本人の礼儀と教育』,東京大学出版会1993年版。
渡辺信一郎:『江戸の寺子屋と子供たち』,三樹書房1995年版。
多田健次:『近世教育史料の研究』,玉川大学出版部1990年版。
高橋俊乗:『日本教育史』,教育研究会1929年版。
根岸茂夫:『近世武家社会の形成と構造』,吉川弘文館2000年版。
関山邦宏編集:『寺子屋の教育内容・教育方法に関する実証的研究』,文部科学省科学研究費補助金報告書2002年版。
海後勝雄:『近代教育史Ⅰ』,誠文堂新光社1956年版。
海後勝雄、広岡亮蔵編:『近代教育史Ⅰ—市民社会の成立過程と教育』,誠文堂1952年版。
海後宗臣、仲新:『教科書で見る近代日本の教育』,東書選書1979年版。
海後宗臣:『日本教育小史』,講談社1985年版。
海原徹:『近世の学校と教育』,思文閣1988年版。

参考文献

江森一郎:『「勉強」時代の幕開け』,平凡社 1990 年版。
寄田啓夫、山中芳和編:『日本教育史』,ミネルヴァ書房 1993 年版。
久保田信之:『江戸時代の人づくり:胎教から寺子屋・藩校まで』,日本教文社 1988 年版。
津田勇:『藩校・塾・寺子屋:近代教育の原点』,埼玉新聞社 1993 年版。
梅村佳代:『近世民衆の手習いと往来物』,梓出版社 2002 年版。
梅村佳代:『日本近世における民衆教育史研究のため伊勢国の寺子屋・私塾・郷学校の実態の調査研究』,名古屋大学消費生活協同組合印刷部 1990 年版。
梅根悟:『教育の歴史』,新評論 1981 年版。
梅根悟編:『世界教育史大系』,講談社 1976 年版。
木村泰夫:『本邦小学校発達史』,三協社 1933 年版。
内山克己:『近世日本教育文化史』,学芸図書株式会社 1961 年版。
片岡徳雄:『教科書の社会学的研究』,福村出版株式会社 1987 年版。
平泉澄:『中世の社寺と社会の関係』,至文堂 1926 年版。
平田宗史:『教科書でつづる近代日本教育制度史』,北大路書房 1991 年版。
三保サト子:『寺院文化圏と古往来の研究』,笠間書院 2003 年版。
杉本勲:『近世日本の学術—実学の展開を中心に』,法政大学出版局 1982 年版。
山住正已、中江和恵:『育児書Ⅰ』,平凡社 1976 年版。
深谷克己:『百姓成立』,塙書房 1993 年版。
石川謙:『往来物落穂集』,文修堂書店 1927 年版。
石川謙:『わが国における児童観の発達』,一古堂書店 1949 年版。
石川謙:『庭訓往来についての研究:教科書の取扱方から見た学習方法の発達』,金子書房 1950 年版。
石川謙:『寺子屋』,至文堂 1960 年版。
石川謙:『往来物について』,大東急記念文庫 1961 年版。
石川謙:『近世教育における近代化的傾向:会津藩教育を例として』,講談社 1966 年版。
石川謙:『日本学校史の研究』,日本図書センター 1977 年版。
石川謙編:『日本教科書大系・往来編』(共 17 巻),講談社 1967—1977 年版。
石川謙:『近世教育史の諸問題』,大空社 1997 年版。

石川謙:『日本庶民教育史』,東京玉川大学出版部 1998 年版。
石川松太郎:『往来物の成立と展開』,雄松堂 1988 年版。
石川松太郎:『藩校と寺子屋』,教育社 1989 年版。
石川松太郎監修、小泉吉永編:『往来物解題事典』,大空社 2001 年版。
石川松太郎監修:『往来物大系』,大空社 1994 年版。
唐沢富太郎:『教科書の歴史:教科書と日本人の形成』,創文社 1960 年版。
天野晴子:『女子消息型往来に関する研究』,風間書房 1997 年版。
外山福男:『藩学寺子屋教育と現代教育』,帝国地方行政学会 1933 年版。
尾形裕康:『近代日本における千字文型教科書の研究』,早稲田大学出版部 1978 年版。
尾形裕康:『日本教育史研究』,早稲田大学出版会 1980 年版。
衣笠安喜:『近世日本の儒教と文化』,思文閣 1990 年版。
外山福男:『藩学寺子屋教育と現代教育』,帝国地方行政学会 1933 年版。
乙竹岩造:『日本教育史研究』,目黒書店 1935 年版。
乙竹岩造:『日本教育学の枢軸』,目黒書店 1939 年版。
乙竹岩造:『近世教育史』,培風館 1952 年版。
乙竹岩造:『日本庶民教育史』(上、中、下巻),臨川書店 1970 年版。
源了圓:『徳川思想小史』,中央公論社 1977 年版。
永原慶二:『日本中世の社会と国家』,青木書店 1991 年版。
仲新:『教育文化史大系Ⅱ・教科書史』,金子書房 1954 年版。
仲新:『近代教科書の成立』,日本図書センター 1981 年版。
佐藤尚子:『日中比較教育史』,春風社 2002 年版。
ジャン・クラッセ:『日本西教史』,太陽堂書店 1925 年版。
ルビンジャー:『私塾—近代日本を拓いたプライベート・アカデミー』,石附実、海原徹訳,サイマル出版会 1982 年版。
ドーア:『江戸時代の教育』,松居弘道訳,岩波書店 1965 年版。
ハーバート・パッシン:『日本近代化と教育』,国弘正雄訳,サイマル出版会 1965 年版。
李素楨:『日中文化比較研究』,文化書房博文社 1999 年版。

二、中文文献

曹孚、滕大春、姜文閔:《外国古代教育史》,人民教育出版社 1981 年版。

参考文献

顾明远主编:《民族文化传统与教育现代化》,北京师范大学出版社 1998 年版。
顾明远、薛理银:《比较教育导论——教育与国家发展》,人民出版社 1998 年版。
桂勤:《从儒家传统走向现代的反思》,湖北教育出版社 1996 年版。
金克木:《比较文化论集》,生活·读书·新知三联书店 1984 年版。
李卓:《家族制度与日本的近代化》,天津人民出版社 1997 年版。
李卓:《中日家族制度比较研究》,人民出版社 2004 年版。
李卓主编:《日本家训研究》,天津人民出版社 2006 年版。
刘金才:《町人伦理思想研究》,北京大学出版社 2001 年版。
陆坚、王勇主编:《中国典籍在日本的流传与影响》,杭州大学出版社 1990 年版。
罗荣渠:《现代化新论——世界与中国的现代化进程》,商务印书馆 2004 年版。
钱乘旦主编:《现代文明的起源与演进》,南京大学出版社 1991 年版。
汤重南、田恒、吕永和、武寅、马新民、徐建新:《日本文化与现代化》,辽海出版社 1999 年版。
陶金华、朱雪梅译注:《中国蒙学精粹》,广州出版社 2001 年版。
尚会鹏:《中国人与日本人——社会集团、行为方式和文化心理的比较研究》,北京大学出版社 1998 年版。
盛邦和:《内核与外缘——中日文化论》,学林出版社 1988 年版。
石成金:《传家宝》,天津社会科学院出版社 1992 年版。
司马云杰:《文化价值论——关于文化建构价值意识的学说》,陕西人民出版社 2003 年版。
谢维和:《教育活动的社会学分析——一种教育社会学的研究》,教育科学出版社 2000 年版。
王炳照主编:《中国古代私学与近代私立学校研究》,山东教育出版社 1997 年版。
王炳照、徐勇主编:《中国科举制度研究》,河北人民出版社 2002 年版。
王桂编著:《日本教育史》,吉林教育出版社 1987 年版。
王家骅:《儒家思想与日本文化》,浙江人民出版社 1990 年版。
王金林:《简明日本古代史》,天津人民出版社 1984 年版。

王晓秋:《近代中日文化交流史》,中华书局 2000 年版。
王智新:《中日教育比较研究》,江苏教育出版社 1996 年版。
吴式颖主编:《外国教育史教程》,人民教育出版社 1999 年版。
吴忠魁:《私立学校比较研究——与国家关系角度的分析》,北京师范大学出版社 1999 年版。
夏初、惠玲校释:《蒙学十篇》,北京师范大学出版社 1993 年版。
谢维和:《教育活动的社会学分析——一种教育社会学的研究》,教育科学出版社 2000 年版。
徐梓:《蒙学读物的历史透视》,湖北教育出版社 1996 年版。
杨孔炽:《日本教育现代化的历史基础》,福建教育出版社 1998 年版。
杨薇:《日本文化模式与社会变迁》,济南出版社 2001 年版。
余英时:《文史传统与文化重建》,生活·读书·新知三联书店 2004 年版。
张荫桐选译:《1600—1914 年的日本》,生活·读书·新知三联书店 1957 年版。
张人杰主编:《国外教育社会学基本文选》,华东师范大学出版社 1989 年版。
张志公:《传统语文教育初探》,上海教育出版社 1979 年版。
周大鸣、乔晓勤编著:《现代人类学》,重庆出版社 1990 年版。
朱谦之:《日本的朱子学》,人民出版社 2000 年版。
〔德〕马克斯·韦伯:《儒教与道教》,洪天富译,江苏人民出版社 2003 年版。
〔法〕涂尔干:《教育思想的演进》,李康译,上海人民出版社 2003 年版。
〔法〕孟德斯鸠:《论法的精神》(上),张雁深译,商务印书馆 1982 年版。
〔法〕弗雷德里克·巴比耶:《书籍的历史》,刘阳等译,广西师范大学出版社 2005 年版。
〔美〕贝拉:《德川宗教:现代日本的文化渊源》,王晓山、戴茸译,生活·读书·新知三联书店 2003 年版。
〔美〕布莱克等:《日本和俄国的现代化》,周师铭译,商务印书馆 1984 年版。
〔美〕赖肖尔:《日本人》,孟胜德、刘文涛译,上海译文出版社 1982 年版。
〔美〕约翰·惠特尼·霍尔:《日本——从史前到现代》,邓懿、周一良译,商务印书馆 1997 年版。
〔美〕拉尔夫·林顿:《人格的文化背景:文化、社会与个体关系之研究》,于闽梅、陈学晶译,广西师范大学出版社 2007 年版。
〔葡〕路易斯·弗洛伊斯:《日欧比较文化》,范勇等译,商务印书馆 1992 年版。

〔日〕坂本太郎:《日本史概说》,汪向荣等译,商务印书馆1992年版。
〔日〕内藤湖南:《日本文化史研究》,储元熹、卞铁坚译,商务印书馆1997年版。
〔日〕家永三郎:《日本文化史》,刘绩生译,浙江人民出版社1992年版。
〔日〕井上清:《日本历史》,天津市历史研究所校译,天津人民出版社1974年版。
〔日〕井上靖等:《日本人与日本文化》,周世荣译,中国社会科学出版社1991年版。
〔日〕实藤惠秀:《中国人留学日本史》,谭汝谦、林启彦译,生活·读书·新知三联书店1983年版。
〔日〕依田熹家:《日中两国近代化比较研究》,卞立强、严立贤、叶坦、蒋岩松译,北京大学出版社1991年版。
〔日〕源了圆:《日本文化与日本人性格的形成》,郭连友、漆红译,北京出版社1992年版。
〔日〕永井道雄:《近代化与教育》,陈晖译,吉林人民出版社1990年版。
〔日〕中根千枝:《日本社会》,许真、宋峻岭译,天津人民出版社1982年版。

后　记

　　传统文化的传承现今已经成为热门话题。从全国上百万儿童同时参加读经活动,到戏曲艺术开始进入中小学课堂,都引发民间以及学界的热烈讨论,体现出越来越多的国人对传统文化在现代社会的传承状态的关注。不过,由于长期以来轻视和批判传统文化的思维定势仍然存在,很多人一说起传统文化,脑海里出现的就是如算命打卦之类妨碍现代化的封建糟粕。另外,有很多人对传统文化的阐释更多的是倾向于物质而不是精神,打着"文化搭台、经济唱戏"的幌子,表面看是弘扬了传统文化,实际上只是追求经济利益。这些都说明传统文化在现代化社会的传承与转型并非一蹴而就的简单课题。

　　我的大学本科专业是日语,硕士专业是比较教育学,在南开的博士专业是日本社会文化史。虽然看起来三者并未有太大的联系,但都与日本有关,仅仅是侧重点不同罢了。我很早就对日本人是如何传承自己的传统文化这一课题产生了兴趣。当然,由于我并无能力将日本文化的所有方面都研究透彻,因此就将注意力主要集中到明治维新之前的传统启蒙教材上。因为我总觉得一个人在智慧初萌之际所接受的教育会对其一生产生很大影响。而且,像这些曾经广为日本人使用的启蒙教材,能够体现当时大多数日本人的文化状况,也能够体现各时代日本文化的发展历程,是研究日本社会、日本文化的好材料。更进一步而言，作为一名中国的日本社会文化研究者，我有责任用自己的研究对中国传统文化的现代转型提供一些可资借鉴的东西。众所周知，中日两国都是典型的后发外生型现代化国家，都是在面对西方列强不断向东亚扩张的危机下开始启动现代化进程的，而且两国在传统文化方面也具有一些相同特征。然而，日本迅速实现了向现代化国家的转变，从东亚的边缘一跃而为亚洲的强国；而中华帝国则不幸衰落，从傲视"四夷"的天朝大国降为备受凌辱的半殖民地。为什么两国的历史发展进程竟有如此大的差异？我希望在对比各自的政治、经济制度和社会背景的同时，能够对两国现代化进程中就传统文化所采取的态度进行深入探讨。因此，我最终选择日本传统启蒙教材作为研究的主题，试图从宏观的视角对其进行系统研究，透视日本传统文化的传承历史，以求对我国现代化进程中的改革提供一定的历史借鉴。

本书是由我的博士论文修改而成的。回想起2003年9月，我提着行李从千里之外的重庆来到仰慕已久的南开校园的情景，一切仿佛都发生在昨天。首先，我要感谢导师李卓教授。导师以严谨的治学和缜密的思考为我树起问学的榜样。大到整体框架的建构，小到标点字句的斟酌，都给予了全过程的悉心指导，这不仅对我完成博士论文起到了至关重要的作用，而且将使我终身受益。特别是在论文的最后修改阶段，李卓教授以敏锐的学术眼光和坚实的专业基础为我把关，使我克服重重困难，最终得以顺利完成博士论文。此外，我还得到了日本研究院的米庆余教授、杨栋梁教授、王振锁教授、赵德宇教授、宋志勇教授在学术上对我无微不至的关心和指导，使我收获颇多。在论文评阅时，北京大学历史系的宋成有教授、北京大学日语系的刘金才教授、中国社会科学院日本所的崔世广教授、河北大学教育学院的李文英教授、西南大学教育学院的周谊教授都对论文提出了十分中肯的建议和宝贵的意见，为我论文书稿的修改奠定了良好的基础。我还要感谢在南开大学学习期间朝夕相处的程永明、王惠荣、向卿、淳于淼泠、王文中、王志、乌兰图雅、尹晓亮等同学的帮助，他们每一次热情的指点切磋和嘘寒问暖，都让我倍感鼓励。

在日本研究院的推荐下，我有幸在读博期间受国际交流基金资助赴日本访学一月，不仅收集了对论文写作极为重要的诸多资料，也受到了早稻田大学、国学院大学和立教大学等机构的热情接待和照顾。此后，我又有幸受国际交流基金资助赴日留学一年，在位于北浦和的日本语国际中心学习，除了获得另一个硕士学位外，也得以利用大量的时间阅读原始文献，并进一步对论文进行修改。另外，我还有幸得到了日本三得利文化财团对本项课题的出版资助。在此，对上述机构深表谢意。

在南开大学攻读博士学位期间，我的工作和生活得到西南大学外国语学院党委书记向雪琴研究员、学院院长李力教授、日语系主任李密教授和其他同事的支持和帮助。在本书的出版过程中，我也得到学院现任院长文旭教授的热情关怀。本书的出版得到西南大学外国语学院的全力支持，我在此表示衷心的感谢。当然，我也必须感谢我的家人，他们时时刻刻都在关心我、鼓励我，每当我在学习上遇到困难、受到挫折，他们都给予我无微不至的关怀和安慰。

当然，尽管几年来为本课题的研究收集了大量资料，并尽量争取使论述更透彻、更全面，但认真总结起来，仍然感到本书还有很多不足之处。例如，由于日本的传统启蒙教材多使用古代日语写成，如何将其翻译成合适的中文常常让我感到心有余而力不足，故正文以及附录的部分翻译文字定有许多错漏之处。又如，本人虽有志于教育事业，但从事教育时间尚短，尤其是没有从事低幼教育事业的经验，缺乏对儿童心理的揣摩与研究，对启蒙教材所涉及的儿童启蒙教育、教科书问题还限于纸上谈兵，需要我在实践方面进一步完善。至于缺乏对现代日本启蒙教材的了解和对儿童启蒙教育的实地考察更是本书的不足。

"学无止境"永远是一条真理。虽然能够顺利地完成博士课程并出版本书，但是它仍然只是我在学术研究道路上的一个开端。从这个意义上说，本书的完成无非是让更多的专家学者去评鉴，去发现它的不足。在这里，我恳切希望各位专家对本书给予关注，惠以批评和指教。

谭建川

2009 年 10 月于重庆